设计、制造与互联网"三业"融合创新与制造业转型升级研究

A Study of Fusion & Innovation of Design, Manufacturing and Internet and Transformation & Upgrade of Manufacturing

赖红波 著

图书在版编目（CIP）数据

设计、制造与互联网"三业"融合创新与制造业转型升级研究 / 赖红波著. —北京：经济管理出版社，2019.6
ISBN 978-7-5096-6809-2

Ⅰ.①设… Ⅱ.①赖… Ⅲ.①制造工业—产业结构升级—研究—中国 Ⅳ.①F426.4

中国版本图书馆 CIP 数据核字（2019）第 165992 号

组稿编辑：宋　娜
责任编辑：张　昕　杜羽茜
责任印制：黄章平
责任校对：陈晓霞

出版发行：经济管理出版社
　　　　　（北京市海淀区北蜂窝 8 号中雅大厦 A 座 11 层　100038）
网　　　址：www.E-mp.com.cn
电　　　话：(010) 51915602
印　　　刷：三河市延风印装有限公司
经　　　销：新华书店
开　　　本：720mm×1000mm/16
印　　　张：17.25
字　　　数：249 千字
版　　　次：2019 年 10 月第 1 版　2019 年 10 月第 1 次印刷
书　　　号：ISBN 978-7-5096-6809-2
定　　　价：98.00 元

·版权所有　翻印必究·

凡购本社图书，如有印装错误，由本社读者服务部负责调换。
联系地址：北京阜外月坛北小街 2 号
电话：(010) 68022974　　邮编：100836

第七批《中国社会科学博士后文库》
编委会及编辑部成员名单

（一）编委会
主　任：王京清
副主任：马　援　张冠梓　高京斋　俞家栋　夏文峰
秘书长：邱春雷　张国春
成　员（按姓氏笔划排序）：

卜宪群　王建朗　方　勇　邓纯东　史　丹　朱恒鹏　刘丹青
刘玉宏　刘跃进　孙壮志　孙海泉　李　平　李向阳　李国强
李新烽　杨世伟　吴白乙　何德旭　汪朝光　张　翼　张车伟
张宇燕　张星星　陈　甦　陈众议　陈星灿　卓新平　房　宁
赵天晓　赵剑英　胡　滨　袁东振　黄　平　朝戈金　谢寿光
潘家华　冀祥德　穆林霞　魏后凯

（二）编辑部（按姓氏笔划排序）：
主　任：高京斋
副主任：曲建君　李晓琳　陈　颖　薛万里
成　员：王　芳　王　琪　刘　杰　孙大伟　宋　娜　陈　效
　　　　苑淑娅　姚冬梅　梅　玫　黎　元

本书获中国博士后科学基金第八批特别资助项目"设计、制造与互联网'三业'融合创新与转型升级研究"（项目编号：2015T80377）、中国博士后科学基金（第55批）"制造业设计业协同演化与转型升级：机制路径与扶持政策"（项目编号：2014M551296）、2016年上海市哲学与社会科学一般项目基金"工业4.0背景下设计驱动产业联盟创新与制造业转型升级研究"（项目编号：2016BJB010）资助。

序　言

博士后制度在我国落地生根已逾30年，已经成为国家人才体系建设中的重要一环。30多年来，博士后制度对推动我国人事人才体制机制改革、促进科技创新和经济社会发展发挥了重要的作用，也培养了一批国家急需的高层次创新型人才。

自1986年1月开始招收第一名博士后研究人员起，截至目前，国家已累计招收14万余名博士后研究人员，已经出站的博士后大多成为各领域的科研骨干和学术带头人。其中，已有50余位博士后当选两院院士；众多博士后入选各类人才计划，其中，国家百千万人才工程年入选率达34.36%，国家杰出青年科学基金入选率平均达21.04%，教育部"长江学者"入选率平均达10%左右。

2015年底，国务院办公厅出台《关于改革完善博士后制度的意见》，要求各地各部门各设站单位按照党中央、国务院决策部署，牢固树立并切实贯彻创新、协调、绿色、开放、共享的发展理念，深入实施创新驱动发展战略和人才优先发展战略，完善体制机制，健全服务体系，推动博士后事业科学发展。这为我国博士后事业的进一步发展指明了方向，也为哲学社会科学领域博士后工作提出了新的研究方向。

习近平总书记在2016年5月17日全国哲学社会科学工作座谈会上发表重要讲话指出：一个国家的发展水平，既取决于自然科学发展水平，也取决于哲学社会科学发展水平。一个没有发达的自然科学的国家不可能走在世界前列，一个没有繁荣的哲学社会科学的国家也不可能走在世界前列。坚持和发展中国特色社会主义，需要不断在实践中和理论上进行探索、用发展着的理论指导发展着的实践。在这个过程中，哲学社会科学具有不可替代的重要地位，哲学社会科学工作者具有不可替代的重要作用。这是党和国家领导人对包括哲学社会科学博士后在内的所有哲学社会科学领域的研究者、工作者提出的殷切希望！

中国社会科学院是中央直属的国家哲学社会科学研究机构，在哲学社会科学博士后工作领域处于领军地位。为充分调动哲学社会科学博士后研究人员科研创新的积极性，展示哲学社会科学领域博士后的优秀成果，提高我国哲学社会科学发展的整体水平，中国社会科学院和全国博士后管理委员会于2012年联合推出了《中国社会科学博士后文库》（以下简称《文库》），每年在全国范围内择优出版博士后成果。经过多年的发展，《文库》已经成为集中、系统、全面反映我国哲学社会科学博士后优秀成果的高端学术平台，学术影响力和社会影响力逐年提高。

下一步，做好哲学社会科学博士后工作，做好《文库》工作，要认真学习领会习近平总书记系列重要讲话精神，自觉肩负起新的时代使命，锐意创新、发奋进取。为此，需做到：

第一，始终坚持马克思主义的指导地位。哲学社会科学研究离不开正确的世界观、方法论的指导。习近平总书记深刻指出：坚持以马克思主义为指导，是当代中国哲学社会科学区别于其他哲学社会科学的根本标志，必须旗帜鲜明加以坚持。马克思主义揭示了事物的本质、内在联系及发展规律，是"伟大的认识工具"，是人们观察世界、分析问题的有力思想武器。马克思主义尽管诞生在一个半多世纪之前，但在当今时代，马克思主义与新的时代实践结合起来，越来越显示出更加强大的生命力。哲学社会科学博士后研究人员应该更加自觉地坚持马克思主义在科研工作中的指导地位，继续推进马克思主义中国化、时代化、大众化，继续发展21世纪马克思主义、当代中国马克思主义。要继续把《文库》建设成为马克思主义中国化最新理论成果宣传、展示、交流的平台，为中国特色社会主义建设提供强有力的理论支撑。

第二，逐步树立智库意识和品牌意识。哲学社会科学肩负着回答时代命题、规划未来道路的使命。当前中央对哲学社会科学愈加重视，尤其是提出要发挥哲学社会科学在治国理政、提高改革决策水平、推进国家治理体系和治理能力现代化中的作用。从2015年开始，中央已启动了国家高端智库的建设，这对哲学社会科学博士后工作提出了更高的针对性要求，也为哲学社会科学博士后研究提供了更为广阔的应用空间。《文库》依托中国社会科学院，面向全国哲学社会科学领域博士后科研流动站、工作站的博士后征集优秀成果，入选出版的著作也代表了哲学社会科学博士后最高的学术研究水平。因此，要善于把中国社会科学院服务党和国家决策的大智库功能与《文库》的小智库功能结合起来，进而以智库意识推动品牌意识建设，最终树立《文库》的智库意识和品牌意识。

第三，积极推动中国特色哲学社会科学学术体系和话语体系建设。改革开放30多年来，我国在经济建设、政治建设、文化建设、社会建设、生态文明建设和党的建设各个领域都取得了举世瞩目的成就，比历史上任何时期都更接近中华民族伟大复兴的目标。但正如习近平总书记所指出的那样：在解读中国实践、构建中国理论上，我们应该最有发言权，但实际上我国哲学社会科学在国际上的声音还比较小，还处于"有理说不出、说了传不开"的境地。这里问题的实质，就是中国特色、中国特质的哲学社会科学学术体系和话语体系的缺失和建设问题。具有中国特色、中国特质的学术体系和话语体系必然是由具有中国特色、中国特质的概念、范畴和学科等组成。这一切不是凭空想象得来的，而是在中国化的马克思主义指导下，在参考我们民族特质、历史智慧的基础上再创造出来的。在这一过程中，积极吸纳儒、释、道、墨、名、法、农、杂、兵等各家学说的精髓，无疑是保持中国特色、中国特质的重要保证。换言之，不能站在历史、文化虚无主义立场搞研究。要通过《文库》积极引导哲学社会科学博士后研究人员：一方面，要积极吸收古今中外各种学术资源，坚持古为今用、洋为中用。另一方面，要以中国自己的实践为研究定位，围绕中国自己的问题，坚持问题导向，努力探索具备中国特色、中国特质的概念、范畴与理论体系，在体现继承性和民族性、体现原创性和时代性、体现系统性和专业性方面，不断加强和深化中国特色学术体系和话语体系建设。

新形势下，我国哲学社会科学地位更加重要、任务更加繁重。衷心希望广大哲学社会科学博士后工作者和博士后们，以《文库》系列著作的出版为契机，以习近平总书记在全国哲学社会科学座谈会上的讲话为根本遵循，将自身的研究工作与时代的需求结合起来，将自身的研究工作与国家和人民的召唤结合起来，以深厚的学识修养赢得尊重，以高尚的人格魅力引领风气，在为祖国、为人民立德立功立言中，在实现中华民族伟大复兴中国梦的征程中，成就自我、实现价值。

是为序。

中国社会科学院副院长
中国社会科学院博士后管理委员会主任
2016 年 12 月 1 日

摘　要

发展中国家的传统制造企业如何实现可持续发展是理论和实践亟须解决的课题。随着互联网和大数据等新兴技术的发展，在"智能、网络化"的时代，创造新价值的过程正逐步发生改变，产业链分工将重组，鼓励产业创新、促进跨界融合，传统的行业界限将消失，进而产生各种新的活动领域和合作形式，为推动产业转型升级发挥更加重要的作用。

同时，伴随设计思维的兴起和设计服务业的快速发展，设计业对制造企业提高自主创新能力、提高产品和品牌附加值及转型升级具有重要意义。越来越多的学者提出，在传统技术推动和市场拉动促进转型升级之外，还存在设计驱动的第三种创新模式。为此，本书从设计驱动视角构建了"行为—感知—购买意向"的研究框架并进行了相关问卷调查，深入分析了设计驱动型产品创新对顾客感知和购买意向影响的内在机理和作用路径。

本书以设计驱动创新和推动制造业转型升级为视角，在"设计+制造"和"互联网+制造"的基础上，进一步把设计、制造和互联网"三业"放在一个平台上构建理论模型，提出设计、制造和互联网"三业"融合概念，并对"三业"融合创新的机理、必要性和可行性进行了分析。借由三者互动演化构筑协同创新生态网络，超越传统"产学研"边界，实现各个主体之间的资源共享、知识和技术扩散及创新产生。

在整个经济系统中，以设计、互联网为代表的新兴技术与制造业的发展存在着相互依赖、相互制约及相互促进的发展演进关系。为此，本书对"三业"融合创新与转型升级路径的三个不同阶段（产品阶段、IP阶段、生态系统阶段）进行了分析和典型案例对比，对"三业"融合创新的路径和模型进行了提炼总结。在此基础上，对传统制造转型新兴制造（智能制造）进行了模式和路径探索，从而助推我国创新体系的完善，最终促进设计、制造和互联网"三业"深度融合发展，为推动工业转型升级注入新的动力，并以此寻找传统制造业转型升级突破口，为发展中国家后发企业如何赶超及实现高端突破提供指导，具有很好的理论和实际应用价值。

关键词：工业设计；互联网；融合创新；转型升级；制造业

Abstract

How to realize sustainable development of traditional manufacturing enterprises in developing countries is a pressing task in theory and practice. With the development of new technologies such as Internet and large data, the process of creating new values has changed gradually in a "intelligent and networked" world. Industrial chain division of labor will be reorganized, while industry innovation and cross-border integration are encouraged. The traditional line of industry will disappear and various new activities and forms of cooperation will be produced and pushed. The transformation and upgrading is playing a more and more important role.

At the same time, with the rising of design thinking and the rapid development of the design service, which is of great significance for the manufacturing enterprises to improve their independent innovation ability, and to improve the value-added of products and brands, and the transformation & upgrading. More and more scholars put forward that there is the third design driven innovation modes besides traditional technology promotion and market driven transformation & upgrading. Thus, this book, based on the design driven perspective, constructs a research framework and questionnaire survey of "behavior, perception and purchase intention", and analyzes the internal mechanism and action path of the impact of design driven product innovation on customer perception and purchase intention.

On the basis of "designing plus manufacturing" and "Internet plus manufacturing", the book puts forward a theoretical model on a platform, on the basis of "designing plus manufacturing and plus Internet", and the book deals with the concept of "three industry", that is designing、manufacturing and the Internet of integration innovation. And it also analysis the mechanism, necessity and feasibility of integration and innovation. Through the interaction and evolution of the three, the cooperative innovation ecological network is constructed, which transcends the traditional boundary "production, study and research", and to realizes the sharing of resources among the following subjects: The diffusion of knowledge and technology, and the creation of innovation.

In the whole economic system, the development and evolution of the new technology represented by the design and the Internet and the development of the manufacturing industry are interdependent, restrictive and mutually promoting. Therefore, this book analyzes the three different stages of the "three industries" integration innovation, the transformation & upgrading path (product stage, IP stage, ecological system stage) and compares the typical cases, and summarizes the path and model of the "three industries" integration innovation. On this basis, the mode and path of traditional manufacturing transformation and new manufacturing (Intelligent Manufacturing) are explored. Thus, it promotes the perfection of the innovation system in China, and finally promotes the integration and development of the designing, manufacturing and Internet "three industries", and it will inject new impetus into the industrial transformation and upgrading. It has good theoretical and practical application value to find the breakthrough point for the transformation and up-grading of the traditional manufacturing industry, and provide guidance for the developing countries to catch up and realize the breakthroughs at high level.

Key Words: Industrial design; Internet; Integration and innovation; Transformation and upgrading; Manufacturing

目 录

第一章 绪 论 ... 1

第一节 研究背景与问题提出 ... 1
第二节 研究目的与研究意义 ... 3
一、研究目的 ... 3
二、理论意义 ... 4
三、实践意义 ... 4
第三节 研究内容与拟解决的关键问题 ... 7
一、研究内容 ... 7
二、拟解决的关键问题 ... 8
三、研究的重点难点 ... 9
第四节 研究方法、研究突破点与技术路线图 ... 10
一、研究方法 ... 10
二、研究突破点 ... 11
三、技术路线图 ... 12

第二章 文献综述 ... 15

第一节 围绕制造业转型升级研究的文献回顾 ... 15
一、围绕价值链研究的文献回顾 ... 16
二、基于网络和产业演化视角的文献研究回顾 ... 16
三、基于"政产学研"视角的文献研究回顾 ... 17
第二节 围绕设计和设计产业国内外研究文献回顾 ... 19

一、设计产业缘起与消费升级 …………………………… 19
二、设计驱动创新 ………………………………………… 20
三、从创意产业到设计服务业 …………………………… 21

第三节 围绕协同演化与创新网络的国内外文献研究回顾 …… 22
一、协同演化与协同创新理论研究回顾 ………………… 22
二、基于创新网络视角的理论研究回顾 ………………… 23
三、服务业与制造业协同演化研究回顾 ………………… 24

第四节 文献综述 ………………………………………………… 25
一、优势所在 ……………………………………………… 25
二、不足之处 ……………………………………………… 25
三、小结 …………………………………………………… 26

第三章 设计思维兴起与设计业、制造业融合发展和转型升级 …………………………………………………… 27

第一节 全球工业设计现状与中国设计业发展 ………………… 27
一、全球工业设计的发展阶段 …………………………… 27
二、全球化背景下工业设计的发展特征 ………………… 29
三、中国工业设计发展与全球工业设计差距 …………… 31

第二节 设计思维兴起与设计业制造业融合创新 ……………… 35
一、设计进化与设计驱动创新 …………………………… 35
二、设计思维兴起与系统创新 …………………………… 38
三、以人为本的设计理念 ………………………………… 40

第三节 设计业制造业融合创新 ………………………………… 41
一、我国制造业与工业设计相互发展的阶段 …………… 41
二、设计业、制造业协同创新 …………………………… 44
三、小结 …………………………………………………… 46

第四节 作为服务业的工业设计业崛起 ………………………… 48
一、设计之路并不平坦 …………………………………… 48
二、作为服务业的工业设计业崛起 ……………………… 49

三、小结 …………………………………………………… 50

第四章 设计业与制造业融合发展的机制与路径 …………… 53

第一节 设计驱动创新与制造业转型升级的实证研究 ……… 53
一、转型升级背景下的设计与本土高端品牌培育 …… 53
二、设计驱动创新假设和模型构建 …………………… 56
三、设计驱动创新与本土制造转型升级实证研究 …… 64

第二节 设计业与制造业融合发展机制与路径 ……………… 77
一、设计业与制造业融合发展：基于企业类型视角 …… 77
二、设计业与长三角地区制造业融合发展阶段和
路径模式 …………………………………………… 85
三、设计业与制造业融合发展：基于县域经济与产业
集群视角 …………………………………………… 90

第三节 设计驱动创新与制造业转型升级案例研究：以长三角
地区为例 ………………………………………………… 93
一、上海设计业发展与长三角地区制造业困境 ……… 93
二、上海设计业与长三角地区制造业融合发展：上海溯洄
工业设计咨询有限公司案例分析 ………………… 97
三、上海设计业与长三角地区制造业融合发展：宝应区域
案例分析 …………………………………………… 99

第四节 本章小结 ……………………………………………… 102
一、四次工业革命背景下本土制造产品与工业设计
特征比较 …………………………………………… 102
二、机遇与挑战 ………………………………………… 103
三、小结 ………………………………………………… 105

第五章 互联网与制造业融合发展 ……………………………… 107

第一节 互联网发展 …………………………………………… 107
一、背景 ………………………………………………… 107

二、互联网发展阶段与"互联网+" …………………………… 109
　　三、互联网与传统行业的距离 …………………………………… 113
第二节　互联网思维与发展规律 …………………………………… 115
　　一、互联网思维 …………………………………………………… 115
　　二、互联网发展规律 ……………………………………………… 116
　　三、互联网思维带来的转变 ……………………………………… 119
第三节　互联网融合发展 ……………………………………………… 121
　　一、互联网与制造业融合发展 …………………………………… 121
　　二、互联网与设计融合发展 ……………………………………… 124
　　三、制造业和互联网"融合"未来展望 ………………………… 125
第四节　工业4.0背景下互联网如何推动产业融合创新 ………… 127
　　一、制造业与互联网融合阶段以及融合的必要性 ……………… 127
　　二、互联网如何寻求突破及推动产业融合创新 ………………… 130
　　三、互联网与制造业融合发展的突破探索
　　　　——以智能制造为例 ………………………………………… 133

第六章　设计、制造与互联网"三业"融合创新与转型升级 …………………………………………………………… 137

第一节　背　景 ………………………………………………………… 137
第二节　"三业"融合创新概念提出与机理分析 ………………… 139
　　一、工业设计与转型升级 ………………………………………… 139
　　二、工业设计承上启下与"三业"融合创新概念提出 ……… 141
　　三、"三业"融合创新的内在机理 ……………………………… 146
第三节　"三业"融合创新与转型升级的必要性与可行性 …… 154
　　一、传统制造向新兴制造转型："三业"融合创新 …………… 155
　　二、"三业"融合创新与转型升级的必要性 …………………… 158
　　三、"三业"融合创新与转型升级的可行性 …………………… 160
第四节　结论与建议 …………………………………………………… 165
　　一、主要结论 ……………………………………………………… 165

二、相关建议 …………………………………………… 165
三、未来展望 …………………………………………… 167

第七章 设计、制造与互联网"三业"融合创新与转型升级路径 …………………………………………… 169

第一节 引 言 ………………………………………… 169
第二节 设计、制造与互联网"三业"融合创新与转型升级路径 ……………………………………………… 170
一、"三业"融合创新与转型升级路径1.0阶段：产品阶段 …………………………………………… 170
二、"三业"融合创新与转型升级路径2.0阶段：IP阶段 …………………………………………… 178
三、"三业"融合创新与转型升级路径3.0阶段：生态系统阶段 …………………………………… 183

第三节 "三业"融合创新案例以及与德国"工业4.0"对比分析 ……………………………………………… 186
一、"三业"融合创新阶段演化过程 ………………… 186
二、"三业"融合创新案例分析：以"小米"和"海尔"为例 …………………………………………… 187
三、与德国"工业4.0"对比分析 ……………………… 189

第四节 本章小结 ……………………………………… 191

第八章 结论与展望 …………………………………… 195

第一节 机遇与挑战 …………………………………… 196
一、机遇 ………………………………………………… 196
二、挑战 ………………………………………………… 196
三、未来提升 …………………………………………… 198

第二节 "三业"融合创新与"弯道超车" ……………… 199
一、转型升级是系统问题 ……………………………… 199

二、"三业"融合创新与"弯道超车" …………………………… 200

三、"三业"融合创新与产业结构改革 …………………………… 202

第三节 产业发展策略与政策建议 ………………………………… 203

一、政府助推转型升级 …………………………………………… 203

二、政策建议 ……………………………………………………… 205

三、小结 …………………………………………………………… 208

第四节 未来思考 …………………………………………………… 209

参考文献 ……………………………………………………………… 213

索　引 ……………………………………………………………… 231

后　记 ……………………………………………………………… 235

专家推荐表 …………………………………………………………… 239

Contents

1 Introduction ··· 1
   1.1 Research Background and Issues Raised ······················ 1
   1.2 Research Purpose and Significance ······························ 3
      1.2.1 Research Purposes ·· 3
      1.2.2 Theoretical Significance ····································· 4
      1.2.3 Practical Significance ··· 4
   1.3 Research Contents and Key Issues to Be Solved ············ 7
      1.3.1 Research Content ·· 7
      1.3.2 Key Issues to Be Solved ···································· 8
      1.3.3 Key Points and Difficulties ································· 9
   1.4 Research Methods, Breakthroughs and Technology Roadmap ··· 10
      1.4.1 Research Methods ·· 10
      1.4.2 Research Breakthroughs ···································· 11
      1.4.3 Technology Roadmap ······································· 12

2 Literature Review ·· 15
   2.1 Literature Review on Manufacturing Transformation and Upgrading ··· 15
      2.1.1 Literature Review on the Value Chain ················ 16

2.1.2　Literature Review Based on a Perspective of Network and Industry Evolution ……………………………………… 16
　　　2.1.3　Literature Review Based on a Perspective of Industry–University–Research Cooperation and Government Intervention ……………………………………………… 17
　2.2　Review of Domestic and Foreign Literatures on Design and Design Industry …………………………………………………… 19
　　　2.2.1　The Origin of Design Industry and Consumption Upgrade …………………………………………………… 19
　　　2.2.2　Design-Driven Innovation ……………………………… 20
　　　2.2.3　From Creative Industry to Design Services …………… 21
　2.3　Review of Domestic and Foreign Literatures on Co-Evolution and Innovation Network …………………………………………… 22
　　　2.3.1　Review of Collaborative Evolution and Collaborative Innovation Theory ………………………………………… 22
　　　2.3.2　Review of Theoretical Research Based on the Perspective of Innovation Network …………………………………… 23
　　　2.3.3　Review of the Collaborative Evolution of Service Industry and Manufacturing Industry ………………………………… 24
　2.4　Literature Review ………………………………………………… 25
　　　2.4.1　Good Aspects ……………………………………………… 25
　　　2.4.2　Inadequacies of Existing Research ……………………… 25
　　　2.4.3　Summary ………………………………………………… 26

3　The Rise of Design Thinking and the Integration, Development, Transformation and Upgrading of Manufacturing and Design Industry …………………………………………………………… 27

　3.1　Current Situation of Global Industrial Design and the Development of China's Design Industry ……………………… 27

Contents

      3.1.1   The Development Stage of Global Industrial Design 27

      3.1.2   The Characteristics of Industrial Development Under the Background of Globalization 29

      3.1.3   The Development of China's Industrial Design and the Differences with Global Industrial Design 31

  3.2   Design Thinking Rises and the Integrating Innovation of Design and Manufacturing 35

      3.2.1   The Evolution of Design and Design-Driven Innovation ... 35

      3.2.2   Design Thinking Rises and Systemic Innovation 38

      3.2.3   People-Oriented Design Concept 40

  3.3   The Integration Innovation of the Manufacturing Industry and Design 41

      3.3.1   The Stage of Mutual Development between Manufacturing and Industrial Design in China 41

      3.3.2   Collaborative Innovation in Manufacturing Industry and Design 44

      3.3.3   Summary 46

  3.4   The Rise of Industrial Design as a Service Industry 48

      3.4.1   The Road of Design Is Unequal 48

      3.4.2   The Rise of Industrial Design as a Service Industry 49

      3.4.3   Summary 50

4 Mechanisms and Paths of Integration Development of Design and Manufacturing Industry 53

  4.1   Empirical Research on Design-Driven Innovation and Transformation and Upgrading of Manufacturing Industry 53

      4.1.1   Design Under the Background of Transformation and Upgrading and Cultivation of Local High-End Brand 53

  4.1.2 Design-Driven Innovation Hypothesis and Model Construction ⋯⋯⋯⋯⋯⋯⋯⋯⋯⋯⋯⋯⋯⋯⋯⋯⋯ 56

  4.1.3 Empirical Study on Design-Driven Innovation and the Transformation and Upgrading of Local Manufacturing ⋯⋯⋯⋯⋯ 64

4.2 Mechanism and Path of Integration Development of Design and Manufacturing Industry ⋯⋯⋯⋯⋯⋯⋯⋯⋯⋯⋯⋯⋯⋯⋯ 77

  4.2.1 The Integration Development of Design and Manufacturing Industry: Based on the Perspective of the Type of Enterprises ⋯⋯⋯⋯⋯⋯⋯⋯⋯⋯⋯⋯⋯⋯⋯⋯⋯⋯⋯⋯⋯⋯ 77

  4.2.2 The Integration Development Stage and Path Mode of Design Industry and Yangtze River Delta Manufacturing Industry ⋯⋯⋯⋯⋯⋯⋯⋯⋯⋯⋯⋯⋯⋯⋯⋯⋯⋯⋯⋯⋯⋯⋯ 85

  4.2.3 The Integration Development of Design and Manufacturing Industry: Based on the Perspective of County Economy and Industrial Cluster ⋯⋯⋯⋯⋯⋯⋯⋯⋯⋯⋯⋯⋯⋯⋯⋯⋯⋯ 90

4.3 Case Study on Design–Driven Innovation and Manufacturing Transformation and Upgrading: Take Yangtze River Delta as an Example ⋯⋯⋯⋯⋯⋯⋯⋯⋯⋯⋯⋯⋯⋯⋯⋯⋯⋯⋯⋯⋯⋯ 93

  4.3.1 Development of Shanghai Design Industry and the Dilemma of Yangtze River Delta Manufacturing ⋯⋯⋯⋯⋯⋯⋯⋯⋯ 93

  4.3.2 Integration Development of Shanghai Design Industry and Yangtze River Delta Manufacturing: Retrospective Case Study ⋯⋯⋯⋯⋯⋯⋯⋯⋯⋯⋯⋯⋯⋯⋯⋯⋯⋯⋯⋯⋯⋯⋯⋯ 97

  4.3.3 Integration Development of Shanghai Design Industry and Yangtze River Delta Manufacturing: Case Analysis of Baoying District ⋯⋯⋯⋯⋯⋯⋯⋯⋯⋯⋯⋯⋯⋯⋯⋯⋯⋯⋯ 99

4.4 Summary ⋯⋯⋯⋯⋯⋯⋯⋯⋯⋯⋯⋯⋯⋯⋯⋯⋯⋯⋯⋯⋯⋯ 102

  4.4.1 Features Comparison of Local Manufacturing Products and Industrial Design under Four Industrial Revolutions ⋯⋯⋯ 102

	4.4.2	Opportunities and Challenges	103
	4.4.3	Summary	105

5 The Integration Development of the Internet and Manufacturing Industry ... 107

- 5.1 Internet Development ... 107
  - 5.1.1 The Development Stage of Internet ... 107
  - 5.1.2 Internet Plus ... 109
  - 5.1.3 The Distance between the Internet and the Traditional Industry ... 113
- 5.2 Thinking and Development Law of Internet ... 115
  - 5.2.1 Internet Thinking ... 115
  - 5.2.2 The Development Law of Internet ... 116
  - 5.2.3 The Transformation That Internet Thinking Brought ... 119
- 5.3 Internet Integration Development ... 121
  - 5.3.1 The Integration Development of Internet and Manufacturing Industry ... 121
  - 5.3.2 The Integration Development of Internet and Design Industry ... 124
  - 5.3.3 Summary ... 125
- 5.4 How to Promote Industrial Integration and Innovation Under the Background of Industry 4.0 ... 127
  - 5.4.1 The Status and Problems ... 127
  - 5.4.2 How to Seek Changes and Breakthroughs ... 130
  - 5.4.3 How Internet Promotes Industrial Integration Innovation ... 133

6 Integration Innovation and Transformation and Upgrading of "Three Industries"—Design, Manufacture and Internet 137

    6.1 Background 137

    6.2 Proposal and Mechanism Analysis of the Concept of "Three Industries" Fusion Innovation 139

        6.2.1 Industrial Design and Transformation and Upgrading 139

        6.2.2 Industrial Design Link Up and the Proposal of the Concept of "Three Industries" Integration Innovation 141

        6.2.3 The Internal Mechanism of the Integration Innovation of "Three Industries" 146

    6.3 The Necessity and Feasibility of Integration, Innovation, Transformation and Upgrading of "Three Industries" 154

        6.3.1 Transformation from Traditional Manufacturing to New Manufacturing: Integration and Innovation of "Three Industries" 155

        6.3.2 The Necessity of Integration, Innovation, Transformation and Upgrading of "Three Industries" 158

        6.3.3 The Feasibility of Integration, Innovation, Transformation and Upgrading of "Three Industries": From the Perspective of Big Data and Knowledge Diffusion 160

    6.4 Summary 165

        6.4.1 The Main Conclusions 165

        6.4.2 Suggestions 165

        6.4.3 Future Prospects 167

7 The Path of the Integration, Innovation, Transformation and Upgrading of the "Three Industries" —Design, Manufacture and Internet ········ 169

    7.1 Preface ········ 169
    7.2 The Path of the Integration, Innovation, Transformation and Upgrading of the "Three Industries" —Design, Manufacture and Internet ········ 170
        7.2.1 The 1.0 Stage of the Path of the Integration, Innovation, Transformation and Upgrading of the "Three Industries": The Product Stage ········ 170
        7.2.2 The 2.0 Stage of the Path of the Integration, Innovation, Transformation and Upgrading of the "Three Industries": The IP Stage ········ 178
        7.2.3 The 3.0 Stage of the Path of the Integration, Innovation, Transformation and Upgrading of the "Three Industries": The Ecosystem Stage ········ 183
    7.3 "Three Industries" Integration Innovation Case and Comparative Analysis with German Industry 4.0 ········ 186
        7.3.1 The Evolution Process of the "Three Industries" Integration Innovation Stage ········ 186
        7.3.2 A Case Study of "Three Industries" Integration and Innovation: Taking "MIUI" and "Haier" as Examples ········ 187
        7.3.3 Comparative Analysis with German Industry 4.0 ········ 189
    7.4 Summary ········ 191

8 Conclusion and Prospect ········ 195

    8.1 Opportunities and Challenges ········ 196
        8.1.1 Opportunity ········ 196

    8.1.2 Challenge ············· 196

    8.1.3 Promotion in the Future ············· 198

  8.2 Integration Innovation of "Three Industries" and Curve Overtaking ············· 199

    8.2.1 Transformation and Upgrading Is a Systematic Problem ············· 199

    8.2.2 Integration Innovation of "Three Industries" and Curve Overtaking ············· 200

    8.2.3 Integration Innovation of "Three Industries" and Industrial Structure Reform ············· 202

  8.3 Strategay of Industrial Development and Policy Suggestions ············· 203

    8.3.1 The Promoting Role of Government in the Transformation and Upgrading ············· 203

    8.3.2 Policy Recommendations ············· 205

    8.3.3 Summary ············· 208

  8.4 Thinking in the Future ············· 209

References ············· 213

Index ············· 231

Acknowledgements ············· 235

Recommendations ············· 239

第一章 绪 论

第一节 研究背景与问题提出

历经改革开放40年，中国一跃成为GDP经济总量仅次于美国的第二大经济体，经济快速增长的背后，是中国本土企业面临的竞争压力越来越大，无法从根本上摆脱低水平发展状态。当前中国本土企业到了非转型不可的地步，如何以创新驱动转型升级是企业首要考虑的问题，为改变现状，越来越多的企业开始寻求新的突破。

目前中国已经步入工业化后期，金融危机带来的挑战也要求国内产业体系与产业结构必须进行转型，要研发技术含量高、附加值大、有未来市场的技术、产品和产业链（芮明杰，2013）。可以看出，转型升级已经是常态，中国企业处于转型艰难期。后危机时代，中国制造企业面临何种挑战和机遇？制造企业应该向何处去？有什么转型的路径与策略？如何往产业转型需要的价值链上游发展？这些都是本土制造企业必须考虑的核心问题。

随着大多数全球创新领先公司日趋重视基于设计的创新，将其作为主要的竞争战略，设计逐渐进入人们的视野。例如，苹果、三星、斯沃琪（Swatch）、星巴克（Starbucks）、特斯拉等一大批新兴公司成为各自行业中最耀眼的创新企业，其成功源于在设计创新方面付出的巨大努力和对设计过程的高度重视，其卓越的设计创新能力使消费者一次次收获惊喜，在实现创造性突破的同时，引领了经济社会发展的未来趋势。"设计力就是竞争力"，通过设计提升产品的创新能力和增加产品的附加值已迫在眉睫，也是本土制造企业和产品转型的升级路径之一。当前，工业设计在我国转变经济发展方式的大背景下被寄予厚望，中国的设计产业迎来了新的发展契机。国务院总理李克强 2014 年 1 月 22 日主持召开国务院常务会议，专题讨论确定了推进设计服务与相关产业融合发展及推动产业转型升级的政策措施。未来，在"中国制造"迈向"中国创造"的进程中，工业设计将发挥越来越重要的作用[①]。与此同时，以信息技术为核心的新一轮科技革命方兴未艾，互联网正日益成为创新驱动发展的主导力量。互联网具有连接一切的能力，它与工业的融合带来了崭新的发展空间，如互联网用计算和平台把知识和信息汇聚在一起，用智慧来管理工厂，改变了工业生产模式，创造了各类智能产品，重塑了人与人、人与物，以及物与物之间的关系，包括以物联网、智能化等新技术提高工业水平，制造业向智能化转型等。制造曾经只是产品的一个环节，但随着工业和互联网的不断融合，其含义发生了巨大变化，彻底改变了工业生产模式：一是制造业服务化，制造业由单纯的产品制造向服务制造转变；二是定制个性化，由规模化标准产品向个性化定制产品延展；三是组织分散化，由于与互联网的融合，工业呈现出组织分散的转变特点，主要模式包括协同研发、众筹融资、众包设计、网络制造等；四是制造资源的云端化，即利用工业云建立共享制造资源的公共服务平台，将巨大的制造资源池连接在一起，实现制造资源与服务的开放协作、社会资源的高度共享等。为此，必须全面发展互联网平台，通过多种嫁接方式，大范围推进传统制造企业的互联网化进程。充分发挥互联网平台的平台经济与分享经济优势，帮助生产最终产品的传统制造企业互联网化，积极倡导行业间跨界融合，共建功能性工业互联网平台，提高资源配置效率。

[①] 李克强主持召开国务院常务会议（2014 年 1 月 22 日），会议指出，文化创意和设计服务具有高知识性、高增值性和低消耗、低污染等特征。依靠创新，推进文化创意和设计服务等新型、高端服务业发展，促进与相关产业深度融合，是调整经济结构的重要内容，有利于改善产品和服务品质、满足群众多样化需求，也可以催生新业态、带动就业、推动产业转型升级。会议确定了推进文化创意和设计服务与相关产业融合发展的政策措施。

第一章 绪 论

第二节 研究目的与研究意义

一、研究目的

本书主要有以下研究目的：

其一，剖析我国工业设计业和互联网发展现状与趋势，以及工业设计、制造业与互联网融合发展过程中存在的难点与问题；其二，研究我国制造业发展的现状和趋势，提出工业设计、制造业和互联网"三业"融合的概念，并进行机制分析；其三，分析研究现有的融合对接机制，借鉴国内外优秀的经验做法，总结出促进工业设计、制造业和互联网融合创新的模式与路径；其四，为促进下一轮的产业融合提出有针对性的政策建议，有利于指导"十三五"期间我国工业设计、制造业和互联网跨界融合创新的工作发展。

总之，在互联网经济与大数据背景下，推进设计、制造与互联网"三业"融合协同创新发展，促进服务业与实体经济深度融合，是培育区域经济新的增长点、提升传统制造企业转型升级软实力和产业竞争力的重大举措，是发展创新型经济、促进经济结构调整和发展方式转变、加快实现由"中国制造"向"中国创造"转变的内在要求。我国产业政策调整、区域经济发展和制造业转型升级不能只凭感觉或经验，关键在于找准最关键、最需要解决的问题，深入分析其产生的原因，有针对性地开启产业政策机会窗口，切实提高企业与大学、政府公共研发机构的有针对性的跨界协同程度。

二、理论意义

如何对我国制造业产业链进行重构并实现高附加值环节再造，是现阶段面临的重要课题。随着大数据时代的到来，我国设计产业得到了快速发展，本书跳出以往升级研究的局限，在研究时将转型升级直接与互联网经济、信息化、"工业4.0"紧密相连，提出加快推进基于互联网的跨界融合协同创新，把制造业、设计业与互联网产业放在一个平台上，构建"三业"融合和协同创新的理论模型，并分析内在机制和发展路径，以期找到实现本土制造业转型升级的突破口，具有较高的理论研究意义。

本书研究了设计、制造与互联网"三业"融合发展的路径和机制，构建了理论模型进行分析。在此基础上，以现代产业重构的方式设计系统创新，实现需求对接、服务对接、渠道对接、市场对接，形成全新的设计服务、互联网服务与产业融合模式，构成良性循环，让互联网背景下设计的价值在产业中真正实现。在此基础上，针对不同层级企业和不同区域经济的发展现状，提供多层次、多维度的设计服务，提炼出适用于不同行业、不同企业发展阶段的"设计驱动模式"及"三业"融合创新路径，对各行各业开展互联网背景下的设计创新具有指导和参考意义。

同时，本书探讨和构建了政府、设计机构、互联网和协会、高校以及社会资本相结合的模式架构，提出借助"政产学研"各方优势，协同社会设计力量，充分发挥和打造地域特色产业优势，推动传统产业的转型升级，塑造具有鲜明个性的地域特色品牌。以"长三角"地区等沿海产业创新生态系统建设为例进行评估，为工信部及各地政府出台促进设计、制造与互联网"三业"融合发展的政策举措提供借鉴和理论参考，具有很好的理论应用价值。

三、实践意义

首先，本书基于协同创新视角，把设计、互联网与传统制造企业转型升级放在一起,通过"三业"融合创新厘清企业创新的内涵、主体和边界,破解创新体制机制瓶颈,坚持政府引导力与市场内生力相结合,从单一创新转向"新技术、新产业、新业态、新模式"集成创新,以"四新"经济助推传统制造企业走出全球价值链低端锁定,走上转型升级快车道。进而加快推进区域经济发展和传统制造业转型升级建设,为我国长期探索转型升级和协同创新发展的规律趋势,以及转型升级战略的顶层设计做出决策和建议,具有较大的实践意义。

其次,本书引入演化的思想和方法研究如何促成有效的制造业和互联网、设计业协同创新的"政产学研"问题,对我国产业创新生态系统进行评估并对相关扶持政策提出建议,从而进一步助推地区优秀产业的形成和创新体系完善,最终促进设计、互联网等服务业的发展和制造业的转型升级,为发展中国家后发企业实现赶超及高端突破提供指导,具有很好的实践价值。

面向未来的新兴工业化,现代产业体系应该更多地建立在现代服务业与新兴制造业融合,新的工业生产方式、新的生产组织方式和新的生产制造模式的基础之上。2015年,"互联网+"被写进政府工作报告并传递出未来的创新方向①。过去,设计、互联网与传统产业的结合催生了不可思议的产业变化(如O2O),未来"互联网+"与设计等不仅会影响到传统产业,还会将影响力逐步扩展到第一、第二产业。展望未来,"三业"融合蕴藏颠覆性的创新力,隐含生态文明和包容性发展,从而以创新经济激活存量,破解转型发展难题,为发展中国家后发企业如何赶超及实现高端突破提供理论与实践指导。

制造业服务化已经成为世界工业化进程中的一个重要趋势。目前,制造业产品正在嵌入更多的设计服务成分,不仅在质量上不断提高,而且更具技术复杂性和使用上的便捷性。例如,3D打印已经能够对具备高度物

---

① 《政府工作报告首提"'互联网+'行动计划"》新华网北京2015年3月5日电(记者赵文君、齐中熙),5日提请十二届全国人大三次会议审议的政府工作报告首次提出"'互联网+'行动计划"。这意味着,将培育更多的新兴产业和新兴业态,形成新的经济增长点,促进经济社会各领域的融合创新。

理复杂性的部分制造业产品实现个性化的定制生产。越来越多的迹象表明,"三业"融合发展是中国制造业实现"中国智造"的可行途径。

近年来,国家和地方政府陆续出台了扶持工业设计发展的相关政策,工信部等 11 部委于 2010 年印发《关于促进工业设计业发展的若干指导意见》,北京、上海、广东、江苏、浙江、山东等沿海省份,以及四川、重庆等内陆省份相继出台了扶持工业设计,以及互联网发展的政策措施[①]。

2014 年 3 月 14 日,国务院印发《关于推进文化创意和设计服务与相关产业融合发展的若干意见》[②],进一步提出发展创新型经济、促进经济结构调整和发展方式转变、加快实现由"中国制造"向"中国创造"转变的内在要求。与此同时,《中国制造 2025 行动纲要》正式发布实施,指出牢牢把握住工业与互联网融合的大机遇有助于进一步提升我国制造业转型升级能力。

伴随着互联网和设计产业的兴起,从政府到产业界都已经围绕工业互联网、设计与制造业的融合路径和政策形成了一批行之有效的操作方法,需要在宏观层面总结经验和模式,以对后续在全国层面的推广形成指导,有效引导政府和业界加强工业设计、制造业与互联网的融合,促进互联网背景下工业设计和制造业的良性融合发展。本书以互联网和设计兴起为背景,进一步结合市场失灵、政府干预等,对"政产学研"展开研究,并结合具体案例研究和实证研究来重新审视我国产业第二次转型所面临的机遇、挑战与应对方式。由此可见,本书涉及跨学科、跨产业、跨区域的"产学研"合作和协同创新,应用前景很有现实意义和参与价值。

---

① 工业和信息化部:《关于促进工业设计发展的若干指导意见》,http://www.texindex.com.cn/,2010 年 8 月 27 日。
② 国务院《关于推进文化创意和设计服务与相关产业融合发展的若干意见》(国发〔2014〕10 号),各省、自治区、直辖市人民政府,国务院各部委、各直属机构。

第三节 研究内容与拟解决的关键问题

一、研究内容

一是把握融合方向。本书通过对制造、设计与互联网三个产业相互促进和共生演化创新的内在机理进行分析,进一步考察我国工业设计发展的现状与趋势,以及相关制造业(战略性新兴产业、"四新"经济、消费品产业等)的发展现状和所处阶段,提出设计、制造和互联网"三业"融合的重点方向和领域。

协同创新理论与实践尚处在探索期,相当一部分是在"产学研"基础上进行的,把创新主体之间的协同看成自增益循环的生态系统的研究很少。因此,揭开制造、设计和互联网之间复杂的、多层次的、在动态网络环境下协同创新的系统构造与运行机理,能够为创新系统培育及其良性发展提供有力的理论支撑与决策依据。

二是提炼融合模式。本书把设计与升级、设计与互联网、设计与创新网络、设计与"产学研"等结合起来,研究目标之一就是通过进一步深入"政产学研"研究,寻找到设计、制造与互联网"三业"互动演化和转型升级的融合路径和模式。

设计业和互联网与一般服务业不同,对制造业有正外部性,尤其有社会的公共特性。地方政府愿意通过购买服务的方式,促进互联网背景下设计业的发展,进而助推制造业的转型,以及传统中小企业的升级。

本书通过分析设计创新在企业创新过程中不同阶段的存在形式和创新机制,分析现有有效的融合对接机制,总结提炼设计、制造和互联网"三业"互动融合的路径和发展模式。例如,在区域经济层面,如何构建完善的设计服务创新系统,更好地推进企业和设计公司之间的合作,包括根据产业和企业的不同、针对设计的多层次服务需求而做出的恰当解决方案。又例如，梳理"设计立县"模式对"长三角"区域经济的影响，分析省市相关特色工业设计产业基地的运营情况，以及在促进互联网背景下工业设计与当地制造业融合方面的经验得失。

又如，在企业微观层面，企业不仅需要获得创新的设计服务，更需要建立创新机制，因此要与设计服务企业建立战略合作，使持续设计创新成为一种趋势和常态。通过帮助企业建立有效的运行机制、完善开发的关键环节，通过彼此的无缝配合，能够帮助企业更好地嫁接内外部资源、建立创新系统。例如，梳理国内优秀制造企业（如海尔、华为等）的内部设计组织模式，以及借鉴整个企业运作的亮点，找到处于不同发展阶段（初创期、成长期和成熟期等）企业对设计需求的方式方法，并进一步总结和提炼模式，以更好地发挥互联网背景下设计服务促进经济发展的最大效益。

三是提出融合对策。设计、制造与互联网"三业"协同演化和创新过程中扶持政策如何制定？政府在"市场失灵"中的作用都有哪些？

一直以来，政府扶持政策都是简单的政府补贴，而政府补贴只能引起产业结构的短期变动，且需要受补贴企业及其相关企业的积极响应，才能取得显著效果。现在的问题不是产业政策是否有存在的必要，而是如何设计和实施产业政策以促进经济增长和提高福利。

为此，笔者分析总结近年来各级部门实施的政策、措施，对其实施效果进行分析评估。在此基础上，从政府、行业中介组织、企业等不同角度提出促进设计服务与制造业融合发展的政策、措施与建议。例如，梳理近几年相关省份（北京、广东、江苏、浙江、上海等）出台的设计服务业发展的扶持政策，以及横向对比欧美日韩和中国台湾地区（重点是德国"工业4.0"）的发展经验。

二、拟解决的关键问题

目前，需要解决以下关键问题：

其一，未来新兴产业体系应该是以制造业转型升级为基础，与设计创意产业或互联网等现代生产服务业互相融合的产业体系。本书拟解决的关键问题之一就是设计、制造和互联网如何融合发展和创新，从而进一步推动传统制造业转型及实现"高端、高效"的产业发展目标。

其二，转型升级过程中，政府如何发挥更大的引导作用，去帮助企业进行合作研发创新？尽管政府本身不参与协同创新，然而在协同创新环境的构建上有着不可替代的作用。地方政府的意志的引导和机制安排是协同创新网络有别于简单的创新活动的最显著特点。否则，单凭创新主体自身的力量，很难推动协同创新的持续发展。

三、研究的重点难点

1. 研究重点

（1）近几年，随着互联网、云计算、新能源新材料、生物医药等新兴产业的不断发展，设计业所服务的对象及其服务的内涵都发生了极大改变。如何判断下一步设计、制造与互联网融合发展的重点领域、重点方向和着力点是本书的研究重点之一。

（2）在互联网时代的背景下，随着设计产业的不断发展、设计创新的业态多样化，设计师个体、设计服务企业、工业企业设计中心都承载了不同层面、不同层级的设计创新。下一步研究的重点包括：企业、院校、研究机构、设计公司，其中谁会成为未来创新最重要的组织形态；什么样的机制和体制才是推进创新的最有效力量；在这个过程中，政府和中介机构如何发挥更大的引导作用，去帮助企业进行合作研发创新；等等。

2. 研究难点

（1）研究方法的难点。本书涉及设计、制造与互联网多个创新主体，对综合运用各种研究方法提出很大挑战，需要跨学科知识，如创新超网、复杂网络、社会关系网络等相关方法来构建创新生态体系，才能揭示设计驱动产业联盟创新网络的动态机理。

（2）采集数据的难点。数据的收集，尤其是从企业层面、产业层面和区域层面来采集调研数据，包括典型产业联盟走访等都是本书研究开展的难点。

第四节　研究方法、研究突破点与技术路线图

一、研究方法

本书将综合运用文献搜集、相关理论研究方法（协同创新理论、协同演化理论、"政产学研"、产业融合理论、创新网络理论、转型升级相关理论以及设计驱动创新对协同演化作用机制的理论分析）、案例研究方法（选取上海长三角工业设计服务中心平台的典型案例进行比较研究）、结构方程（用于设计驱动创新和协同演化机制的建模）的实证研究方法（问卷数据及横截面数据的获取与分析），以及数学建模和分析对相关内容进行研究，具体研究方法如下：

1. 文献研究和描述性研究方法

运用文献资料法收集资料、拟定课题研究方案、进行课题论证；运用案例研究法、调查分析法，对全国工业企业、工业设计企业、互联网企业、典型行业的制造企业，以及行业协会和科研院所、高校等展开调研，选择有代表性的样本做先期的重点研究；此外，运用定性和定量分析法，微观、中观和宏观相结合对相关问题进行阐述。

同时，笔者通过检索演化融合理论、协同创新理论、设计驱动创新理论、创意产业理论、创新生态系统理论，以及产学研和三螺旋理论等相关文献，积累了大量文献资料，并对这些资料进行了系统梳理，为本书研究提供理论基础，论证了协同演化理论机制的内容构成。利用国内外大型数据库，跟踪设计业、制造业、互联网融合创新的国际前沿研究，撰写文献综述。

2. 理论模型构建和实证分析研究方法

根据设计业、制造业和互联网协同演化的环境、模式和绩效逻辑思

路，利用创新生态理论和演化经济学理论的现有研究成果来构建模型，探讨制造业和设计业的协同演化机制。在此基础上，笔者综合运用协同演化、博弈论、层次分析法、计量经济法、模糊数学论对模型进行实证检验，探讨在大数据和"工业4.0"背景下，以上海—"长三角"为例的设计驱动创新和设计、制造与互联网"三业"融合的协同创新要素及产业间的协同进化模式等。

本书依托工信部、中国工业设计协会课题，以及上海"设计之都"促进中心网站、上海长三角工业设计服务中心网站、上海工业设计协会网站等数据资料，通过对昆山创意产业园、马鞍山创意设计中心，以及长三角地区和珠三角地区企业进行调研，获得了一手资料。同时，结合相关政府部门（工信部、国家发改委、经信委及其协会）的资料数据和统计年鉴来分析设计、制造与互联网"三业"融合和协同创新的情况及典型案例。

3. 案例和相关性研究

运用经验总结法对中国相关地方政府部门、行业企业促进工业设计、互联网与制造业融合的主要机制和模式展开纵向研究；对发达国家的设计、制造与互联网融合（以及产学研）的主要模式开展横向研究。同时，选择有代表性的区域、企业，以及科研院所和高校展开试点研究，并针对我国国情、工业设计、互联网企业发展状况、区域产业等进行个别重点深挖和聚焦剖析，以达到以点带面的效果。

同时，对企业、园区相关负责人进行直接访谈，探讨制造业、设计业协同创新的有效方式，以及相关的"政产学研"的扶持政策。此外，笔者通过参加学术研讨会、行业研讨会，掌握了理论界的最新观点和研究动态，并对日本、韩国、英国、美国等国家和地区创意设计产业发展进行了经验总结，提出了相关可行的政策建议。

二、研究突破点

（1）现有的本土制造业转型升级的研究仅从市场视角或者从单一制造产业视角出发，易陷入市场失灵的升级悖论。本书的研究视角不再局限于单一制造产业，而是试图通过设计、制造和互联网的产业融合与创新，来实现要素的优化配置和制造业升级。毕竟升级不是一次性买技术，也不是一次性的政策简单"输血"，而是持续性的、结构性的、形成智库性的创新和环境构筑。

（2）一直以来，针对升级过程中的市场失灵和政府干预的研究还停留在泛泛的层面。本书从"设计驱动创新"的共性技术视角切入，把设计、互联网与"产学研"研究结合起来，进一步深入"政产学研"研究，创新性地提出矫正市场失灵的协同创新方案，以及政府干预的创新方式，凸显了政府在整个"产学研"合作过程中的主导地位，为地方政府引导和合理配置资源，以及"政产学研"协同创新提供理论和实践指导。

（3）本书研究基于融合创新理论视角，在一个平台上进行设计、制造和互联网的产业环境演化、协同机制演化和创新演化，从而能够更好地研究在互联网时代的背景下，制造业、设计业如何共生演化及相互促进，并由此形成创新生态系统，进一步丰富演化和创新网络的理论研究。

长期以来，业界对"产学研"及不同形式的"两业"融合发展进行了积极探索实践，取得了丰硕成果，促进了区域经济和行业实力的同步增长。但可以肯定的是，融合不应该是一个"一维空间"的概念，而应包含多维度的内容。为此，本书的创新点之三，就是提出"三业"融合的新观点并对其融合机制进行研究，借由互联网经济与大数据背景下的设计、制造和互联网"三业"融合和协同创新发展，驱动我国经济的转型和企业的升级。未来很长一段时间内，我国将不断探索"三业"融合发展方向，加快形成全要素、多行业、高效益的"三业"融合深度发展格局，丰富融合形式，拓展融合范围，提升融合层次。

三、技术路线图

本书技术路线如图 1-1 所示。

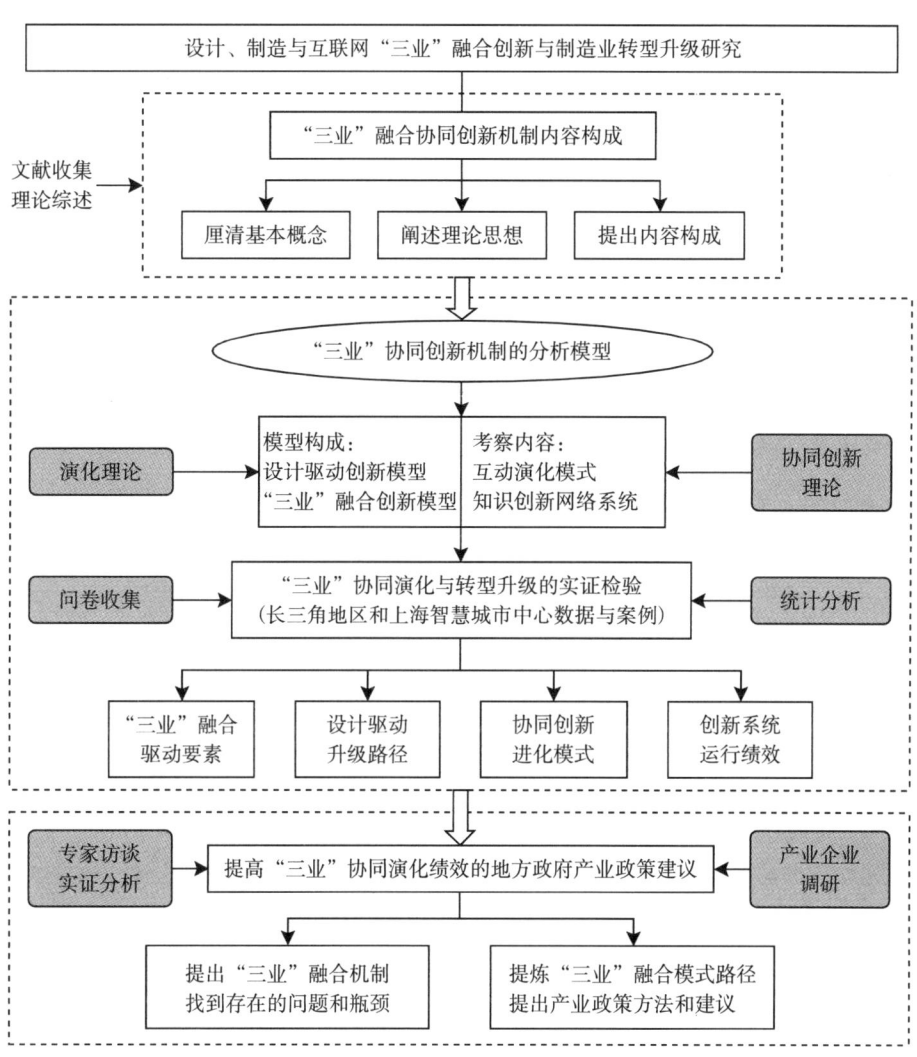

图1-1 技术路线

第二章 文献综述

经过30余年的粗放式发展，中国经济和社会发展所面临的资源和环境约束日益增强，因此国家"十二五"规划把转变经济发展方式、促进产业转型升级作为当前阶段政府工作的重中之重。各级地方政府积极响应，纷纷提出改造提升传统制造业、培育发展新兴产业，推动辖区内产业结构调整。

多年以来，中国本土制造业为摆脱在国际分工体系中的低附加值和低端竞争的格局，一直在寻求转型升级，并从理论和实践方面进行探索。转型升级的理论涉及系统而庞大的工程，现有研究涉及各个视角：从宏观到微观，从价值链、国际分工到企业网络等。基于此，本书主要从三个方面对国内外研究现状进行了回顾和梳理：一是围绕一直以来的制造业转型升级理论和实践探索进行了回顾；二是围绕设计产业发展进行了回顾和梳理；三是对协同演化与创新进行了回顾和梳理。

第一节 围绕制造业转型升级研究的文献回顾

针对发展中国家的传统产业转型升级，国内外学者从不同视角进行了长期跟踪和研究，涉及全球价值链、创新网络，以及市场失灵、政府干预和"政产学研"等相关理论，大致趋势和研究现状如下：

一、围绕价值链研究的文献回顾

转型升级是全球价值链理论的核心,升级也是一个企业或经济体提高迈向更具获利能力的资本和技术密集型经济领域能力的过程(Gereffi,1999)。一直以来,制造业转型升级的主要思想就是在全球化背景下通过"嵌入全球价值链"的思路来实现企业的转型和升级。一般来说,嵌入全球价值链可分为低端嵌入和高端嵌入两种方式,从低端嵌入全球价值链的企业如果不向高端嵌入转移,最终会陷入贫困化发展(Kaplinsky & Morris, 2001;Humphrey & Schmitz, 2002)。宗文(2011)提出,在全球价值网络体系下应该突破两个低端锁定,推进本土企业成长。徐玲(2011)认为,应该以高势位嵌入创造战略,有效摆脱升级中的锁定等。严北战(2011)、刘维林(2012)等都先后提出各自的升级视角,目的都是突破GVC升级的阻力,以及改变被锁定在低附加值环节的处境。周密(2013)提出价值链提升的多元化路径,即以转化应用为导向的技术升级、以国内市场拓展为导向的功能升级、以专精化为导向的产品升级。

二、基于网络和产业演化视角的文献研究回顾

(1)基于网络视角。20世纪70年代以来,在网络分析被引入管理学研究之后,从网络视角研究升级问题成为管理学研究中发展最快的领域之一(Parkhe, Wasserman & Ralston, 2006),如集群网络、网络位置、创新网络等,以此来实现转型升级。吉敏等(2011)从社会网络、经济网络及知识网络视角对集群的整个网络升级进行了研究;董必荣(2012)从产业网络和微观价值网络等构成的多维价值网络系统视角对企业价值计量进行了分析。同时,国内外学者都关注到,曾经带来巨大成功的"网络"逐步成为企业进一步发展的瓶颈(Schmitz, 1999;文嫮、曾刚,2005;朱海燕,2009)。邓智团(2010)认为,跨国企业具有网络权力(技术权力、渠道权力),因而控制着处在最底层(权力塌陷区)的地方企业。赖红波

等（2011）基于结构洞理论提出，通过跨网络学习来攀升到高端关系网络。孙冰等（2013）从网络关系的视角分析了生态位态势的愿景、力量和知识三个机制，对不同阶段技术生态位态势提出了发展建议。周劲波、黄胜（2013）认为，关系网络提升有助于立足国际化的新创企业建立竞争优势。徐蕾、魏江（2013）探讨了集群网络企业跨边界整合与二元（渐进和突破）创新能力演化。

（2）基于产业演化视角。随着集群网络研究的深入，很多学者都认为，犹如社会系统生物组织有"生老病死"的更替，产业转型也表现出产生、发展和衰落的动态演化过程。产业演化是演化经济学中观层面的主要内容，Kurt Dopfer、J. Foster 和 J. Potts（2009）认为，演化中观经济学是演化经济学分析的核心概念，并提出了微观—中观—宏观的演化分析框架。谢雄标、严良（2009）对产业演化进行了综述，他们认为，产业演化或许存在类似的隐喻，即产业演化是产业渐变与产业突变的辩证统一。可以说，转型升级是演化也是博弈。目前，演化博弈理论也在很多方面得以应用，证明了演化博弈比传统博弈论能更好地解释和分析现实中的经济和管理问题，可用于解释中观层面的群体选择行为。

三、基于"政产学研"视角的文献研究回顾

（1）基于政产学研视角。政产学模式或官产学模式，是分析在大学、产业和政府三者之间形成合作创新关系的相关理论。近几年，国内外学者对政产学研的研究逐渐兴起。以政产学研合作为核心的合作创新模式正逐渐成为企业突破自身资源和能力限制，从而实现创新的重要途径（Hoang & Rothaermel，2005；Hiroyuki，2007）。王珍珍、陈功玉（2012）认为，政产学研是协同创新的博弈过程，是参与方不断地调整自己的策略以达到利益最大化的过程。埃茨科威兹等（2009）提出，"三螺旋模型"（Triple Helix Model）由大学、企业和政府三种类型的机构构成，这一结构成为区域、国家及跨国创新系统的核心。Han Woo Park 和 Loet Leydesdorff（2010）使用三螺旋模型（大学—企业—政府关系）研究了韩国政府网络化研究关系

中的纵向趋势。樊霞等（2013）认为，目前产学研合作与企业内部独立研发的互动关系未充分考虑与企业研发模式有机结合的情境变量影响。目前三重螺旋模型是其主流理论（王成军，2006）。

（2）围绕市场失灵、政府干预视角展开的探索。为何市场不能自动调节转型升级，或者资源优化配置？不能升级会带来外部不经济以及市场失灵，转型升级的困境就是产生外部不经济，外部性是市场失灵的一种表现，会导致资源配置效率低，以及低端运行带来的竞争激烈和产能过剩。市场失灵一直是经济学理论界争论不休的一个话题。王冰（2000）将市场失灵划分为局限性市场失灵、缺陷性市场失灵和负面性市场失灵，并提出矫正市场失灵的不同途径与措施。鲍金红、胡璇（2013）将市场失灵划分为效率性市场失灵、公平性市场失灵和不成熟性市场失灵三大类型。

同时，市场失灵必然导致政府干预，政府干预经济只能在市场失灵的地方（陈庆云，2005）。萨缪尔森（2004）在论述政府的经济职能时指出："在包罗万象的政府职能中，政府对于市场经济主要行使三项职能：提高效率、增进公平以及促进宏观经济的稳定与增长。"谭劲松等（2009）将地方政府在其管辖范围内发展地方经济的过程、职能和责任统称为地方政府的公共治理。谭劲松等（2012）认为，地方政府具有干预企业过度投资的动机和能力。地方政府一方面是"经济参与人"，另一方面也是"政治参与人"，它们关注政治晋升和政治收益。总之，现有研究的观点大多是政府可以发挥更大的引导作用，帮助企业进行合作研发、创新，合作推动品牌发展，甚至由政府购买知识成果，以保护创新者的积极性。尽管简单的政府补贴能显著加快产业结构调整并产生短期效应，但不能发挥长期效应（宋凌云、王贤彬，2013）。庄涛、吴洪（2013）认为，在一些关系国计民生的创新性研究项目中迫切需要发挥政府的主导作用。

第二节 围绕设计和设计产业国内外研究文献回顾

20世纪80年代开始,陆续有学者将设计这一传统概念重新界定,并引入创新研究(Verganti,2003;Christensen,1995)。2000年之后,针对设计创新的研究出现了一个高峰(Utterback,2006)。在这样的大背景下,探讨设计在创新中的重要作用具有开拓性意义。

一、设计产业缘起与消费升级

1. 设计产业缘起

设计是一种有着悠久历史的人类行为。设计(Design)的最初含义为制造某种产品,并用标价加以区分,赋予产品意义。设计的本质就是让产品具有意义。Verganti(2003,2008)认为,产品意义就是用户购买产品的理由。Chivas和Alegre(2007)认为,设计是人类有目的地运用创造力的过程。Verganti(2003)以意大利的北部地区企业为研究对象,正式提出设计驱动式创新的概念,并认为它是一种面向产品语义的创新。

工业设计起源于创意产业。20世纪90年代末期,以英国的约翰·霍金斯为代表的欧美学者率先在理论界掀起了研究创意经济的热潮,并逐渐延伸到以创意为核心的产业组织和生产活动。英国是第一个定义"创意产业"的国家,澳大利亚政府也早在1994年就提出了建立"创意之国"(Creative Nation)的发展战略。

2. 设计与消费升级

在消费升级的背景下,消费者更重视体验、参与并在此基础上形成自己的判断"框架"。文化信念和社会行为创造和深化了"框架"内涵,这些"框架"界定了人们使用什么样产品,以及怎样使用产品,并且产品中的文化不仅代表了使用者的身份，还表达了具体的社会价值观。同时，产品不仅具有功能性，还具有社会文化性。任何产品都兼具功能性和社会性，因此创新过程中必须通过设计对两者进行有效的整合，以此实现技术、社会文化和市场需求的匹配。

Rindova 和 Petkova（2007）认为，设计者可以在产品的功能性、美学特性和符号性三方面进行选择，即设计驱动创新能力可以分为语义设计能力和产品功能设计能力（叶伟巍等，2013）。产品的语义设计能力包括产品对消费者生活方式的影响力、产品对消费者社会形象的提升力、产品帮助改善消费者与自然之间关系的能力、产品符合消费者审美和习俗的能力（叶伟巍等，2013）。基于设计的创新是技术与产品语言的集成，应该从改善和创新用户体验出发，满足用户在功能、审美和情感方面的需求，重点是创造全新的用户体验。

二、设计驱动创新

基于设计的创新中非常重要的一个概念就是设计，学术界对于设计的研究很多，不同学者（Veryzer & Borja，2005；Verganti，2008）从不同的角度对设计进行了研究。设计驱动创新对创新绩效的影响已经得到中外很多学者的证明，如 Gemser 和 Leenders（2011）研究发现，对于新采纳设计战略的企业，设计强度对绩效的正影响更明显。企业的设计创新能力可分为产品语义创新能力和产品功能设计能力，这两种能力都对创新绩效具有显著的影响（叶伟巍、王翠霞、王皓白，2013）。Verganti（2008）认为，通过传统的市场调研和用户研究所得到的市场需求知识，只能带来产品性能和产品形态的渐进性改进，而不能带来突破性的创新。

Ravasi 和 Lojacono（2005）提出了"设计驱动式革新"的概念，强调企业需要面向设计功能，对设计过程和组织结构进行重构。Utterback 等（2006）提出"设计激发式创新"的概念，指出设计可以被理解为一个创新整合的过程，其整合对象包括技术、市场需求和产品语义三方面。Verganti（2008）进一步指出，产品意义的创造才是设计创新的本质，新的产品意义的开发设计强化了消费者购买产品的理由。Bruce（2007）认为，产品设计必须考虑消费者习俗和审美的问题。Chang Hsu（2005）提出，产品设计应该考虑好的品位、适于消费者的生活习惯、适于当地文化、有利于健康和环保等因素。可见，设计驱动创新强调从产品与人、产品与社会的角度出发，通过对用户购买使用产品的深层次心理和文化的挖掘来实现产品意义的突破性创新。

三、从创意产业到设计服务业

20世纪90年代末期，以英国的约翰·霍金斯为代表的欧美学者率先在理论界掀起了研究创意经济的热潮，创意产业成为世界经济发展的趋势（Banks et al.，2000；Yusuf & Nabeshiina，2005；Jason Potts，2008）。工业设计起源于创意产业，设计业与一般服务业不同，它对制造业有正外部性和社会公共特性，具有明显的"干中学"与自增强机制（Guerrieri，2005）。

在这种背景下，工业设计发挥着越来越重要的作用。杨振宁院士指出，"21世纪将是工业设计的世纪，一个不重视工业设计的国家将是落伍者"。何人可教授认为，"工业设计等于经济效益"，工业设计"为经济的振兴锦上添花，是一笔不可忽视的财富"。工业设计不仅对经济的振兴起着巨大的拉动作用，而且关系到企业在国内外市场上的竞争力。工业设计能够转变经济增长方式，对建设创新型、节约型、环境友好型国家有着不可替代的作用，为此各国纷纷在政策与资金上进行大力扶持。在各国政府的支持与推动下，工业设计已成为经济增长中不可忽视的主力军。

在我国转变经济发展方式的大背景下，工业设计被寄予厚望，中国的设计产业迎来了又一个发展契机。优秀的品牌离不开精良的设计。工业设计对于帮助中国企业提升产品价值、实现产业结构调整，在扩内需、保增长、促发展和从"中国制造"走向"中国创造"的进程中，发挥着积极作用。作为创意产业的核心基础、创意的直接表达和实践过程，设计产业备受世界各国的重视，并被视为本国国际竞争力的衡量标准，带动产业升级和经济增长方式转变。2008年至今，深圳、上海、北京先后获得联合国教科文组织授予的"设计之都"称号,陆续加入国际设计平台,进军全球创意市场,设计产业成为其新的增长点。

第三节 围绕协同演化与创新网络的国内外文献研究回顾

如何进一步跳出现有单一产业视角,开展协同创新演化,甚至制造业与服务业协同演化研究是目前研究的热点之一,本节对相关研究进行回顾梳理。

一、协同演化与协同创新理论研究回顾

近年来,国内外学者对协同创新的研究逐渐兴起,如王珺(2008),Kuen-Hung、Jiann-chyuan(2009),Agusti、Josep-Maria(2008)等,都对协同创新模式进行了讨论。研究表明,当前中小企业中常见的协同创新模式主要包括基于产业集群的协同创新模式、基于产业价值链的协同创新模式和基于产学研结合的协同创新模式,这些模式虽然有效改变了中小企业的创新现状,但在参与主体上都不全面,缺乏更深、更广泛的协同(吕静等,2011)。崔永华、王冬杰(2011)提出在政府积极支持下,通过企业、大学、研究院所、中介组织等区域民生科技创新主体的协同合作和共同参与来建立民生科技的创新服务体系等。

协同演化概念起源于生物学,创新系统也是生态创新系统。Janzen(1980)据此给出了严格的协同演化定义,即一个物种的个体行为受另一个物种的个体行为影响而产生的两个物种在进化过程中发生的关系,是两种(或多种)具有密切生态关系但不交换基因的生物的联合进化。协同演化不仅是"演化"的,更是"协同"的,是"相互影响的实体间的演化关系",只有当两个种群之间的演化存在"强影响"时才能构成协同演化

(Winder, McIntosh & Jeffrey, 2005)。

长期以来,演化理论着重从技术创新角度来研究经济增长,对制度变革没有给予应有的重视。自 Nelson(2002)提出技术与制度的协同演化思想后,学者们开始将这一理论应用到产业动态分析中(Freeman & Soete, 1997; Von Tunzelmann, 2003)。

二、基于创新网络视角的理论研究回顾

创新网络的定义较早来自 Imai 和 Baba(1989),即应付系统性创新的一种组织、制度安排。弗里曼(1991)进一步指出,创新网络的形成和出现是为了响应组织对知识的要求。刘丹、闫长乐(2013)认为,协同创新网络是一个自增益循环的生态系统,取决于两个关键要素:一是政府主导与制度安排,二是协同机制。

创新不再是一个单独的活动,而是一个涉及多层次、多组织、多阶段各种创新要素的动态、复杂的创新网络的整体活动,即协同创新网络。协同创新网络是一种基于网络的合作创新。它被看作不同的创新参与者(制造业中的企业、设计企业、研发机构和创新导向服务供应者)的协同群体,它们共同参与创新与新产品的形成、开发、生产和销售过程,通过交互作用建立科学、技术、市场之间的直接和间接、互惠和灵活的关系,参与者之间的这种联系通过正式合约或非正式安排形成的整体创新能力大于个体创新能力之和。陈劲(2011)提出,协同创新是复杂的创新组织形式,其关键是形成以大学、企业、研究机构为核心要素,以政府、金融机构、中介组织为创新平台,以非营利性组织等为辅助要素的多元主体协同互动的网络创新模式。张雷勇等(2013)认为,产学研共生网络超越以往产学研合作的研究,并提出了共生方法和网络方法"双轮驱动"创新培育机制。同时,吴丰华、刘瑞明(2013)认为,转型升级应该包含企业层面的自主创新网络、区域层面的自主创新网络和国家层面的自主创新网络。李晓华、刘峰(2013)将产业生态系统定义为对某一产业的发展产生重要影响的各种要素的集合,包括创新生态系统、生产和应用生态系统。

三、服务业与制造业协同演化研究回顾

（1）从协同创新到开放式创新。近年来，国内外学者对协同创新模式进行了很多讨论（Kuen-Hung，2009；Agusti，2008）。他们认为，协同创新的产生是由于组织要适应不断变化的环境并带来创新绩效（Levent，2008；Maneinellis et al.，2008），常见的协同创新模式主要包括基于产业集群、产学研和产业联盟等的协同创新模式（陈劲，2011；吕静等，2011）。与此同时，为了更有效地整合内外资源，在高科技和知识密集型行业兴起开放创新联盟研究（Lichtenthaler，2011；Bianchi，2011）。Han（2012）认为，开放创新联盟是多企业环境下的一种新型合作范式；江积海等（2014）将开放式创新置于产业联盟组织形式下进行研究。

（2）从服务业到现代服务业。20世纪90年代后，西方学者从不同的角度对服务业进行了系列研究（Raff & Ruhr，2001），包括服务业集聚（Jed Kolko，2007）、服务业FDI溢出（Kolstad & Vmanger，2008；Gervais & Jensen，2013）、生产性服务业（Richard，2002；Andersson，2006），以及现代服务业（Iueris，1996；魏江，2004）等，包括"知识型服务业""生产性服务业""高增值服务业"等在内都被认为是现代服务业（Antonelli，2009；Muller，2014）。

（3）制造业与服务业融合发展。从制造业聚集到服务业聚集，再到服务业与制造业的双重集聚，并促进产业各自的升级与集聚（陈国亮，2012），服务业与制造业之间的协同发展持续展开（Markusen，2005；江静、刘志彪，2009；陈晓峰、陈昭锋，2014；Jacbos et al.，2014）。目前，关于制造业与服务业共生融合相互促进已有较多研究（Porter，2007；黄永春等，2013），有观点认为由于服务业对制造业带动作用较弱，转型升级呈放缓特征（Zheng et al.，2011；谭洪波，2015）。

第四节 文献综述

综上可以看出,制造业转型升级一直是理论界和实务界都摆脱不了的核心命题和研究热点,下面笔者分别从优势所在和不足之处对国内外现有文献研究进行述评。

一、优势所在

从已有研究可以看出,现有制造业转型升级研究呈现大量、丰富、全面和层层递进的特点,除了从网络、演化、协同创新、政府干预的角度展开研究,学者们还开始从设计产业或创意产业视角切入,尤其是在实践方面积累了有益探索。现有研究为我国后续开展转型升级研究奠定了坚实基础。

二、不足之处

尽管如此,现有研究仍存在不足之处,大致有以下两点:

其一,对设计和设计产业的研究还处在初级阶段,对工业设计与制造业协同融合和创新的研究甚少,更没有把两者放在一个平台上进行演化分析。没有跳出现有单一制造产业的视角,从互联网背景下多产业融合和创新的视角去考虑,从而缺乏活力和持续创新的源泉。对此,今后的研究需要进一步进行梳理和突破。

其二,对于如何正确认识现有传统制造企业升级这一问题,现有研究的认识还很混乱,尤其是仅从单一制造产业视角出发,容易陷入市场失灵的升级悖论。同时,无论是产学研研究,还是政府干预,都停留在泛泛的层面,不接地气,可操作性不足。而且,政产学研合作网络形式级别较

低、合作机制不完善、成果转化率低等问题突出，校企之间无法真正实现协调发展。

通过上述文献回顾，我们也应该清醒地看到，现有理论和实践研究还存在很多不足，只有辩证认识到这些不足，才能明确我们下一步开展传统制造产业转型和努力提升的方向。

三、小结

中国提出大力发展服务业，尤其是互联网背景下生产性服务业的举措，旨在逐渐将劳动力等要素资源从制造业转向高技术产业和服务业。中国服务业发展滞后，其产值占GDP的比例徘徊在40%，与发达国家超过70%的占比有较大差距，以致服务业对制造业带动作用较弱，转型升级呈放缓特征，并带来了制造业成本病（Zheng et al., 2011；谭洪波、郑江淮，2012）。对于制造业、服务业共生融合相互促进已有较多研究（黄永春等，2013）。Porter（2007）认为，服务业和制造业具有相互依赖、共生发展的互补性关系，只有两者协同发展才能提高社会生产率。

设计业与一般服务业不同，它对制造业有正外部性，有社会的公共特性。设计业具有明显的"干中学"特征与自增强机制（Guerrieri，2005），为此地方政府愿意通过购买服务方式促进设计产业的发展。设计业的兴起会助推制造业尤其是传统中小企业的转型升级。

我国处于工业化的中后期，无法从"中国制造"直接跨越到"中国创造"。为此，推进制造业升级并和设计业协同创新，同时借由两者的协调互动，为设计业提供良好的发展基础，进而推动制造业升级，将对我国经济增长和产业转型升级具有重要意义。

第三章　设计思维兴起与设计业、制造业融合发展和转型升级

第一节　全球工业设计现状与中国设计业发展

一、全球工业设计的发展阶段

工业设计最早发端于英国，其酝酿和产生跨越了19世纪后期到20世纪30年代的漫长历程。从英国的"艺术与手工艺运动"和以法国为中心的"新艺术运动"，到"德意志制造联盟"和"包豪斯"的建立，工业设计才完成从酝酿到产生的持久而复杂的革命历程。

作为工业设计的起源地，英国虽然具有悠久的设计文化传统，但在20世纪二三十年代却在设计变革方面落后了。"二战"以后，英国政府十分重视设计，成立了旨在促进工业设计水平提高的英国设计协会，英国前首相玛格丽特·撒切尔在其执政期间大力倡导和推行设计，多次邀请著名学者、设计家在首相官邸举行设计研讨会，并就振兴英国的工业设计方面做出了很多战略性决策，如将中小学美术教育改为培养学生创造力的设计教育等。由于英国政府长期以来重视设计产业的发展，采取了一系列积极的政策予以扶植，英国设计的整体水准进入世界前列，对其国民经济的发展也产生了令人瞩目的重要作用。

自1907年德意志制造联盟成立、1919年包豪斯学校建立以来，工业设计的全球发展经历了百年的历史过程，发展初期（约1907~1944年），以德国为主的工业设计理论与教育体系基本形成。之后（约1945年起），工业设计在美国率先进入商业化及职业化发展时代。美国工业设计商业化的开始，是以工业设计广泛进入工业、商业应用为主要内核的。在全球范围内工业设计的发展分为如下四个阶段：

1. 造型设计阶段

工业设计形成初期，工业设计的重大突破是以大工业为条件的现代造型形式成为迈进工业设计商业化时代的首要特征。魏玛时期，康定斯基的色彩与形式设计高度抽象，迪索时期的"形式服从功能"，包豪斯时期产品在造型设计上突出关注简洁、抽象与构成形式，马谢·布鲁尔设计的世界第一张钢管椅为这一时期产品商业设计的典范之一。

2. 产品设计阶段

给各国带来惨重损失的第二次世界大战在某种程度上也推动欧美国家科技与工业生产技术取得了巨大发展，战后大批现代化工厂日夜运转、大批工业产品进入市场，进一步促进了欧美工业设计商业化与职业化在规模方面出现巨大增量。在欧美主要国家，广泛盛行减少设计、简洁与几何形状的产品设计，它对大批量工业化的生产条件更有针对性，更加符合机械化与自动化的工业生产技术要求。该阶段更加强调设计与生产的紧密结合、产品结构的优化和生产成本的控制，要求工业设计师不仅具有较高的产品造型能力，还要有人机工学设计能力，并对生产过程有全面了解。

3. 管理设计阶段

随着工业化的不断推进，一批具有国际性的产品及品牌在全球盛行，工业设计不仅要面对生产制造和使用问题，还要面对产品的市场营销与品牌发展问题，把设计提升到管理层次是这个阶段重要的里程碑。IBM公司是"二战"后应用设计管理的范例，"好的设计意味着好的企业"成为IBM设计管理的核心理念。SONY设计的全球领先地位与其设计管理密不可分。1988年的第一届欧洲设计奖将设计管理与设计并举，对其地位予以了肯定。设计管理强调设计作为一项重要的管理手段，是工业设计商业化成功的重要基础。

4. 策略设计阶段

进入20世纪90年代，随着设计管理的进一步发展与自主品牌的推动，设计逐步成为商业策略的一部分，使设计事务进入企业高层决策管理，设计策略成为企业策略的重要部分。20世纪90年代，工业技术发展速度开始放缓，出于市场竞争与创新需要，设计作为另一个创新战略工具被大多数国际品牌企业所看中，运用创新策略设计带动产品创新、品牌与企业创新已是许多企业高层的共识。策略设计阶段的工业设计打破了产品仅依赖技术创新与差异化这一唯一手段的局面。

二、全球化背景下工业设计的发展特征

在漫长的历史进程中，工业设计在努力追求自身完善的前提下，契合当代社会文化背景，不断改造创新，在建立自身价值观的基础上寻求不同文化类型的生存发展空间，在激烈竞争的时代得到大众的接受。当今社会信息呈爆炸式增长，生命科学技术、微电子技术、太空技术等高新技术快速发展，设计应用于人类生活的方方面面，不仅影响着人类的生活方式，而且引领了社会潮流，在社会风俗与人类观念转变的同时，全球工业设计的地位、目标、功能、作用、手段等特征和内涵也在改变。综观全球代表性国度和热点地区，全球工业设计现状呈现如下特征：

1. 全球化趋势

不同地区的设计公司与机构在产品所在地开办联络办事处，以对各自的终端市场进行直接调查、咨询与服务。以亚洲—欧洲—美洲为轴心的全球化浪潮从20世纪90年代开始席卷设计领域。在社会文化上的差异程度意味着间接推断的评估不能为产品策略和设计提供足够的指导。因此，各个公司和机构在欧洲开办联络办事处，许多在欧洲和美国的代理机构受亚洲公司的委托开发和改进在当地销售的产品，全球网络使设计和开发方案在欧美办事处完成成为可能。同时，一些欧美发达地区的知名设计机构，如Design Continuum、Frog设计公司和IDEO等也在亚洲等海外地区开

设分支机构（特别是与电子和汽车有关的设计公司），目的在于通过在当地开展业务，更直接地与客户合作。在海外开设办事处，可以更好地追随当时当地的生活潮流和趋势，并能在总部更快地将海外的调研结果整合成产品方案。在市场竞争加剧的情况下，产品的创新凸显巨大的需求，每年都会在欧洲、亚洲和北美洲涌现大量的设计公司，它们为企业提供的服务贯穿消费者调查、市场研究、人机学研究、产品外形、产品交互设计、公关策划以及工程设计等环节，还包括网站设计及其维护等方面。同时，世界经济发展呈现全球化趋势，这些新兴的设计公司也相应建立起全球性服务网站。

2. 异地进行

异地进行是指一方面设计集中完成，另一方面生产制造利用异地不同的制造环境完成。以博朗公司为例，其总部设在德国科隆博格镇（Kronberg），部分电动剃须刀却在中国上海进行装配，其中高质量的剃须刀头来自德国，电动机在上海生产，而充电电池来自日本。究其原因：微观上来看，与劳动力成本、原材料价格及生态环保等因素关系密切；宏观上来看，与不同国家和地区的发展模式、发展战略，以及社会政治、经济、文化状况等密不可分。

3. 强化品牌

在国际上具有强大影响力的设计公司如美国的艾迪欧（IDEO）、英国的惠誉（Fitch）、日本的 GK 公司以及荷兰的飞利浦（PHILIPS）等，不仅具有全球性服务意识，而且在设计实践中逐步形成了自己的品牌意识和设计哲学，这说明工业设计的战略品牌意识被企业所接受并逐步增强。

4. 设计立国

发达国家和发展中国家不约而同地将"设计立国"上升到国家战略。世界金融危机及经济全球化使发展中国家日益意识到，依靠高资源消耗、低附加值的劳动密集型产业，无法实现民族的复兴和可持续发展。此外，工业设计已被许多企业视为一种战略工具，用以打造企业核心竞争力、提高企业自主创新能力，因此各国政府对其发展越来越重视。发达国家与发展中国家的政府纷纷制订本国工业设计的宏观发展规划，并将其纳入国家政策的战略范畴，力图通过有效的宏观规划与调控，探索设计使经济得到稳定发展的思路与途径。

工业设计是一个外来名词，由英语"Industrial Design"直译而来。在我国，也曾被称为"工业美术设计""产品造型设计""产品设计"等，近年来统一称为"工业设计"。1980年，国际工业设计协会联合会为工业设计下的定义为：对批量生产的工业产品，凭借训练、技术、经验及视觉感受，赋予产品材料、结构、形态、色彩、表面加工以及装饰以更好的质量和性能。当需要工业设计师对包装、宣传、市场开发等方面开展工作，并付出自己的技术知识和经验时，也属于工业设计的范畴。现代工业设计已经是联系技术与应用、企业与消费者、现实与未来的重要桥梁。工业设计的核心是产品设计，工业设计的目的是利用先进的现代科学技术，在成本合理的条件下，生产出有一定使用功能，与环境协调，与人及社会和谐的产品。工业产品不仅具有使用功能，还具有精神功能，不仅体现一定的物质文明，也体现一定的精神文明。

三、中国工业设计发展与全球工业设计差距

1. 中国工业设计发展

20世纪70年代末，工业设计在我国开始受到重视，1987年中国工业设计协会成立，进一步促进了工业设计在我国的发展。工业设计的概念是20世纪80年代从国外引进的，这是我国改革开放、产品逐步走向世界的必然结果。回首工业设计在中国发展的近四十年，既有令人兴奋鼓舞的方面，又有一些不尽如人意的方面。相当多的人开始重视设计并投身其中，给我国的工业产品带来了新面貌，但是与发达国家相比，我们在各方面都还有很大差距，特别是对工业设计的理解认识，以及对行业的规范管理。

目前，我国工业设计的发展还处于初级阶段，有待提高与进一步发展，而这应建立在对自身全面了解的基础上。我国的设计发展起步比较晚，在20世纪90年代才正式引进工业设计的教育，发展到现在，虽然培养出了不少工业设计师，但由于教育的不完善，优秀的设计师并不多。

（1）认识不足，观念陈旧。长期以来，我们对设计的探讨与研究不足，起码是含混不清。正由于如此，对于设计的实质，国内上至主管部门，下至厂矿企业都认为设计仅仅是工程师外加"美工"。这一现象导致长期以来对设计的评价仅限于从造型论造型，就线条谈线条，专注于"形式法则"或"美学规律"之类的探索，而放弃和遗漏了对设计中一切与人相关的因素的探讨，忽视了解决"人—产品—环境—社会"这一主要矛盾的研究。这种对设计观念的含混不清，同时导致了我国设计发展道路的崎岖，如"包装"热，以为抓住了包装，就抓住了产品竞争的关键；"广告"热，以为多做广告，产品销量就会提高；"管理"热，以为"管理"好了，产品设计的诸多问题就都解决了；"引进流水线"热，以为生产方式、加工方式得到改进，产品的功能问题就可解决了……笔者并非反对包装、广告，反对抓管理、引进流水线，而是认为这一阵阵的"热"潮掩盖了对设计实质的认识不足，没能将设计摆正位置，从社会与文化的深层中引申、寻找设计开发、发展的方法和道路。

（2）热衷仿造，创新不足。设计推广不够深入，致使许多企业、部门盲目追求产品数量与产值，这事实上已经阻碍了我国产品走向世界，阻碍了我国经济的增长。许多企业为追求效益不惜抄袭、模仿外国的先进产品，重视加工技术，却放弃了开发创新产品的创造性人才与技术力量。在世界钟表、珠宝行业最高级别的瑞士巴塞尔国际钟表珠宝博览会上，七家国内钟表行业的佼佼者经过努力终于获得了入场券时，其中一家在国内颇具知名度的公司，因其产品设计大量仿造、抄袭国外名牌手表的款式而遭欧洲起诉不得入场；有两家手表厂被劳力士起诉抄袭；还有一家因表带与国际品牌雷同被处以罚款。这使我国钟表行业处于相当尴尬的境地。在我国加入WTO后，更迫切地要求企业在开发创新产品方面加大投入力度，对其给予高度重视，培养并造就具有开拓性、创造性的设计人才，完成从"仿造"到"创造"的飞跃。

（3）缺乏政策，教育缓慢。不少国家工业设计的发展都由政府主持、推广，并在各方面政策上加以扶持和引导，形成良性循环的竞争氛围，而我国目前还停留在启蒙发动的阶段，尚未能掀起一个热潮。在人事政策上，工业设计师没有相应的职称地位。工业设计教育又发展缓慢，学生毕业后转行的现象严重。各省市、各行业自行开展设计工作，发展不平衡。许多企业领导对工业设计认识不足，对工业设计投入资金不足，新产品的开发设计往往不深入而流于形式。

随着我国改革开放的进一步深入，经济得到了迅速发展，人们的生活不仅在物质上有了很大的提高，在精神上也有了明显的丰富。丰富多样的工业产品日益增多，满足了人们正常生活的需要，但工业设计在我国的发展还处在萌芽阶段，与全球水平仍存在差距。

2. 中国工业设计与全球工业设计差距

20世纪80年代，我国工业设计教育虽然形成了第一次热潮，但是由于工业设计是以"跨越式"的方式进入我国，"在中国，'设计'这个东西几乎是在不与社会化大生产接触的情形下，一下子从发达国家的高端降临到我们的生活中来"。当时的热情是高涨的，但一段时间下来，大家对工业设计又熟悉又不熟悉。说熟悉，是因为工业设计与艺术有关，具有美术基础的我国设计院校好像很容易上手，似乎能画就能搞设计了。说不熟悉，是因为工业设计与技术制造有关，美术背景的教师和学生对此十分生疏，更不用说工业设计还与市场经济有关，而在当时高等院校的工业设计教学几乎没有有关经济和市场方面的课程。我国理工科院校的工业设计专业在前两个方面与艺术类设计院校相反，在市场方面则是完全相同的。这就使我国的工业设计教育一上来就显示出"短腿"现象，艺术类院校的设计很难与企业接口，理工科类院校的设计又与企业的工程师没有多大区别，不论是艺术院校还是理工院校的工业设计教育都不同程度地与制造业相脱节。

综上所述，我国工业设计商业化与国际发达国家水平有很大差距。按照工业设计商业化的四个阶段将我国工业设计水平与国际发达国家进行对比，如图3-1所示。

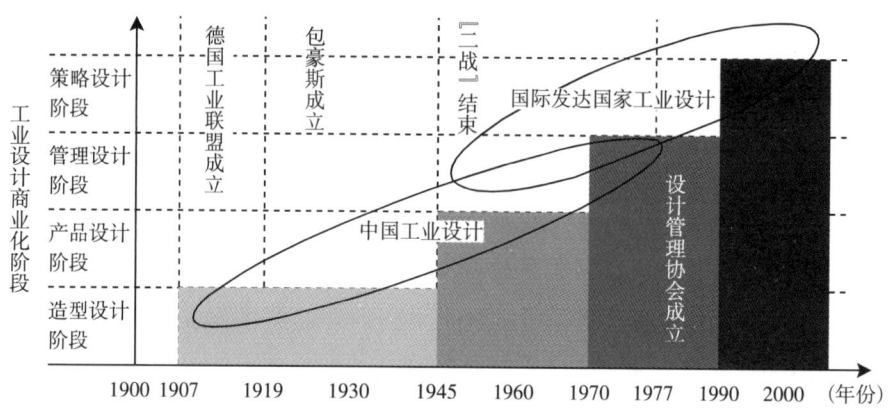

图 3-1 工业设计商业化阶段以及中国工业设计水平与国际发达国家对比

从图 3-1 中可以十分明晰地看到商业化四个阶段的内容不同、层次各异，后一阶段涵盖前一阶段的内容，每一阶段的变化与时代经济、文化、科技状态有着紧密的联系，工业设计与时代协同进化。改革开放 40 年来，我国工业设计的重心从教育发展向产业发展转移，特别是近年来，从中央政府到各地政府大力扶持和推动工业设计产业应用，商业化发展进入"快车道"。正确认识与划分全球工业设计商业化发展各阶段，并对其各阶段进行分析比较研究，将对我国当前传统制造企业转型升级具有现实指导意义。

3. 小结

工业设计在我国是一个新兴的行业，其近年来的发展相当迅速。工业设计是工业现代化和市场竞争的必然产物，其设计对象是以工业化方法批量生产的产品，工业设计对现代人类生活有着巨大的影响，同时又受制于生产与生活的现实水平。从模式方面来看，首先是政府支持的设计机构模式，如中国工业设计协会、北京工业设计促进中心等，是专门从事创意产业发展、承担设计产业政策规划研究、提供企业设计咨询指导，以及开展交流合作、各项展览会议和专业培训的机构；其次是专业的工业设计公司，如北京洛可可、上海指南、上海木马等工业设计公司，设计高手云集，专业提供各类创意设计；最后是院校和企业设计部门模式，主要从事工业设计教学研究和本部门的产品设计。从地域方面分析，目前在广东、上海、北京、深圳及浙江地区工业设计行业已经形成了一定的规模，其面貌也发生着日新月异的变化，并且有向全国各地发展的趋势。从从业人员方面来看，工业设计行业从业人员大多数是从高校毕业不久的，这一数量每年都在增加，并且呈现出年轻化趋势，人员分布也和行业分布呈相辅相成的关系，创意设计人才主要分布在华北、华东、华南等经济较发达区域。总体来说，工业设计行业在我国的发展还是非常迅速的，这将在很大程度上推动"中国制造"向"中国创造"转变，促进企业提高自主研发能力，提高我国工业在国际市场中的竞争力。

第二节 设计思维兴起与设计业制造业融合创新

一、设计进化与设计驱动创新

1. 设计进化

随着人类社会的文明进化，设计的价值理念、方法技术、人才团队也持续进化。农耕时代的设计主要是模仿自然，注重实用功能，崇尚自然美，契合社会伦理，成就了农耕文明；工业时代的设计则注重功能效率，主张设计为了人，强调技艺结合，发展人机功能学，适应工业化、标准化、模块化生产，追求性价比，适应市场竞争需求，创造品牌价值，注重保护生态环境，创造了工业文明；知识网络时代的设计融合科学技术、经济社会、人文艺术、生态环境等知识信息大数据，注重创意、创造、创新，更加重视用户体验，追求经济、社会、文化、生态综合价值，重视全球网络协同设计，追求绿色低碳、科学智慧、共创分享和可持续发展，创造了知识文明。

设计具体的进化历程如图3-2所示，我们可以将农耕时代的传统设计定为"设计 1.0",工业时代的现代设计定为"设计 2.0",知识网络时代的创新设计定为"设计 3.0"。与之相应,诞生于工业时代的"工业设计 1.0",也进化为全球知识网络时代的"工业设计 2.0"。它们随着科学技术、经济社会、文化艺术、生态环境等信息、知识大数据的发展而创新发展,其设计价值理念、方法技术、创新设计人才团队和合作方式等都将持续进化。

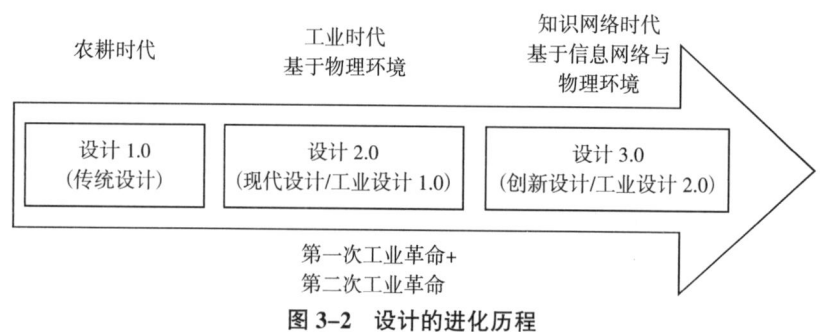

图 3-2　设计的进化历程

2. 设计带动创新途径的拓展

在传统的产品开发中,企业主要关注产品的功能与性能,企业进行产品开发时,总是先排除技术障碍,然后借助创意给产品添加视觉语言元素。随着社会的不断进步和发展,人们的消费观念从最初的追求物美价廉的理性消费时代过渡到感性时代,感性消费时代最突出的就是消费者在消费时更多的是在追求一种心理上的满足和个性化的张扬。物质世界的日益丰富拓展了人们对产品内容追求的多样性,不再只局限于产品的功能和性能。那些用于表现情感价值和象征性价值(即产品意义)的色彩、线条、材质、外形构建等要素更能满足用户的深层次愿望。在新产品开发领域,人们也已经认识到,在激烈的市场竞争下,匹配用户价值与意义的产品比其他产品具有更大的竞争优势。用户不仅关注产品的实用功能和性能,更关心产品的意义,消费者对功用的需要来自产品的功能支持,消费者的情感和社会文化需要则来自产品语言所承载的意义。

Dosi(1982)根据创新动力的不同归纳出两种对立的创新途径:技术推动型和市场拉动型。其中,市场拉动型创新把新产品开发活动看成对明确的客户需求的反映，市场是创新的核心资源；技术推动型创新则以新技术的可用性作为动力，企业创造的新产品来自对新技术的运用。Verganti 于 2003 年提出，在传统的技术推动型创新和市场拉动型创新之外，还存在第三种新模式，即设计驱动型创新，其创新动力来自理解、获取和影响新产品意义出现的能力。设计驱动型创新是在产品语言和意义方面的突破性创新。创新途径从技术推动的创新和市场拉动的创新到设计驱动的创新的拓展与演进，是生产力得到不断发展并与生产关系互动过程中形成的产物，对应着从工业经济时代向知识经济时代的转化所引发的人、工、物类型与内容的延伸（见图 3-3）。

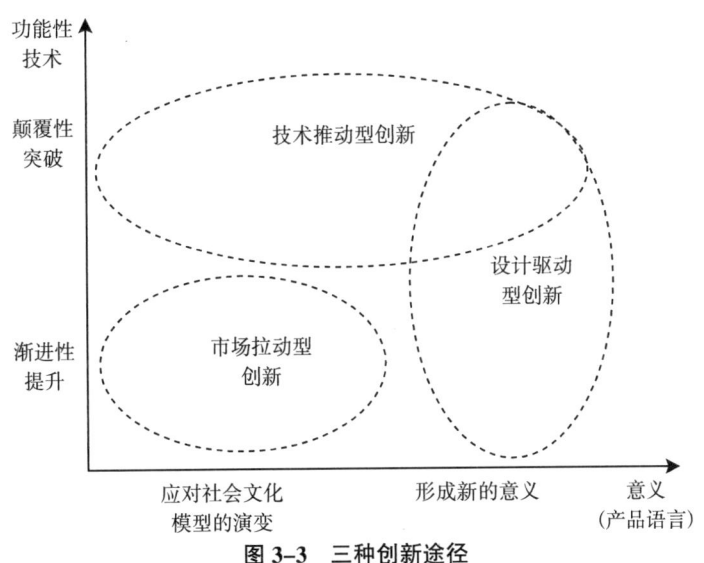

图 3-3　三种创新途径

从图 3-3 可以看出，市场拉动型创新是以消费者为中心的创新，是渐进性创新；技术推动型创新注重产品功能和性能的提升，并未出现新的产品语言；设计驱动型或语言驱动型创新则通过设计者对新的产品语言的创造提供突破性的新产品。此外，技术推动型创新与设计驱动型创新存在耦合区，也就是说，发现突破性技术蕴含的新语言同样可以引发突破性创新。

二、设计思维兴起与系统创新

1. 设计思维兴起

在人们的传统观念里,设计总与美学和创作联系在一起,设计师被限定为艺术领域的专才。当设计与产品世界渐行渐远,设计观念和设计思维也随之调整和延伸,形成了独立的新学科——设计思维。1978年诺贝尔经济学奖获得者Herbert Simon在其经典著作《人工科学》中将设计定义为一种思维方式。李察·布坎南(Richard Buchanan)在其1992年的文章《设计思维中的邪恶问题》(Wicked Problems in Design Thinking)中提议以设计来解决极其顽固和困难的挑战,这个观点有着里程碑的意义。

设计思维是让产品简洁化、人性化的有力武器,在现代企业中,设计思维不再是锦上添花的装饰品,而是企业的核心竞争力所在。设计思维也不再局限于产品研发,它已经被管理者广泛用于战略制定和变革管理。通过将设计思维引入用户体验、战略管理及复杂的系统,设计突破了传统的产品设计本身。从设计产品(工业设计1.0)到设计介入(工业设计2.0),很多企业(如百事可乐、三星等)都把设计思维作为战略。

随着技术环境的不断变迁,想要从设计思维中获取优势的管理者需要不断改进公司的设计流程、企业文化、决策机制、沟通机制和公司战略。在企业中,每个人都将创新挂在嘴边,但除非开始探讨细节,否则没有人愿意做出改变。为此,必须不断开拓设计思维的边界,为组织描绘出更具突破性的未来图景。设计思维起初被用于实体设计,近年来越来越多地被应用于解决无形的、复杂的问题,例如如何塑造客户对服务的体验。然而不管在何种应用环境下,拥有设计思维的人通常都会利用实体模型(又称为设计构件)。人们与技术和复杂系统之间的互动需要变得自然流畅、充满愉悦。用户同理心、实验和设计思维将帮助企业创造出这样的互动,这些举措需要从产品设计部门传播到整个组织中去。

设计思维的本质是一系列行为原则,其中最重要的是用户、同理心、原型机制和对失败的容忍。设计的地位正在不断提升,无限接近企业核心。IBM全球副总裁 Bridget van Kralinget 认为,"如今企业战略越来越等同于设计用户体验"。GE设计总监 Dave 提出,"我们的目标不仅是创造产品,更是要鼓励灵活的创新,以及整个过程中变革我们的文化"。当然,IBM 和 GE 并非孤例,每一家想从产品转向服务、硬件转向软件、实体产品转向数字产品的企业都必须重新聚焦于用户体验。

2. 设计思维与组织系统创新

设计思维和设计战略的实施不仅涉及企业经营模式与行为规范的变迁,尤其是客户中心观的导入,而且涉及产品与服务的个性化与定制化,以及多个技术领域的融合和客户知识的挖掘与应用等。就其实质而言,在某种程度上,可以把设计思维理解为在信息技术的冲击下,制造企业管理思想的变革,是现代企业提高经营绩效的有效途径。

在整个运营体系内,从产品开发到包装和商标,再到产品在货架上的外观和与消费者的互动方式,都需要推动设计改革。巧妙的设计不仅体现在产品能俘获消费者的心,同时必须能激发出强烈的情感,能勾起消费者回购的欲望,而非让消费者觉得"买完了,吃完了,就这样了"。当涉及十分复杂的事物,如整个商业生态系统时,新设计如何融入的问题就变得更为严峻。例如 iPod 上市后的设计变革就是基于设计思维的一种成功,即先让用户接纳新平台,再添加新功能,才是设计之道。iPod 最初的想法很简单:"让你的口袋里装下 1000 首歌"。在用户逐渐接纳了该平台后,开始希望其具备更复杂的功能,iTunes 商店、照片、游戏和应用便应运而生,核心市场终于接纳了这一体验,并引发颠覆性革命。

在以设计为中心的组织文化里,设计早已超越组织里的某个职能或角色的范畴,而是所有成员都要掌握的行为准则,从而帮助组织将创意变为现实。这些行为准则包括专注用户体验,尤其是情感体验。也就是说,企业除了关注产品功能和性能之外,也要重视产品带来的情感共鸣。传统的价值主张是对产品性能的一种承诺,而情感价值主张则是对感受的承诺。例如,某雇用硬件设计师(设计智能手机的外观)的高科技公司,最初要求设计师创造出用户界面软件的外观,接下来,设计师还被要求帮助改善用户体验,并逐渐把战略制定作为设计的一部分。如今,设计甚至被用于帮助多个利益相关方和组织，尤其是组织系统创新，如越来越多的企业、医院、社区等开始重新设计其所有流程，关注用户在这一过程中的体验。

三、以人为本的设计理念

综观整个工业设计的发展历程，在社会需要的推动之下，其逐渐发展出一些基本作用：对于美感的追求、为市场而设计、产品附加值的提升、满足人们精神需求等。对于工业设计作用的重新认识不但有利于工业设计学科的发展，还有助于当前供给侧改革背景下本土企业的转型升级，在建立创新型社会的背景下，为发挥工业设计的作用、发展创意经济提供重要的思考养料和发展策略。

如今的产品都本着"以人为本"的方针进行设计，而不是简单地以功能满足为目的的物质设计。随着生活质量的提高，人们在物质功能满足的同时追求更多的精神功能，以满足情感的需求。注重产品风格差异和精神享受，要求设计和生产个性化、多样化、差异化的产品。如果说在工业化生产的时代，人们追求的是物质的大量生产的话，那么在后工业化时代，人们的追求开始倾向于"非物质化"的需求。人们不再只注意机器生产的产品性能如何，而是更多关心这样的产品能带给自己什么样的感受。这并不是因为人们不在乎产品的功能了，而是产品具有的功能是一种理所当然的基础，人们更在乎在这一功能基础上的使用感受。

20世纪80年代至今，无节制的工业化生产和消费导致整个地球自然生态环境恶化和能源短缺。工业设计在为人类创造现代生活方式和生活环境的同时，也加速了资源、能源的消耗，并对地球的生态平衡造成了极大的破坏。特别是工业设计的过度商业化，使设计成为鼓励人们无节制消费的重要媒介。这些都引起了设计师的反思，设计师从最初的关注人与物的关系发展到开始关注人与环境及环境自身的存在，要求设计必须尊重自然及社会文化生态发展客观规律的可持续发展的设计观逐渐为设计界所广泛认可。

第三章 设计思维兴起与设计业、制造业融合发展和转型升级

第三节 设计业制造业融合创新

一、我国制造业与工业设计相互发展的阶段

我国制造业的蓬勃发展，特别是长三角、珠三角地区，给工业设计师和工业设计产业带来了机会。许多人纷纷预测我国将成为一个全新的制造业中心。成为制造业中心是否就意味着将成为区域工业设计中心？要弄清这个问题，就必须弄清制造业与工业设计的关系，以及我国制造业的发展背景。笔者把制造业分为以下三个阶段：一是 OEM 模式，原配件生产阶段，是制造业的初级阶段。产品的外形及结构基本上是国外厂家制定的或者是仿造的。例如，在长三角、珠三角地区，许多私营企业都是靠承接国外订单生存。二是 ODM 模式，原创设计管理，也有人称其为设计代工。在此阶段，企业能够设计生产有自己独特性的产品。三是 OBM 模式，原创品牌管理，是制造业的最高级阶段。企业有自主品牌，企业的价值不是靠产品来体现，而是由独特的品牌表达，如"安利""壳牌"等。

很显然，主导企业竞争力的因素，在 OEM 模式阶段是劳动力的价格，在 ODM 模式阶段是科学技术水平，在 OBM 模式阶段是文化价值观。同时，我国制造业基本处于 OEM 模式阶段，大部分企业靠仿造产品或承接国外订单生存，如我国的摩托车行业，它虽然已发展成为一个庞大的产业，但从起步开始，在外形和结构上就在模仿国外产品，到如今这种状况仍未发生多大改变；ODM 模式在我国不太普通，这与我国对知识产权的保护不够，因而企业热衷于仿造、开发新产品兴趣不高有关；OBM 模式在我国也是存在的，但很少，这与我国的体制、文化、科技等各方面条件不成熟有关。

OEM 时代、ODM 时代、OBM 时代都会对工业设计教育和工业设计师

提出适合自身的要求。工业设计教育、工业设计实践、工业设计研究都要根据这种产业模式的变迁随时进行调整。制造业发展的阶段性决定了工业设计发展的阶段性。从工业设计类型来看，与OEM模式对应的是生产型的工业设计，与ODM模式对应的是营销型的工业设计，与OBM模式对应的是策略型的工业设计。具体如下：

（1）生产型的工业设计。生产型的工业设计强调设计与生产的紧密结合。天花乱坠的概念设计在此阶段没有太大的市场。产品造型的改良是工业设计师的核心工作，产品结构的优化和生产成本的控制是工业设计工作中的重要问题。企业没有将太多的预算花在工业设计上，大部分企业都没有自己的工业设计部门，有时需要委托外边的工业设计公司进行设计，设计费用相对较低。这个时期的设计口号是："能够方便地生产的设计才是好设计"。这种类型的工业设计要求工业设计师有较高的产品造型能力，并且对各种生产手段要比较熟悉，能根据产品的特点和生产的数量决定适合的材料，并能有效地和工程师进行沟通。这种熟悉生产和具有较高产品造型能力的工业设计师被称为务实型工业设计师。优秀的务实型工业设计师往往诞生于工业设计公司和企业内的设计部门。

（2）营销型的工业设计。在制造业发展到一定程度后，厂家的重点会逐渐转向潜在的顾客。营销型的工业设计将同市场营销策略和活动紧密结合起来。从某种程度上来说，工业设计将成为整合营销传播（IMC）的一个环节。整合营销传播强调的是企业倾其内外之全部资源去争取顾客。工业设计显然是其中至关重要的一环。没有好的设计，就没有好的产品；没有好的产品，整合营销传播便是"王婆卖瓜，自卖自夸"。当然，工业设计也要遵循整合营销传播的基本要求。

营销型的工业设计对设计实践提出了新的要求。第一个改变是，先调研，后设计。与生产型设计时代不同，当时不需要有细致的调研，最多也只是要求对二手资料进行调研，营销型的工业设计需要工业设计师参与很多方面的调研活动。第二个改变是，单打独斗式的工业设计将不再流行，团队合作将变得至关重要，企业没有一批设计师的团结协作很难有好产品。第三个改变是，对各部门的协调要求更高，工业设计师不仅跟生产部门、管理部门合作,跟市场营销人员的合作也要更加频繁。这一工业设计形态下的口号是:"卖得好的设计才是好设计"。

(3)策略型的工业设计。在自主品牌时代,设计将成为商业策略的一部分,设计策略将成为企业策略的重要部分(但对于设计策略能否成为企业战略的一部分,尚不得而知,需要实践检验)。设计也许能够在这一时期创造出新的商业模式,如 Amazon 的网上售书模式。决策型工业设计师将在这一阶段涌现出来。

由于策略型工业设计模式出现时间不长,我们对它的认识不可能十分清晰,但有些趋势是可以估计出来的:一是产品形象识别成为可能,每个品牌都要有自己的个性,这种个性也将体现在企业的所有产品家族成员中。二是设计的对象会有所拓宽。中国传统向来重有形之物,轻无形之事。但实际上事与物同等重要,具体就生产而言,即产品和服务一样值得重视。企业不光销售产品,还销售服务。这一设计模式的口号是:"设计创造品牌和体验"。

虽然工业设计可被分成三个发展阶段,但其不能被完全割裂开。现实中的工业设计产业发展的道路要复杂得多,各阶段之间的界限也非常模糊。即使在当今 OEM 模式占主要地位的情形下,营销型的工业设计在某种程度上也是存在的,只是没有生产型的工业设计普及罢了。当然,即使到了营销型设计时代,也需要大量懂生产、造型能力强的所谓务实型工业设计师。

虽然制造业的三个阶段都会对设计师和设计服务提出自身独特的要求,但只有在 ODM 模式盛行之后,工业设计业的春天才会来临。要提高我国制造业的层次,必须大力发展 ODM 模式和 OBM 模式。目前,我国的制造业正面临结构性调整,逐步由劳动密集型向科技密集型转变,各企业重视开发有自主知识产权的产品,政府也在加强知识产权的保护。在我国制造业中,ODM 模式和 OBM 模式正逐步发展,现在的区域制造业中心,将来也有可能成为区域工业设计中心。

设计、制造与互联网"三业"融合创新与制造业转型升级研究

二、设计业、制造业协同创新

1. "工业设计+制造+商业"与协同创新

2006年国际工业设计联合会对工业设计的定义是：工业设计是一种创造性的活动，其目的是为物品、过程、服务以及它们在整个生命周期中构成的系统建立多方面的品质，是创新技术人性化和经济文化交流的关键因素。工业设计是否能以产业而论？《中国工业设计发展报告（2013年）》对此进行了较为全面的论证。产业的实质是"生产同种或同类产品的企业关联性经济活动的集合"。工业设计产业通过工业设计劳动的商品化过程与贡献的社会化过程得以实现。工业设计产业的规模化过程，是指市场机制作用下的工业设计类产品、服务或其活动在规模上从无规模到充分规模，以及从较小规模到较大规模的发展过程；工业设计产业的市场化过程，是指市场机制对其中的工业设计类产品、服务或其活动从不发挥作用到充分发挥作用的过程，以及从较低程度发挥作用到较高程度发挥作用的过程。因此，"工业设计产业"是参与工业设计价值生产与实现的经济活动的集合。工业设计产业是以工业产品设计为基础的产业体系，该产业成长是基于"用户选择"，而非"生产选择"，是中级或高级市场经济下的产物，因此工业设计产业的性质是"价值创造型产业"，而非"资源创造型产业"。

如图3-4所示，从价值链的角度来看，工业设计产业链可以被描述为"设计—制造—商业"的闭环。从企业链的角度即从工业设计产业参与主体角度可以描述为，工业设计产业的主体包括政府、企业、教育事业单位和行业社会团体。当前中国工业设计产业处于一个较低的层次，产业分支较多，还没有形成完整的产业链。同时，工业设计与制造业有着天然的依存关系。作为制造业的重要环节，工业设计在科学技术变革、消费需求演进过程中，在微观上影响着企业的产品研发方向，在宏观上影响着人民生活品质和国家产业经济的发展，在我国转变经济发展方式的大背景下被寄予了厚望。2014年国务院《关于推进文化创意和设计服务与相关产业融合发展的若干意见》指出，未来在"中国制造"迈向"中国创造"的进程

中，工业设计将发挥越来越重要的作用。

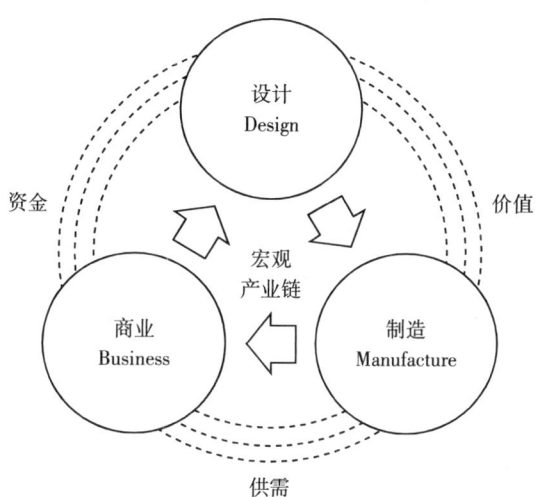

图 3-4 "工业设计+制造+商业"与协同创新

设计的一大趋势是人和产品的日益融合。设计师需要深入洞察消费者的需求，基于此设计出富有竞争力的产品，通过用户体验获得自身的成功。在设计师对产业和产品的思考中已经包含很多外部信息，即设计灵感源自对万物的感知，只不过感受的方式不同。当然，即使没有调研过消费者的需求，设计师的很多观察和体验也是基于对生活的理解。面对顾客需求的日益多样化、个性化，通常条件下单个设计企业或设计师难以凭借一己之力为用户提供完全满足他们需求的优异的价值组合，因此设计企业与外部的协同合作越来越紧密。协同的概念源自系统科学中的协同学理论，协同学创始人哈肯认为，协同或称协作，即协同作用之意，是指在复杂大系统内，各子系统的协同行为产生出的超越各要素自身的单独作用，从而形成整个系统的统一作用和联合作用。

2. 供给侧改革与产业协同创新

中国企业普遍停留在低成本竞争阶段，目前的供给现状是低端供给过剩、高端供给不足，无法适应居民消费升级的需求结构。中国经济真正的问题在于供给侧的结构性缺陷，随着替代战略的失势和后发优势（模仿和学习）的衰竭，二者无法再带来技术和管理模式方面的效率改进。提升要素的生产效率、构建创新驱动型经济增长模型，是中国经济发展面临的核心难题。新的增长模式还未成形，新增长和旧产业之间也进入了结构性的调整阶段。2015 年 11 月 18 日，习近平在亚太经合会议上指出，必须下决心在推进经济结构性改革方向做更大努力，使供给体系更适应需求结构的变化。两种制造业体系运行（协同创新前后）的逻辑如图 3-5 所示。

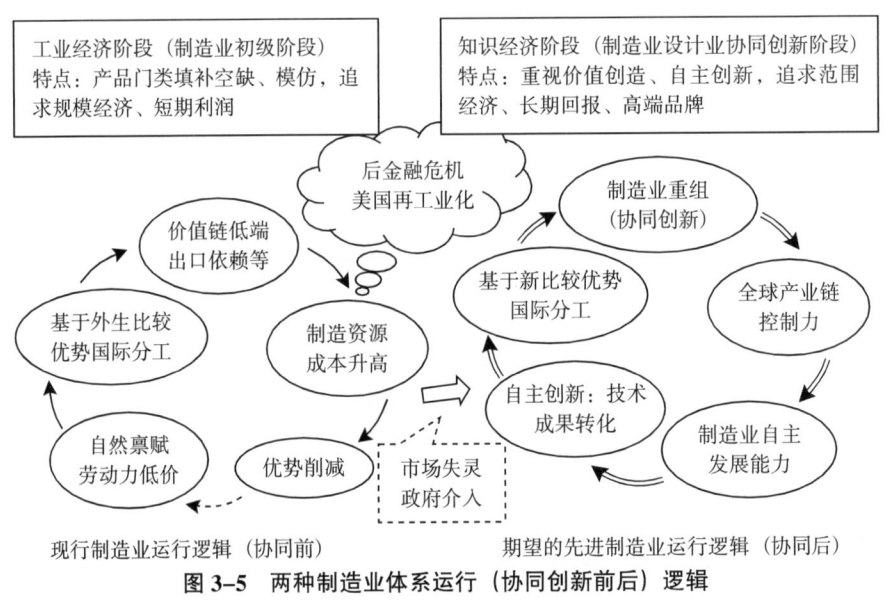

图 3-5 两种制造业体系运行（协同创新前后）逻辑

三、小结

制造业和各种生产服务业是密切相关的、互为融合的。正如美国可以利用金融和现代生产性服务业上的优势推动美国制造业领先技术的重新恢复，形成良好的互动，使美国产业结构合理化和高级化。之所以选择以工业设计为主导的服务业进行产业协同有两个考虑因素：第一，工业设计产业的核心是帮助传统制造业（具有禀赋基础）把握住价值链（全球或本区域分布）的关键环节，使产业链获得高端突破。哪怕这些产业依然是低压电器、陶瓷和建材等传统制造业,依然可以转型升级成为先进制造业。第二,工业设计产业除了与制造业有很大关联外,还可以带动其他产业发展,以及带来知识溢出效应,它的发展可以把很多好的创新思想和知识扩大到其他产业当中去,进而带动其他产业知识创造和创新成果的产生。例如,形成"设计+产业光合"的生态创新模式,以设计的思维在本土制造业企业转型升级过程中整合资源,开发汲取文化、创意、传播、品牌与IP(知识产权)等各个领域的知识权益,并通过设计思维和设计创意形成核心IP资源,服务于企业创新、产业创新及其转型升级,形成与产业网络、产业联盟、产学研、众创空间与文化创意产业(以下简称文创产业)等领域和创新领域过程中的"光合效应""设计+产业光合"生态创新,本质上是以"设计+"为核心,打造全新的"设计业+制造业"的产业光合服务平台,并主推供给侧改革(见图3-6)。

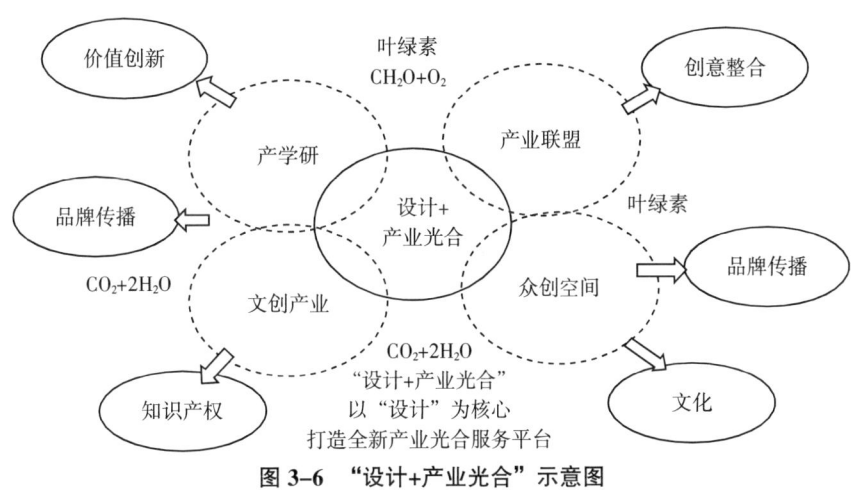

图 3-6　"设计+产业光合"示意图

所谓协同,就是协调两个或者两个以上的不同资源或者个体,共同完成某一目标的过程或能力。设计业协同传统制造业发展的一致目标就是转型升级,促进设计服务业和制造业协调发展,从旧结构无序转变为新结构有序的现象。发挥产业协同效应就是整合设计服务业和制造业的各种资源,形成完整的产品链和服务链,实现"1+1>2"的效果。当然,也有提出设计业和制造业融合概念的，产业融合是指不同产业或同一产业不同行业相互渗透、相互交叉，最终融为一体，逐步形成新产业的动态发展过程。可以看出，协同的最终目标是融合，也就是说，初级阶段是协同，高级阶段就是融合。

第四节　作为服务业的工业设计业崛起

一、设计之路并不平坦

随着企业领导者越来越认识到设计的力量，很多人将设计思维视为解决所有问题的万能钥匙。必须承认，设计不能包治百病，它能帮助人们和组织解决复杂性的问题，能有效推动创新，尤其对抓住未来潮流大有裨益；但在企业面临流程优化、组织精简或稳定运营的工作时，设计思维显然不合时宜。即便能对症下药，设计思维也离不开时间的滋养，因为在大型组织中，企业文化变革的过程往往非常缓慢。专注于设计思维将使组织有能力将科技变得更人性化，并创造出能带来情感共鸣的产品和服务。掌握这种能力并非易事，然而它将帮助组织打造一个人人向往的办公环境，使组织赋权于个体，使其快速适应不断变化的商业环境。凭借设计思维带来的消费者同理心，组织的业务将变得更加体贴，且更具人文情怀。

设计之路并非坦途，设计在企业中崛起需要一定环境。首先，企业必须聘请到合适的设计人才。很多组织在这一步上犯了错误。设计就是要深刻了解人，然后制定相应战略，必须有具备多种技能的设计领袖才能满足企业的需求，包括品牌设计、工业设计、室内设计、用户体验设计、设计创新等。所以，企业需要一个集大成的领袖来管理好各种设计工作。其次，企业需要合适的高层支持者。新设计职能和新文化必须得到最高管理者的支持。再次，有了合适的设计人才和最高管理层支持者后，企业要从多个外部实体中获得尽可能多的援助。这可能来自组织外的资源,可能来自商业杂志,也可能来自所获得的设计或创新奖项,这些支持肯定了所在组织的决定,告诉他们公司正在向正确的方向发展。最后,必须拿出能证明设计在企业中价值的项目,包括设计思维或设计方式给企业带来竞争优势,转化为企业成长和企业绩效。

二、作为服务业的工业设计业崛起

工业设计作为当前业界实践的前沿课题,是实现企业从OEM(原始设备生产商)到ODM(原始设计制造商)再到OBM(原始品牌制造商)转化的重要技术手段及战略方法,是直接为制造业服务并实现其产业升级的重要利器,是减少单位GDP碳排放量,提升附加值的重要手段之一。纵观工业设计的整个发展历程,在社会需要的推动之下,其逐渐发展出七大基本作用,分别是对于美感的追求、适应机械化大生产的设计、为市场而设计、产品附加值的提升、满足人们精神需求、对人类可持续发展的关照以及为产品的生产提供策略。对于工业设计作用的重新认识,不但有助于工业设计学科的发展,还将有助于在经济改革第二季来临前促进本土企业的转型升级,在建立创新型社会的背景之下,为发挥工业设计的作用、发展创意经济提供重要的思考养料和发展策略。下面重点介绍现阶段制造产业升级背景下如何应用工业设计。

党的十八大报告提出实施"创新驱动发展战略",要求提高原始创新、集成创新和引进消化吸收再创新能力,更加注重协同创新。我国是全球制造业大国,却又是制造业利润"小国",在耗费了大量的资源、能源和人力后,一些代工企业却只能拿到总体利润中很少的一部分。落实国家实施"创新驱动发展战略",进一步促进工业设计产业高端国际化发展,广泛吸纳国际先进设计理念和同行业资源,推动工业设计促进制造业转型升级,必须要设计与制造协同创新。温家宝在2012年全国科技创新大会上提出,如果能在中国制造前面再加上中国设计、中国创造,我国的经济和产业格局就会发生根本性变化,中国设计要协同创新,从根本上改变我国经济和产业格局。

设计与制造的协同创新有多种形式，可以由设计企业牵头，也可以由制造业牵头。设计和制造从来就是孪生兄弟，有制造就有设计，有设计就有制造。当前，设计也好，制造也好，重点、共同的任务就是促进制造业的转型升级。中国设计和中国制造应怎样协同创新？

首先，要进一步提高协同创新的自觉性。协同创新最直观的好处就是优势可以互补，有利于整合创新资源，可以节省人力、物力，可以提高效率。由于涉及的对象不同，类型也有所不同。例如，倡导的产学研结合就是协同创新，但是还应该进一步提高自觉性，扩大协同的范围。

其次，工业设计者要清楚服务的重点。在实践中会有很多的问题需要继续研究、总结、升华，特别是要对国际的、国内的设计的方向、趋势以及设计规律不断加以研究，来指导我们的工作。工业设计服务的对象是很广泛的，作为一个企业要认识自己的优势，要认识自己的基础是什么，主动地或者被动地找准工作的重点和协同的对象。

再次，国家的工业转型升级规划期是2011~2015年，把先进装备业放在重点发展的第一位。在转型升级中，需要加快发展面向工业生产的相关服务业，把工业设计及研发服务放在第一位。先进制造业是我们国家发展的重点，因此工业设计的服务重点就是为先进制造业服务，并且要为传统制造业的转型升级服务。

最后，要鼓励工业设计企业、高等学校、科研机构建立合作机制，促进形成以企业为主体、市场为导向、产学研相结合的工业设计创新体系。产学研也要协同创新。以企业为主体，产学研是主体群，学和研中有很强的设计力量，本身也在开发新产品，这使协同创新符合设计规律，有利于发挥我国社会主义市场经济体制的优势和传统文化的优势。

三、小结

我国作为全球加工制造中心曾经风光无限，然而当"中国制造"遍及全球，处于全球产业链低端成为我国发展面临的瓶颈。于是，"中国设计"

第三章 设计思维兴起与设计业、制造业融合发展和转型升级

呼之欲出。

未来，我国应以供给侧改革推进"高端高效"目标特征作为制造业发展导向，抓住新一轮工业技术革命机遇，在提升制造业核心竞争力上求得突破，尤其是我国传统制造业应与工业设计（含创意设计）等现代生产服务业形成互相协同发展的产业体系。从而不仅是对"存量"的制造业产业链重构，以此实现对高附加值环节的再造，也可以寻找新的增长点，从而体现以设计为代表的服务经济真正服务实体经济的发展战略，符合转型升级的发展规律。

在此过程中，要推进设计业和制造业协同发展，使之成为转型升级过程中的良好合作伙伴，因为制造业和各种生产服务业是密切相关的、互为融合的。选择以工业设计为主导的服务业进行产业协同必须考虑两个因素：第一，工业设计产业是否能够帮助制造业（或具有禀赋基础的产业）把握住价值链（全球或本区域分布）的关键环节，使产业链获得高端突破，如果可以，哪怕这些产业依然是低压电器、陶瓷和建材等传统制造业，依然可以转型升级成为先进制造业。第二，工业设计产业除了与制造业有很大关联外，还可以带动其他产业发展，以及带来知识溢出效应，它的发展可以把很多好的创新思想和知识扩大到其他产业当中去，进而带动其他产业知识创造和创新成果的产生。

2014年，国务院做出了推动创意和设计服务与相关产业融合发展的战略部署，这标志着设计服务在国家创新驱动战略和提高整个国民经济发展质量中，将发挥越来越重要的支撑作用。加快文化创意和设计服务等高端服务业与制造业、服务业等相关产业深度融合，不仅是实现技术创新的重要手段，而且是实现传统产业转型升级、经济结构调整的重要手段。不仅有利于改善产品和服务品质、满足群众日益增长的多样化生活需求，而且有利于催生新的生活方式、新的服务业态、新的商业模式。从美国、英国、德国、芬兰、日本、韩国以及中国台湾、中国香港等国家和地区的经验来看，其都有通过发展设计服务促进国际贸易、推动产业结构调整的成功经验，也有通过实施各种设计产业扶持政策、加快设计服务业发展的成功做法，这些都值得我国借鉴。

第四章 设计业与制造业融合发展的机制与路径

第一节 设计驱动创新与制造业转型升级的实证研究

一、转型升级背景下的设计与本土高端品牌培育

一直以来,现有的企业升级研究集中在技术提升、与品牌建立有关的企业功能升级方面(Gereffi,1999;Kaplinsky,2001;Humphrey & Schmitz,2002)。也就是说,在转型升级过程中,技术或市场都是驱动创新的首选,并以此带动产品升级(DOSI,1982;Chen & Qu,2003;熊建明、汤文仙,2008)。Verganti(2003)提出,在传统的技术推动和市场拉动之外,还存在设计驱动型创新的第三种创新模式。Utterback 和 Abernathy 也早在1975年就探索了设计在产业创新周期竞争中的决定性作用,并提出了主导设计(Dominant Design)这一重要概念。Utterback 指出,某一产品种类的主导设计是赢得市场信赖的一种设计,是竞争者和创新者为支配重要的市场追随者而必须奉行的一种设计。Suarez 和 Utterback 于1995年进一步提出,主导设计是一个特定的设计达到市场主导地位的必要前提。之后,陆续有学者把主导设计进一步定义为处于主导地位的各种创新的单一整合。

同时，Gorb 和 Dumas（1987）认为设计作为产品和人之间沟通的语言，直接担负着创造性组合生产要素的任务，对所有产品和服务开发过程都至关重要。Gemser 和 Leenders（2001）研究发现，对于新采纳设计战略的企业，设计强度对绩效的正向影响更明显。Chiva 和 Alegre（2007）提出设计是人类有目的地运用创造力的过程，能通过各种元素和资源配置赋予产品独特的外形、性能、制造方法，使其易于使用。Mutanen（2008）认为，设计是沟通生产与使用的桥梁。Verganti（2008）则进一步明确界定了设计驱动型创新的内涵，奠定了理论发展的基石。

Verganti（2009）认为，只要产品传递的信息及其设计语言的新颖程度超过了产品功能和技术的新颖程度，这种创新就可以称为设计驱动创新。Gero 等（2004）认为，顾客的行为决定了产品的功能和形态，设计师在设计过程中必须考虑功能、行为和结构的协调性。同时，企业或产品都有相关的人、事和环境，设计通过观察消费潮流的变化来与之进行沟通，从而更好地关注并近距离打动消费者，实现与顾客的情感沟通。如图 4-1 所示，设计也是对生活或环境的一种洞察，并把产品、人（情感）、事、环境融合起来。通过对用户进行分类并对潮流变化和对他们的生活形态进行观察来更好地与顾客沟通，从而进一步抓住消费者的内在需求，实现从产品沟通深入到情感层面和体验层面的沟通。

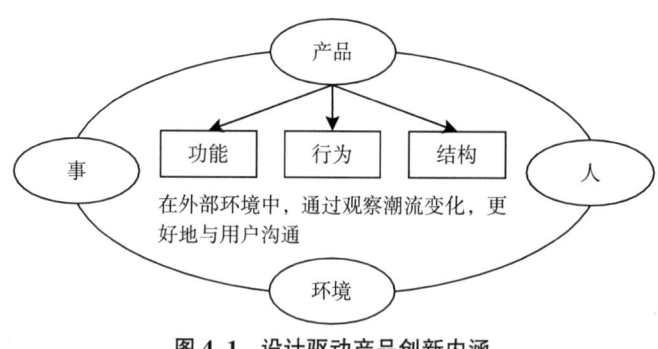

图 4-1　设计驱动产品创新内涵

早在 100 多年前，德意志制造联盟就宣称要建立一个国家的审美标准，即"包豪斯"的前身。如今我们可以看到，德国很多的产品制造（如汽车）畅销全球，这与该标准紧密相关。1982年，乔布斯任命了德国设计师Hartmut Esslinger负责塑造苹果的设计语言及独特风格，苹果大部分产品的图标融入了Esslinger的"白雪"设计语言①。乔布斯将精致与经典结合的设计理念引入市场，吸引了大量早期用户。他教会这些技术人员如何在数字时代进行玩味设计。

设计的内核，在于其精神内涵的赋予和价值与意义的建构。对完美的追求往往更能激发优秀的设计创意。为了使iPhone用户拥有完善的体验感，乔布斯在设计上投资高达17.8亿美元，用户指尖在屏幕上的轻轻划动，都包含着设计者的深刻理解，折射出人们从产品到情感两个维度的互通和互动②。

与此同时，本土企业也逐渐意识到设计是企业的生命线，"是产品的灵魂"，是用来实现品牌和消费者双赢的利器。2007年，有"设计界奥斯卡"之称的德国iF大奖将奖项授予了李宁一款新近设计面市的半坡专业篮球鞋。2011年至今，来自中国的设计每年在iF上都有较多斩获③。

2014年初，当时的美国第一夫人米歇尔身着华裔设计师Derek Lam设计的紧身连衣裙走下飞机，这不仅拉近了与东道主中国之间的关系，也显示出对中国的尊敬和友好态度④。由此可以看出，产品制造中的设计和文化内涵可以是全球化的，也可以是地方化的。中国设计植根于本国灿烂、悠久的文化，将中国传统元素运用到设计之中，同时加入时下的时尚元素，使其更能体现和表达中国制造的魅力和故事。

随着科技的不断进步，设计的重点不仅在于造型，还开始向着工艺、材料、工程和系统等方向深入发展。设计的终极目标就是追求好看、好用

---

① 美国《华尔街日报》网络版登题为《苹果为什么不长在树上》（Why Apples Don't Grow on Trees）的评论文章，回顾了苹果公司从诞生至今对设计理念的推广和发展，它的独特理念也最终从一种小众思维变成了主流模式。
② 《苹果前CEO史考利谈乔布斯：残酷的完美》为Bloomberg TV播出的乔布斯的传记影片，国外著名苹果资讯网站Cult of Mac也对苹果前CEO约翰·史考利（John Sculley）进行了独家专访。来源于《绿公司》杂志，文/约翰·史考利。
③ 《李宁篮球鞋又获"设计界奥斯卡"iF大奖》，来源于新营销，2008年03月18日。
④ 《身穿华裔设计连衣裙 美第一夫人访华首秀造型获赞》，来源于环球网，2014年03月21日。

和用户体验的完美统一。当技术和品牌差别不大时,设计的成功与否往往会极大影响产品的销路。其实,人们在购物时往往不由自主地在为设计买单,如瑞士军刀依靠好的设计成为世界知名品牌;还有苹果公司,从 iPod 开始,其推出的大部分产品都获得了巨大成功,卓越的设计创新能力使苹果公司的产品颠覆了消费者对传统产品的惯性预期,实现了产品意义上的突破与创新。

随着中国工业设计的觉醒,以及在经济发展方式转变的大背景下,中国的设计产业被寄予厚望,迎来了又一个发展契机。未来,在"中国制造"迈向"中国创造"的进程中,工业设计将发挥越来越重要的作用。尤其是目前国内制造业产品同质化严重,企业缺乏对产品的基础研究,只赚"今天的钱",使竞争演变成了价格战,而不断压低生产成本、粗放式生产会对资源造成严重浪费。工业设计可以增加产品的附加值,是制造业转型升级之路。

当前,以发展中国家企业为样本的理论分析和经验研究较少,针对我国企业和消费者感知的研究则更少。国内学者陈劲和俞湘珍(2010)在前人研究的基础上,提出了企业基于设计的创新的概念。在此基础上,叶伟巍等(2013)进一步通过实证研究,分析了企业的设计能力(功能设计能力和语义设计能力)与企业创新绩效的关系。笔者在前人研究的基础上,进一步研究设计驱动对顾客感知和购买意向的内在机理和作用路径。

二、设计驱动创新假设和模型构建

设计驱动创新对企业绩效的影响已经得到中外很多学者的证明。但对于设计驱动创新如何获得消费者满意和认同,如何影响消费者的产品感知、品牌感知及进一步的购买意向还有待深入研究。笔者在 Veganti(2003)基于两个维度(产品功能设计和产品语义设计)分析设计与用户需求的基础上,进一步增加了产品交互设计维度,进行设计驱动产品转型升级对顾客感知和购买意向的模型构建及内在机理研究。

第四章　设计业与制造业融合发展的机制与路径

1. 产品感知与品牌感知假设与模型

一般来说，消费者对产品特征最关注的还是产品和品牌，基于此，进一步对产品感知和品牌感知进行深入分析。

（1）产品感知。就产品而言，其品牌塑造的一切活动都应围绕目标消费者展开，为满足目标客户的需求而服务，赢得消费者的好感和信赖的关键就是对产品设计不断创新、保持品质感，并根据不同客户的潜在需求和当下需求及时提供适合的产品。

在消费升级背景下培育的高端产品名牌和一般品牌的重要区别就是"品牌和文化"，也就是蕴藏在这个产品背后的故事。高端产品应该诠释消费者的一种生活态度和生活方式。产品不仅要提供纯粹的物品，还应成为一种品位的代名词。为此，产品传达本身的格调、档次和美感，是消费过程中的一个组成部分（李飞、李翔，2004）。Holbrook（1996）认为，产品的感知价值是顾客与产品之间交互的价值判断偏好性体验。基于此，本书提出如下假设：

H1：产品感知与消费者购买意向是正相关关系。

（2）品牌感知。品牌形象是什么？是消费者对品牌的态度，是存在于人们心智中的图像和概念的集群。品牌也是这样，包装、标志是品牌的长相，可以从视觉等方面传达品牌形象。产品质量、品牌的个性、品牌在世人眼中的样子则是品牌形象的精髓，是树立品牌忠诚度的重要因素。这些因素除了可以维持品牌形象外，还可以提高消费者对品牌形象的记忆度与好感度。总之，品牌形象管理是从外到内的系统过程，是一个整体。

一般来说，消费者购买高端品牌意味着对该品牌所代表的文化一定程度上的认同和追求，以及品牌故事带给消费者内心的共鸣和感悟。只有当品牌渗入历史、文化的气息时，产品才更加可能大放异彩、魅力无限。

Aaker（1991）对品牌资产进行了系统研究，提出 5 维度模型，认为品牌资产包括品牌知名度、品牌联想、品牌忠诚、感知品质以及其他品牌专有资产。Keller（2003）的品牌资产模型以"关联网络记忆"理论为基础，从品牌知识入手进行构建，提出品牌知识由品牌节点和相关的链环构成。何佳讯（2006）使用中国消费者品牌关系（CBRQ）量表，对比说明中外企业品牌资产差异的根源，指出国际品牌在社会价值表达与溢价支付意愿方面有明显优势。郭姵君（2008）以此为基础，提出品牌资产测量模型，指出对于价格较高的品牌而言，溢价支付意愿是不容忽视的优势。

与Aaker类似，张峰（2011）也提出以品牌知名度、感知质量、品牌联想、品牌情感、品牌忠诚为5个维度的模型。Netemeyer（2004）将溢价支付意愿视为基于消费者的品牌资产核心维度。BBDO广告公司提出，基于消费者的优势品牌资产驱动模型，优势品牌消费溢价支付意愿为大众品牌的1~4倍，差异显著。郑文清等（2011）将品牌资产划分为两个层次：感知质量、品牌知名度、品牌联想为第一层次，品牌忠诚为第二层次。第一层次是第二层次的基础。品牌忠诚处于Keller（2003）品牌资产金字塔的顶端，代表消费者与品牌的心理契约。品牌忠诚变量的采纳度较高，Yoo B.和Donthu（2001）、Hong-bumm（2005）、张有绪（2011）都对此进行了研究。

同时，Albert（1994）指出，感知价值与购买意愿是两个完全不同的概念，感知价值是影响购买意愿的一个重要变量，在绝大多数情况下，它们被认为具有正相关关系。Vantrappen（1992）的研究表明，消费者对产品或服务的感知价值越大，其购买意愿越强烈，购买产品或服务的可能性也越大。这个观点也得到了Woodruff（1997）、Jozee（2000）的证实，他们通过实证研究，发现消费者的感知价值可以增加消费者的购买意愿，感知价值的大小与其对消费者对产品或服务的购买意愿的影响强弱存在明显相关关系。

由此可以看出，高端品牌产品的价值判定除了产品本身的价值，更多的是基于品牌感知和认同。张峰（2011）总结国内外研究成果后指出，应从个人心理层面探讨消费者基于品牌的认知方式、认知过程、认知结构引发的品牌态度和行为。郑文清等（2011）认为，品牌感知质量、品牌知名度、品牌联想为品牌资产的第一层次要素。在上述基础上，笔者也参考了Aaker和Keller（1990）的研究，使用"我很喜欢这个品牌，我购买这个品牌的产品"等题项进行研究。基于此，本书提出如下假设：

H2：品牌感知与消费者购买意向是正相关关系。

产品感知和品牌感知与购买意向的相关关系如图 4-2 所示。

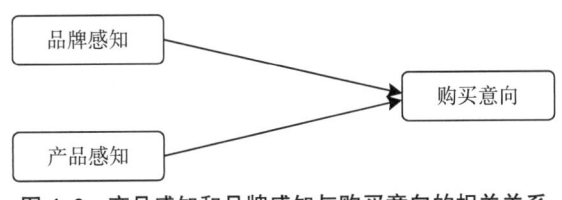

图 4-2 产品感知和品牌感知与购买意向的相关关系

2. 产品内涵与品牌感知假设与模型构建

任何产品都兼具功能性和社会性，因此创新过程中必须通过设计对两者进行有效整合，实现技术、社会文化和市场需求的匹配（叶伟巍等，2013）。Ivanez 认为设计过程包含文化主导和技术主导两个阶段：文化主导阶段分析消费群体的行为模式和态度，决定产品性能；技术主导阶段对第一阶段产品属性进行创造性解析，确定产品的技术解决方案。因此，笔者分别从产品语义设计能力和产品功能设计能力两个角度分析设计驱动创新能力的要素，然后再从设计师视角来分析。

（1）产品功能设计。设计是一种有着悠久历史的人类行为，意为制造某种产品，并用标价加以区分，赋予产品意义（余湘珍，2011）。设计的本质就是让产品具有意义。Verganti（2008）认为，产品意义就是用户购买产品的理由。产品意义是设计初始阶段必须解决的首要问题，是产品语义学理论的核心内容。产品语义学是一门研究人造物体在使用情景下的象征特性，并运用符号学原理将其运用到设计中的科学。Umeda 等（2004）认为，功能应贯穿设计始终，它满足的是用户的使用需求。Roy 等（1997）认为，产品设计有七个维度的贡献，分别是采用新的技术、提高产品性能、使产品易于使用、产品的通用性和可扩展性、风格、质量、成本。Chiva 和 Ale-gre（2007）认为，设计需要为产品提供一个良好的结构，以容纳各种元素、材料、组件等。Christensen（1995）指出，与设计相关的两种能力是功能应用能力和美学能力。Rindova 和 Petkova（2007）认为，设计者可以在产品的功能性、美学特性和符号性三方面进行选择。

产业转型升级的第一步就是产品创新，产品创新不仅是技术研发和流程再造，也包括产品功能的改变，即产品功能设计。产品功能设计一般指在原有功能的基础上加入新的功能、新的元素，使产品拓展到传统功能领域之外的领域，扩大产品的应用范围并增加其附加值，使产品具有更高的使用价值，如熊彼特在《经济发展理论》指出产品功能设计往往意味着"采用一种新产品（可以是消费者还不熟悉的产品）或一种新特性"。

Ziamou 和 Ratneshwar（2003）将产品功能创新定义成"为消费者提供一套新颖的利益，但是提供这种创新的不一定是新设备或者新产品"。Porter（2005）曾提到，"以新的方式组合各种功能"，拓展的新功能可以吸引消费者的注意力。近年来，国内学者开始关注产品功能。陈圻（2007）将产品功能创新定义为动态市场需求和市场创新导向下的产品功能配置。叶伟巍等（2013）认为，任何产品都兼具功能性和社会性，因此创新过程中必须通过设计对两者进行有效的整合，实现技术、社会文化和市场需求的匹配。

由此可以看出，产品功能设计也是企业主动应对外部环境变化做出的战略反应，外部环境的变化会触动企业采取全球范围一系列知识学习和知识整合的惯例，从而对消费者感知产生直接影响，如消费观念的变化会影响消费者的偏好，或导致对某种功能需求的增加，像"节能""环保"等观念都会在产品功能设计上进行体现。基于此，本书提出如下假设：

H3a：产品功能设计与消费者产品感知是正相关关系。

H3b：产品功能设计与消费者品牌感知是正相关关系。

（2）产品语义设计。消费者购买产品，其实质是一种利益需求，包括功能利益和情感利益两个方面。也就是说，除了产品功能之外，产品传递给用户的信息还包括产品的情感和象征价值（即产品语义设计），一起构成了产品的意义，这也是用户选择该产品的心理和文化的深层次原因。产品的功能满足了用户的操作需求，而产品语义设计（情感和象征价值）满足了用户的情感表达及社会文化需求（Verganti，2008）。以各式各样的鼠标为例，其产品功能设计是通过组成鼠标各部件的结构安排和电子技术来实现的。产品语义设计是通过象征性、情感性和形式美等产品语义创造来实现的，通过色彩、造型、材料、机理，甚至以鼠标和老鼠的形象相似性等来表现的,这种基于产品"形""意"关系问题的研究能使设计有理可信,有据可依。

Oliver Richard(1999)认为,产品认知成分只是满意的一部分,更重要的是要有情感成分,产生情感及有心动的感觉。产品的消费,尤其是转型升级后的"高端"产品消费,本质上是一种"符号消费"或"知识消费",远远超过狭义的功能使用价值。Verganti(2003,2008)认为,产品意义就是用户购买产品的理由,它包含人与产品的关系、环境与产品的关系、生活方式与产品的关系,是设计初始阶段必须解决的首要问题,也是产品语义学理论的核心内容。产品语义设计是一门研究人造物体在使用情境下的象征特性,并运用符号学原理将其运用到设计中的科学。Chang Hsu(2005)提出,产品设计应该考虑好的品位、适于消费者的生活习惯、适于当地文化、有助于健康和环保等因素。Bruce(2007)认为,产品设计必须考虑消费者习俗和审美的问题。Utterback等(2006)也提出,设计在创新中起到整合技术、市场和产品语义的作用。Verganti(2008)进一步指出,产品语义设计是产品传递的信息及设计语言的新颖程度超过了产品功能和技术的新颖程度的创新模式,产品意义的创造才是设计创新的本质。

由此可以看出,产品语义设计通过挖掘和培育产品和品牌的核心价值,为品牌个性赋予灵魂。转型升级背景下本土制造业产品品牌的培育,需要在产品开发中兼顾功能设计能力和产品语义的均衡协调。企业的设计创新能力可分为产品语义创新能力和产品功能设计能力,这两种能力都对创新绩效具有显著的影响(叶伟巍、王翠霞、王皓白,2013)。当然,在产品语义设计过程中,考虑如何引导时尚潮流的角色,以及关注人的个性需求等都是不可忽略的部分。基于此,本书提出如下假设:

H4a:产品语义设计与消费者产品感知是正相关关系。

H4b:产品语义设计与消费者品牌感知是正相关关系。

(3)产品交互设计。无论是产品功能设计还是产品语义设计,都还停留在产品本身。在高度竞争和同质化的今天,基于产品的差异越来越小,传统的与消费者沟通的方式遇到了新的挑战。尤其是随着消费者获取知识

设计、制造与互联网"三业"融合创新与制造业转型升级研究

和信息的媒介多样化,人们越来越相信自己的判断。为此,企业如何拉近与消费者的距离?如何与消费者更好地沟通和交流,促进其对产品感知和品牌感知?传统的设计学科主要关注形式,而交互设计更多的是关注内容和内涵,规划和描述事物的行为方式,然后描述传达这种行为的最有效形式。交互设计是人、产品、环境和系统的行为,以及传达这种行为的外形元素的设计与定义。在ISO13407(1999)中,交互设计被定义为"以用户为中心的设计过程,是一种交互式系统的开发方法,需要用户参与系统设计和开发的整个过程,关注用户满意度和系统的可用性"。

随着体验经济的到来,企业越来越关注用户的情感需求。交互设计是解决产品和用户之间互动机制的过程,理解用户需求和用户体验一直是交互设计过程中两个重要的方面(Ben,1992)。在设计实践中,通过使用者导向的情境建构,从用户体验的角度分析用户需求,帮助设计者面对新产品设计的挑战、了解设计者与用户之间的认知差异。"整合科技、市场和使用者需求,提供符合使用者需求的产品。"用户的情感体验主要来自交互设计的客观与主观两个层面。在情感和体验设计中,需要找到一种方法来指导情境感知交互设计的过程,使情境感知系统的交互设计更加结构化,更具有可操作性。

交互设计也是一种建构,通过建构特定的场景来沟通和获得情感交流。互联网时代,消费者的参与和互动越来越多,他们除了购买产品,还愿意积极参与各种产品体验或沟通,如体验刺激、挑战和个人成就感或仅仅是为了乐趣。设计驱动创新的本质是技术、产品和用户体验的集成,用户记住的是一个愉快的体验,而不是产品的系统构成或每个子系统的设计厂家(Utterback,2006)。

以于2014年12月在全国上市的江西五十铃首款皮卡 D-MAX 为例,它与传统国产皮卡截然不同,除了简洁有力的线条、锐利鹰眼设计的投射大灯等功能设计之外,还增加了产品交互设计,如人性化的驾驶舱设计,集成导航,蓝牙语音,整合了蓝牙、音响和倒车影像控制功能的多功能方

向盘等，都赋予了 D-MAX 超出用户预期体验的设计美学①。

再比如，苹果的 iPod 是最典型的成功产品，它给予了用户全新的音乐体验。自 iPod 问世以来，苹果公司的销售额从 2002 年的 57 亿美元上升到 2013 年的 1565 亿美元。由此可以看出，转型升级之后的产品，不仅是一种产品，也是一种服务、一种经历，可以带来使人身体舒适或精神愉悦的用户体验。基于此，本书提出如下假设：

H5a：产品交互设计与消费者产品感知是正相关关系。

H5b：产品交互设计与消费者品牌感知是正相关关系。

同时，无论是产品功能设计、产品语义设计，还是产品交互设计，最终目的都是提升顾客的产品感知和品牌感知，从而获得消费者的购买意向。

基于此，本书提出如下设计驱动模型（见图 4-3）。

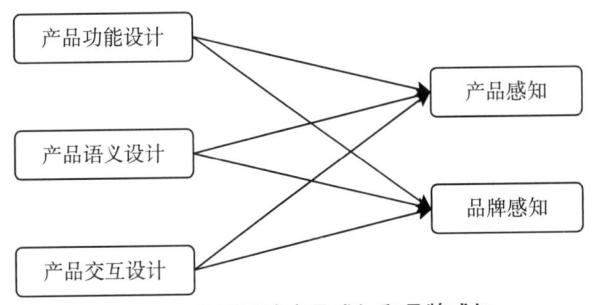

图 4-3　设计驱动产品感知和品牌感知

3. 全概念模型

汇总以上八个假设，如表 4-1 所示。

表 4-1　设计驱动创新研究假设汇总

序号	研究假设
H1	产品感知与消费者购买意向是正相关关系
H2	品牌感知与消费者购买意向是正相关关系
H3a	产品功能设计与消费者产品感知是正相关关系
H3b	产品功能设计与消费者品牌感知是正相关关系

① 《江西五十铃全新皮卡 D-MAX 将于 12 月 7 日上市》，卡车之家，2014 年 11 月 27 日。

续表

序号	研究假设
H4a	产品语义设计与消费者产品感知是正相关关系
H4b	产品语义设计与消费者品牌感知是正相关关系
H5a	产品交互设计与消费者产品感知是正相关关系
H5b	产品交互设计与消费者品牌感知是正相关关系

同时，形成全概念设计驱动创新模型（备注：待检验模型），如图4-4所示。

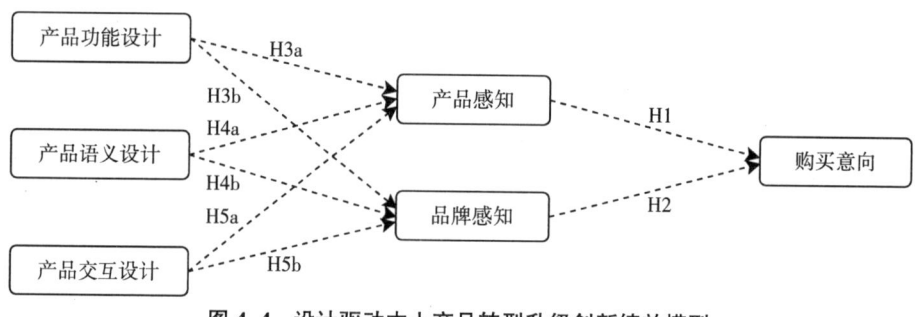

图4-4 设计驱动本土产品转型升级创新绩效模型

三、设计驱动创新与本土制造转型升级实证研究

1. 数据收集、问卷设计与样本统计

（1）数据收集。结合所研究问题的特点，笔者采取有针对性的调研和数据收集，在问卷发放前就基本锁定城市中高收入的人群，使问卷范围得以缩小并更有针对性。问卷的收集采取两种方式进行：一是参与的项目组成员集中在上海杨浦区五角场商圈（巴黎春天、百联又一城及恒隆广场等）附近邀请顾客当场填写问卷并当场回收。二是在复旦大学、同济大学和华东理工大学的高校EMBA学生及其亲友中进行。问卷大多数是由有一定工作年限和学历的人员填写并通过邮件回收，从而增加了数据采集的可信度和有效性。正式调查于2014年4~5月进行，在调查中会给每位参与填写问卷的顾客一份小礼品，以提高被调查者的填写认真程度，提高数据

质量。之后，2014年9~10月，又补充进行了一次验证性调研，各项验证数据都符合预期。

数据收集工作是一项很有挑战性的工作，"一厢情愿"的数据收集工作效果往往不会很理想，尤其是目标群体的可信度和有效性，都对实证分析研究工作者提出了很大的挑战。笔者共回收问卷242份，剔除了不符合要求的问卷（如遗漏、多选等）后，实际有效问卷为215份，有效问卷回收率为89%，统计结果如表4-2所示。由于笔者使用了两组来源不同的样本，需要检验不同来源样本的差异性，通过对两种不同渠道的问卷样本进行t检验，结果发现两组样本在测量选项上没有显著差异，表明数据中不存在无回应偏差，可以考虑合并使用。

表4-2 问卷样本基本情况的描述性统计

样本基本情况		频数	百分比(%)	样本基本情况		频数	百分比(%)
受访者工作年限	3年及以下	11	5	家庭月收入	3000元以下	8	4
	3~10年	129	60		3000~6000元	15	7
	10~20年	64	30		6000元~1万元	79	37
	20年以上	11	5		1万~2万元	88	41
性别	男	116	54		2万~5万元	13	6
	女	99	46		5万元以上	11	5
（高端产品）年消费金额	5000元及以下	15	7	受访者年龄	20~29岁	43	20
	5000元~1万元	60	28		30~39岁	82	38
	1万~5万元	88	41		40~49岁	77	36
	5万~10万元	28	13		50~59岁	9	4
	10万元以上	24	11		60岁及以上	4	2

（2）问卷设计。为了保证问卷的合理性，笔者先后在五角场商圈（百联又一城和巴黎春天）以及同济大学和复旦大学的EMBA学生中进行了1次小范围的预调查，并在此基础上对问卷设计及用词进行了修订。

（3）样本统计。由表4-2可知，工作3年及以下的问卷填写者有11人（占5%），工作3~10年的有129人（占60%），工作10~20年的有64

人（占30%），工作20年以上的有11人（占5%），基本符合"70后"和"80后"的消费主流年龄段特征。同时，问卷填写者月收入在3000元以下的有8人（占4%），在3000~6000元的有15人（占7%），在6000元~1万元的有79人（占37%），在1万~2万元的有88人（占41%），在2万~5万元的有13人（占6%），在5万元以上的有11人（占5%）。可以看出，问卷填写者收入和薪资分布合理，符合当前中产阶层收入现状，这在很大程度上保证了本书研究问卷回答的真实性和可靠性。

2. 测量指标与信度、效度检验

变量的测量指标也就是问题项，是量表设计的核心，也是以问卷调研为基础的实证分析成功的关键，无论是结构方程（SEM）还是基于SPSS工具的线性回归分析都是如此。本书测量指标的选择是以前人的成熟量表为参考，并结合本问卷设计进行适当修正，如产品功能设计、产品语义设计、产品交互设计，以及品牌感知和产品感知、购买意向等都是结合前人已经成熟的量表进行的设计；购买意向测量量表在借鉴了前人文献研究成果（Dodds，1991；Zeithaml，1996）的基础上设计了七个题项。因此，本书所用量表具有较好的内容效度。同时，本书采用李克特七点量表，填答者根据其实际情况与题项描述的符合程度，从"完全不同意"到"完全同意"分别给予1~7分。笔者还选取了问卷填写者年龄、年收入等作为控制变量。在本书中，笔者对问卷所有题项（自变量和因变量）一起做因子分析。量表的测量指标、信度和收敛效度检验结果如表4-3所示。

表4-3 量表的测量指标、信度和收敛效度检验结果

潜在变量	题项	因子载荷	Cronbach'α
产品功能设计 F	产品和技术很适用，让我满意	0.892	0.887
	产品结构和性价比合理，让我能接受	0.892	
	产品的材质和功能让我满意	0.872	
	产品工艺是精致的、品质是卓越的	0.887	
产品语义设计 M	产品设计让我觉得有故事	0.694	0.726
	产品有助于我的社会形象提升	0.809	
	产品符合我的审美和习俗	0.736	
	产品让我觉得有品位和个性	0.645	

续表

潜在变量	题项	因子载荷	Cronbach'α
产品交互设计 I	产品使用让我舒适方便并能获得愉悦	0.759	0.759
	产品设计更理解我的需求和考虑到我的感受	0.816	
	产品的互动和体验让我获得更好的产品认知	0.821	
	产品的互动和体验让我获得更好的品牌认知	0.752	
	产品的互动和体验让我兴奋和愉悦	0.713	
产品感知 PT	产品设计精致、有美感	0.818	0.818
	产品有文化和故事	0.884	
	产品让我很愉悦并打动我	0.818	
	产品能打动我并觉得有价值	0.629	
品牌感知 BT	产品品牌能打动我,让我有好的感觉	0.771	0.872
	品牌让我有惊喜的感觉	0.879	
	我对品牌很认可并感觉很好	0.878	
	我喜欢该产品品牌,愿意购买其产品	0.872	
购买意向 PI	未来我有购买的意愿	0.765	0.788
	我愿意再次光顾和选购	0.835	
	我对产品很满意并会持续关注	0.788	

(1) 信度和效度分析。通过表4-3中的Cronbach'α可以看出,各变量的Cronbach'α值均高于0.72,表明本书各变量的计量尺度较为可靠,符合本书研究的要求。

利用SPSS16.0运行整体样本数据,得到KMO检验和Bartlett球形检验结果,其中Bartlett值=1176.199,自由度df=78,检验的显著性概率p=0.000,表明相关矩阵不是一个单位矩阵,适合进行因子分析。另外,KMO指数为0.755,属于良好等级(KMO小于0.8),表明可以对样本数据进行因子分析。

同时,从表4-4可以看出,特征值大于1的有3个,这3个因子累计解释的方差占总方差的比例达67.325%,能够很好地解释原有变量中所包含的大部分信息。因此,可以确定从该量表中提取3个因子。

表 4-4 因子解释总方差

成分	解释的总方差								
	初始特征值			提取平方和载入			旋转平方和载入		
	合计	方差的百分比(%)	累计的百分比(%)	合计	方差的百分比(%)	累计的百分比(%)	合计	方差的百分比(%)	累计的百分比(%)
1	4.896	38.338	38.328	4.898	37.432	39.138	3.109	24.290	23.980
2	1.971	14.512	53.172	1.899	14.128	54.163	3.282	24.101	46.382
3	1.526	12.219	64.482	1.566	12.228	65.292	2.113	16.980	67.325
4	0.8213	6.138	71.320						
5	0.752	5.688	75.887						
6	0.587	4.485	80.043						
7	0.546	4.178	84.321						
8	0.477	3.693	87.424						

注：提取方法为主成分分析法。

从旋转后的量表成分矩阵可以看出，各个变量在各自归属的公共因子的载荷均较高（大于0.6），而在其他公共因子的载荷均较低。因此，该量表及其数据具有较好的聚合效度和区别效度（见表4-5）。

表 4-5 旋转后的量表成分矩阵

变量	成分		
	1	2	3
功能1	0.017	0.019	**0.737**
功能2	0.089	0.121	**0.829**
功能3	0.225	−0.013	**0.718**
功能4	0.278	0.187	**0.678**
语义1	0.078	**0.825**	0.215
语义2	0.189	**0.789**	−0.004
语义3	0.124	**0.812**	0.088
语义4	0.336	**0.716**	0.162
交互1	**0.792**	0.257	0.281

续表

变量	成分		
	1	2	3
交互2	**0.849**	0.138	0.135
交互3	**0.878**	0.245	0.128
交互4	**0.891**	0.257	0.149
交互5	**0.858**	0.235	0.138

注：提取方法为主成分分析法和旋转法。其中，旋转法为具有 Kaiser 标准化的正交旋转法且旋转在 5 次迭代后收敛。

（2）变量描述统计。本书采用 SPSS16.0 软件对所提假设加以验证，根据中介效应检验程序，第一步检验因变量、中介变量和结果变量之间是否两两相关；第二步检验中介变量是否起有效作用，即设计驱动创新的路径影响是否成立。

一般在进行数据分析时，先要对数据进行描述性统计分析，以便发现其内在的规律，再进一步进行分析。笔者使用 SPSS 统计软件计算了本书中相关变量的均值和标准差，具体统计结果如表 4-6 所示。从相关测量指标的均值和标准差来看，所有测量指标的均值均在 4.5412~5.1276，标准差均在 0.90112~1.31087。可见，样本分配集中且离散状态良好，可以进行下一步分析。对调查总体所有变量的有关数据做统计性描述，指标主要包括均值和标准差。同时，变量之间的 Pearson 相关系数如表 4-7 所示。

表 4-6 变量的描述性统计结果

变量	均值	标准差
产品功能设计	5.1276	0.90112
产品语义设计	4.7231	1.12075
产品交互设计	4.8217	1.1241
产品感知	4.9812	1.28195
品牌感知	4.5412	0.95133
购买意向	4.8124	1.31087

设计、制造与互联网"三业"融合创新与制造业转型升级研究

表 4-7 变量间的 Pearson 相关系数

序号	变量	1	2	3	4	5	6	7
1	年龄							
2	家庭月收入	0.237*						
3	产品功能设计	0.099	0.088					
4	产品语义设计	−0.144	−0.228	0.042*				
5	产品交互设计	−0.155*	−0.111	−0.175*	0.247**			
6	产品感知	0.136	0.028	0.259	0.106	−0.101*		
7	品牌感知	−0.228*	−0.009*	−0.163	0.391**	0.480**	−0.156*	
8	购买意向	0.277**	0.065*	0.193*	−0.141*	−0.325**	0.354**	0.437**

注：** 表示相关系数（p）在 0.01 水平上显著，* 表示相关系数（p）在 0.05 水平上显著，都是双尾检验。

3. 实证结果分析

对中介变量进行回归分析。根据 Baron 和 Kenny（1986）的观点，中介作用应符合的条件有以下几点：其一，自变量对中介变量有显著的预测效果；其二，自变量对因变量有显著的预测效果；其三，同时将自变量与中介变量加入回归模型以预测因变量，中介变量具有显著的预测效果，但自变量的预测效果会显著下降。若下降后，自变量对因变量没有显著的预测效果，则为"完全中介"。参照以上条件，运用层次回归统计技术进行分析，结果表明：

在第一次回归分析时，把中介变量（产品感知和品牌感知）作为因变量，分别放进产品功能设计、产品语义设计和产品交互设计进行测试，可以看出：产品功能设计和产品交互设计（自变量）对产品感知（中介变量）具有显著的影响（β = −0.232，p < 0.05；β = −0.211，p < 0.05）；同时，产品语义设计和产品交互设计（自变量）对品牌感知（中介变量）具有显著的影响（β = 0.308，p < 0.05；β = −0.373，p < 0.05）。

由此可以看出，中介作用的第一个条件成立，分别如表 4-8 和表 4-9 所示。

第四章 设计业与制造业融合发展的机制与路径

表 4-8 产品感知作为因变量的回归系数

模型	系数				
	非标准化系数		标准系数	t	Sig.
	B	标准误差	试用版		
（常量）	4.65	0.575		7.653	0.000
年龄	0.018	0.018	0.089	0.987	0.319
家庭月收入	0.000	0.000	−0.113	−1.215	0.260
产品功能设计	−0.179	0.079	−0.232	−2.210	0.058
产品语义设计	0.268	0.094	0.080	2.768	**0.036**
产品交互设计	−0.252	0.083	−0.211	−2.712	**0.038**

表 4-9 品牌感知作为因变量的回归系数

模型	系数				
	非标准化系数		标准系数	t	Sig.
	B	标准误差	试用版		
（常量）	5.634	0.479		8.332	0.000
年龄	0.056	0.015	0.284	3.313	0.201
家庭月收入	0.000	0.000	0.021	0.219	0.828
产品功能设计	−0.186	0.073	−0.219	−2.191	**0.005**
产品语义设计	0.156	0.081	0.308	2.613	0.047
产品交互设计	−0.162	0.075	−0.373	−2.312	0.048

在第二次回归分析时，把"购买意向"作为因变量，分别放进产品功能设计、产品语义设计和产品交互设计进行测试，可以看出：产品功能设计、产品语义设计和产品交互设计（自变量）都对购买意向（因变量）具有显著的影响（$p<0.05$）。由此可以看出，中介作用的第二个条件成立，如表 4-10 所示。

在第三次回归分析时，同时放入中介变量（产品感知和品牌感知）和产品功能设计、产品语义设计和产品交互设计作为自变量，把购买意向作为因变量分别进行测试，可以看出中介变量（产品感知和品牌感知）对购买意向具有显著效果（标准化回归系数和显著性分别为：β = 0.265，p < 0.005；β = 0.293，p < 0.005），而三个自变量（产品功能设计、产品语义设计和产品交互设计）的影响变得不显著（标准化回归系数和显著性分别为：β = 0.0039，p > 0.05；β = −0.0003，p > 0.05；β = −0.127，p > 0.05），如表4–11所示，第三个条件成立，满足完全中介要求。

表4–10　购买意向作为因变量（针对3个自变量）的回归系数

模型	非标准化系数		标准系数	t	Sig.
	B	标准误差	试用版		
（常量）	5.353	0.466		11.493	0.000
年龄	0.032	0.014	0.188	2.238	0.026
家庭月收入	0.000	0.000	0.158	1.895	0.060
产品功能设计	−0.151	0.068	−0.159	−2.213	**0.028**
产品语义设计	0.132	0.078	0.131	2.115	**0.049**
产品交互设计	−0.252	0.064	−0.312	−3.944	**0.000**

表4–11　购买意向作为因变量（针对5个自变量）的回归系数

模型	非标准化系数		标准系数	t	Sig.
	B	标准误差	试用版		
（常量）	4.320	0.557		6.457	0.000
年龄	0.017	0.013	0.107	1.419	0.178
家庭月收入	0.000	0.000	0.181	2.338	0.026
产品功能设计	−0.087	0.071	−0.0039	−1.398	0.155
产品语义设计	−0.031	0.074	−0.0003	−0.463	0.649
产品交互设计	−0.015	0.062	−0.127	−1.411	0.158
产品感知	0.189	0.071	0.265	2.631	**0.010**
品牌感知	0.231	0.089	0.293	2.532	**0.013**

第四章 设计业与制造业融合发展的机制与路径

同时，需要进一步验证"年龄"作为控制变量对因变量的影响。按照邱皓政（2009）在《结构方程模型的原理与应用》一书中的解释，在剔除了年龄变量之后，看其他变量的方差贡献增加率，以此验证自变量的加入有无带来显著差别。

为此，剔除"年龄"变量之后，再次放入中介变量（产品感知和品牌感知）和产品功能设计、产品语义设计和产品交互设计一起作为自变量，把购买意向作为因变量分别进行测试。可以看出，中介变量（产品感知和品牌感知）对购买意向还是具有显著效果（标准化回归系数和显著性分别为：$\beta = 0.342$，$p < 0.005$；$\beta = 0.412$，$p < 0.005$），而三个自变量（产品功能设计、产品语义设计和产品交互设计）的影响同样变得不显著（标准化回归系数和显著性分别为：$\beta = -0.0084$，$p > 0.05$；$\beta = -0.0068$，$p > 0.05$；$\beta = -0.209$，$p > 0.05$），如表 4-12 所示。进一步说明，第三个条件成立，仍满足完全中介要求。

表 4-12 购买意向作为因变量（针对 5 个自变量）的回归系数（剔除"年龄"变量）

模型	系数				
	非标准化系数		标准系数	t	Sig.
	B	标准误差	试用版		
（常量）	4.734	0.589		9.392	0.000
家庭月收入	0.000	0.000	0.163	2.082	0.057
产品功能设计	−0.115	0.079	−0.0084	−1.768	0.243
产品语义设计	−0.116	0.083	−0.0068	−0.892	0.513
产品交互设计	−0.107	0.077	−0.209	−2.215	0.274
产品感知	0.206	0.087	0.342	2.804	**0.018**
品牌感知	0.289	0.095	0.412	2.916	**0.042**

从表 4-12 中可以看出，排除"年龄"变量的影响之后，其他变量（产品功能设计、产品语义设计、产品交互设计、产品感知和品牌感知）对因变量（购买意向）的预测作用是没有变化的。无论是方差贡献增加率还是 R^2 的变化都不显著。当然，剔除"年龄"变量对品牌感知的 Sig. 值有

点影响，但 p<0.005，也在可接受范围内。可以看出，"年龄"的影响基本得到排除，可以作为控制变量放入上述回归分析运算。

4. 实证检验

基于上述分析，品牌感知和产品感知的中介作用是符合三个条件的，也就是说，设计驱动创新的路径影响有效，即图 4-3 的概念模型路径是成立的。综上所述，前述八个假设都获得了实证支持，得到验证（见表 4-13）。

表 4-13　研究假设和检验支持

序号	研究假设	是否支持
H1	产品感知与消费者购买意向是正相关关系	支持
H2	品牌感知与消费者购买意向是正相关关系	支持
H3a	产品功能设计与消费者产品感知是正相关关系	支持
H3b	产品功能设计与消费者品牌感知是正相关关系	支持
H4a	产品语义设计与消费者产品感知是正相关关系	支持
H4b	产品语义设计与消费者品牌感知是正相关关系	支持
H5a	产品交互设计与消费者产品感知是正相关关系	支持
H5b	产品交互设计与消费者品牌感知是正相关关系	支持

至此，图 4-4 的模型假设得到检验，原来待检验的虚线箭头（部分中介）变成实线箭头（完全中介），如图 4-5 所示。

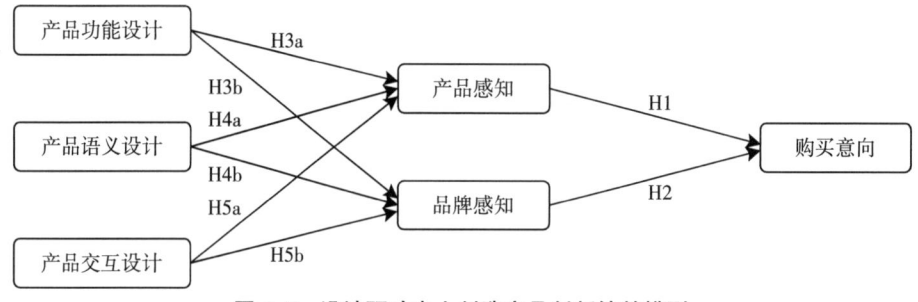

图 4-5　设计驱动本土制造产品创新绩效模型

为弥补回归分析的不足，笔者进一步运用 AMOS 统计分析，对设计驱动型创新的内部机制进行实证研究，对回收问卷进行结构方程分析。分析过程包括初步模型拟合、模型修正与确定两个阶段,模型的拟合参数 $\chi^2/d.f.$ 为 1.89（显著性概率为 0.000）,小于 3;RMSEA 为 0.071,小于最高上限 0.1;TLI 为 0.852,接近 0.9;CFI 和 IFI 分别为 0.941、0.938,均大于 0.9;结果表明,模型拟合程度较好。从测度模型中潜变量的估计参数来看,所有参数的标准化估计值适中,并且 C.R.检验值基本都大于1.96,参数估计的标准差都大于零,表明模型满足基本拟合标准（见图 4-6）。

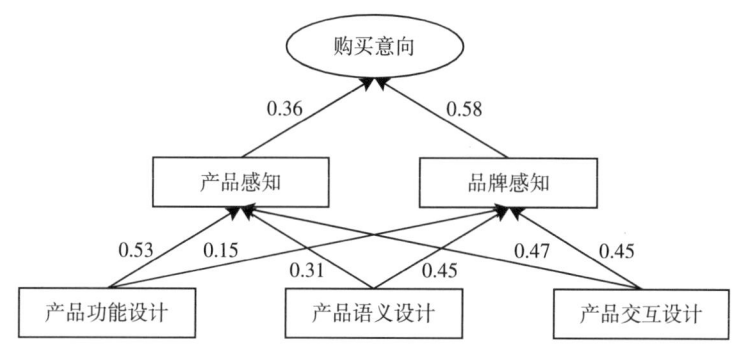

图 4-6　设计驱动产品升级与客户感知和购买意向拟合

5. 结果分析

进一步分析上述模型的实证研究数据,可以发现设计驱动创新的一些特点,具体如下:

（1）产品功能设计对消费者产品感知具有显著的影响,产品语义设计对消费者品牌感知具有显著的影响。可以看出,在市场竞争日趋激烈的环境中,仅靠产品功能设计吸引顾客是不够的,在新产品开发中,功能设计能力和产品语义创新能力之间需要均衡协调。产品的功能设计是基础,功能设计虽然能带来产品性能和产品形态的渐进性改进,却不能带来全新的突破性的创新（Verganti,2008）。产品语义设计强调从产品与人、产品与社会的角度出发,通过对用户购买使用产品的深层次心理和文化的挖掘,实现产品意义的突破性创新,以及建立产品与消费者的情感联系,从而有效传递产品文化、企业文化,实现品牌感知并使顾客在精神上获得极大的满足和认同感。

（2）产品交互设计同时对消费者产品感知和品牌感知具有显著的影

响。交互设计通过设计来满足人和物的交互方式，以及可用性、情感和精神文化三个层次的需求，从而在原有的功能设计和语义设计上更进一步，并从用户和交互体验视角来捕获消费者的产品感知和情感感知。也就是说，交互设计是一种使产品易用、有效而让人愉悦的技术，即让产品的使用过程更加舒适方便，使用户获得愉快的使用体验。当然，交互设计还要考虑用户的期望，通过各种方法打造从产品到品牌的路径和烙印，若受众被吸引，主动参与互动和体验设计，自然会在潜意识中接受产品的信息、品牌的信息，甚至在各自的社交媒体上转发和传播。最终，企业可以视顾客为合作伙伴，而不仅仅是消费者，可以与其联手创造价值。

综上所述，设计驱动创新本质上就是一种创新要素的重新整合过程，其整合的对象为来自技术、市场和用户需求、产品语义三方面的知识。同时，研究结果一方面从微观实证视角验证了设计的演化能影响和促进用户的"满意"和"溢价"购买；另一方面，也体现了设计驱动本土制造业企业转型升级的内涵，即不断满足用户消费升级的需求。中国本土制造企业与跨国公司的差距表面看起来是产品的差距和品牌的差距，其背后实质是设计的差距。国内企业重产品研发（R&D）、轻设计的观念一直存在，以为设计就是外形，就是美观。通过本书研究可以看出，其实设计也是核心竞争力，是驱动创新和产品转型升级的核心。随着时代的改变，设计不再仅仅服务于产品的开发与生产环节，或是单纯地研究某一类具有中国特色的产品群，而是以全产业链设计创新模式引领产业转型升级，凸显"创新"在当前经济发展中的重要作用。

第四章　设计业与制造业融合发展的机制与路径

第二节　设计业与制造业融合发展机制与路径

一、设计业与制造业融合发展：基于企业类型视角

1. 背景

随着科技的日益进步，同类产品在功能上和技术性能上也日益接近，所不同的只有设计。唯有设计才能显示出与众不同的特色。目前，多数欧美企业通过设计加强了产品的创造性和革新性，提高了服务质量，改善了产品质量，增加了利润和销售额。对于上海市政府而言，如果希望通过提高高新技术产品的附加值而增强上海工业的综合实力，就应该更加重视工业设计，设立专门的政府管理部门和行业协会，并且为之提供资金来源。此外，要加强对设计教育的重视，设计人才直接关系到工业设计的质量和竞争实力。

自 2005 年起，上海市政府制定了"下大力气复苏振兴老品牌、培育发展新品牌、引进嫁接国内外知名品牌"的品牌发展战略①。通过努力，老品牌与设计和创意进行结合，已经初见成效，如老凤祥以产品设计创新逐步获得市场认可，业绩不断提升；永久自行车推出了"永久 C"，围绕都市风的全新子品牌获得众多年轻人追捧；上海家化以设计和产品再造，推出了具有上海 20 世纪 30 年代气息的香水，并直接打入国际市场。还有更多的上海老品牌、手工艺都在寻找各种复苏方式。除上海外，全国各个城市也都意识到振兴老品牌和传统技艺的重要性，创意与设计是目前振兴老品牌和传统技艺的最佳途径之一。

---

① 《上海打响老品牌的保卫战　尊重企业的自主发展》，上海国资，http://finance.sina.com.cn，2005 年 11 月 28 日。

2. 融合发展的方式、模式和对策

企业的目标是要清晰界定和衡量投入产出比,即设计服务与制造企业的融合发展就要增加设计服务的投入产出,对应的是要判断设计投入之后是否能带来与设计相应的产出,从而判断融合的成功与否。这要先分析企业投入—产出过程(见图4-7)。在制造企业增加设计投入后,要分析这能否更好地实现企业目标(如客户群上升、利润更多或市场份额更大),如果没有好的产出就不会有设计服务的持续投入(见图4-8)。从图4-7和图4-8可以看出,设计服务与制造业融合发展的实质是从封闭式的投入和创新到开放式创新。

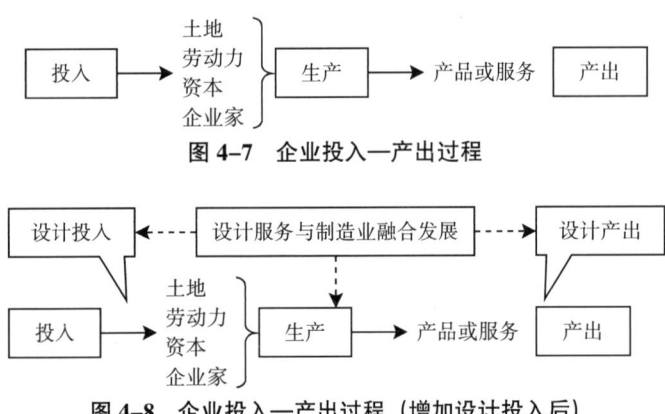

图 4-7　企业投入—产出过程

图 4-8　企业投入—产出过程(增加设计投入后)

针对设计服务与制造业融合发展的方向和路径,前期学者也做了大量研究(柳冠中等,2013)。例如,从我国调整产业结构和转变经济增长方式的目的出发,他们主张从企业制造战略层面、企业价值增长方式和企业发展阶段三方面来对企业类型进行划分,总结不同类型制造业企业中设计创新机制的共性,并指出系列融合的宏观方向和路径(见表4-14)。

表 4-14　制造企业分类尺度与类型

分类尺度	类型
企业制造战略层面	OEM(原始设备制造商) ODM(原始设计制造商) OBM(原始品牌制造商)

续表

分类尺度	类型
企业价值增长方式	资源拉动型制造业企业 加工拉动型制造业企业 技术拉动型制造业企业 设计拉动型制造业企业
企业发展阶段	初创期 成长期 成熟期 持续发展期（或衰退期）

在此基础上，进一步从微观层面和微观视角，通过分析企业类型、企业组织结构、企业规模、企业成长方式、企业选址的不同，深度探究和找到设计服务与制造业融合发展的方向、模式、路径，具体如下：

（1）企业类型。如图4-9所示，企业主要可分为公有部门和非公有部门，其中公有部门包括国有（含有限公司、股份制等）、全民所有制、集体所有制；非公有部门包括私营（个体、合伙制和有限公司、股份制等）和外商合资或独资。

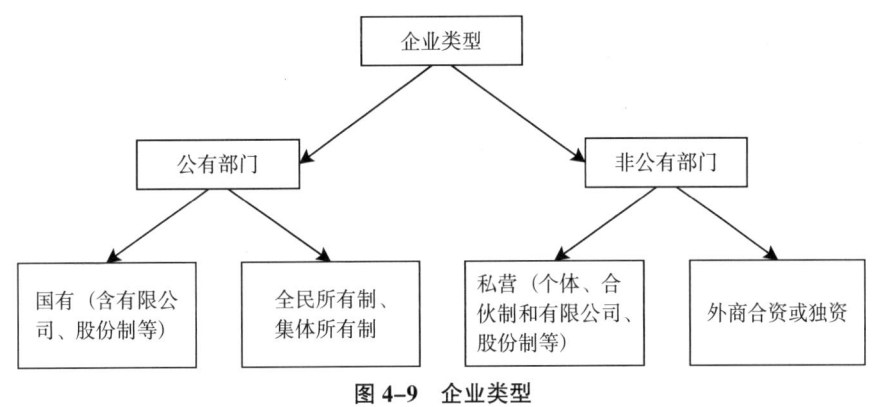

图4-9 企业类型

从企业类型来看，哪种类型的企业更适合融合发展是难以确定的，只能客观和辩证地去判断各自的利弊和特点。公有资本的企业效率相对低下、规模庞大，内部缺乏沟通，尤其是对具体的设计服务与制造业融合创新,由于其具有惯性思维,对这方面的关注度不够,除非 CEO 对设计有较深的理解。私营企业相对规模较小、筹集资金难度大(规模大的私营企业除外)。

现在强调混合所有制,混合所有制企业是指由公有资本(国有资本和集体资本)与非公有制资本(民营资本和外国资本)共同参股组建而成的新型企业形式。混合所有制企业通过重组和优化资源配置来提高运营效率,改变企业运营机制呆滞、缺乏活力和效率的状况。

从企业类型视角来看,未来融合发展的首选路径之一就是与运营机制灵活、运营效率高的企业合作,尤其是 CEO 等高管对设计较熟悉的企业,相对来说容易展开设计岗位的植入或进行设计服务与制造业的融合。

(2)企业组织结构。无论是公有部门还是私营部门都需要完成很多截然不同的企业活动,为此企业成功与否的一个关键是能否建立行之有效的系统,从而使这些专业化的工作和任务能够有效展开并互相协调,确保企业核心目标的实现。这就需要两类主要人群:一类是具有专业知识和技能的员工或团队,另一类是为实现组织目标进行管理的管理者。能够促使这两类人群相互配合并有效工作的组织系统,就是企业组织结构。工作可以以不同的方式进行组合,这依赖于组织的类型与组织需要,常见的分类有职能型组织结构、矩阵型组织结构和事业部型组织结构(见图 4-10)。

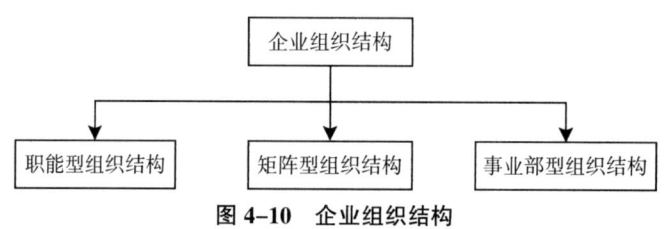

图 4-10　企业组织结构

其中,职能型组织结构如图 4-11 所示。

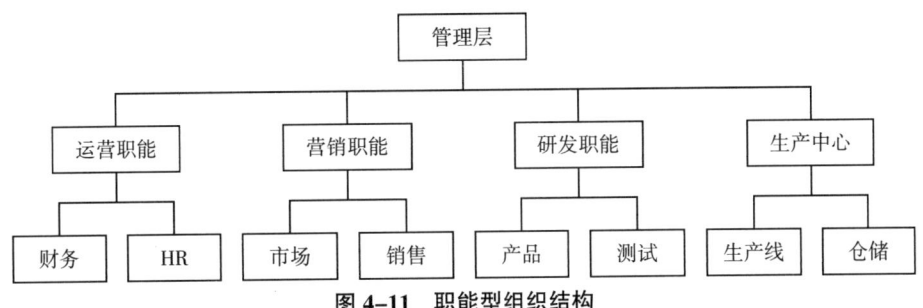

图 4-11 职能型组织结构

矩阵型组织结构如图 4-12 所示。

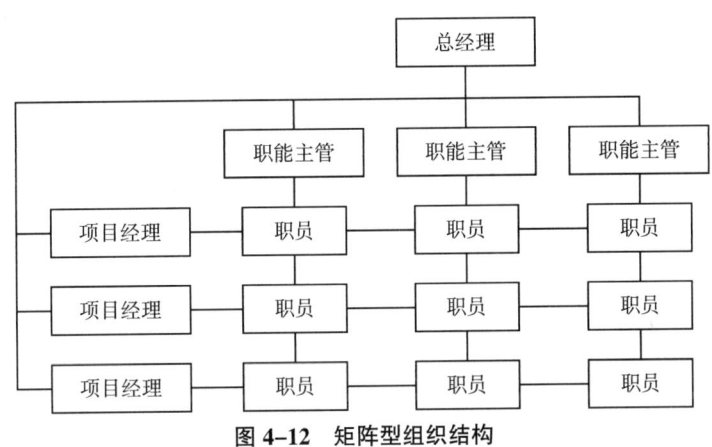

图 4-12 矩阵型组织结构

事业部型组织结构如图 4-13 所示。

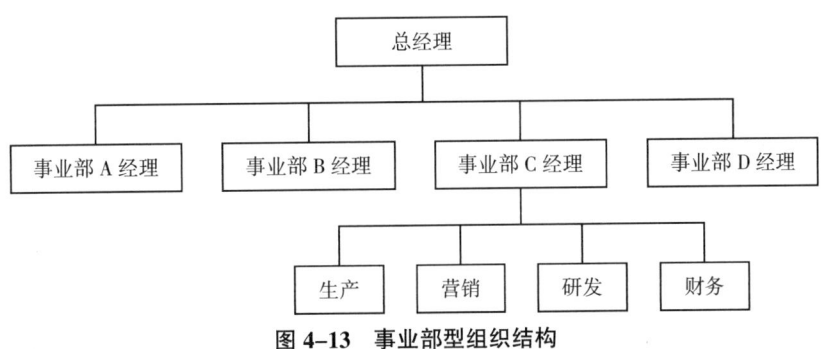

图 4-13 事业部型组织结构

无论是职能型、矩阵型还是事业部型组织结构，相对来说都各有利弊，都有成功和失败的案例。矩阵型组织结构有利于解决复杂的问题，能充分利用各种技能和专业知识，节省沟通时间，加强部门之间的横向联系；但它不能形成统一指挥，容易导致多头领导，进而引发权力之争，从而损害部门之间的横向联系。

传统的职能型组织结构一般按照习惯将设计岗位的植入放在研发部，对设计的重视度不够。如果企业希望建立一个新的组织结构或者进行组织变革，在变革时往往矩阵型或事业部型组织结构更能推进融合发展要求的跨部门和跨专业技能知识的交流和融合，植入设计岗位更能发挥更大作用，否则，在传统职能型组织结构中，设计岗位往往受制于研发部门总体规划，导致边缘化。

此外，从企业组织结构视角也可以看出，未来融合发展的首选路径之一就是优先与高人才聚集多的企业，尤其是企业最高领导人（如CEO）对设计有一定认识的企业合作，在组织内推进融合发展会相对容易。

（3）企业规模。企业规模大小也会影响融合的方向、模式和路径，一般来说组织规模大小难以按组织类型来划分，且按照利润、市场份额、销售收入等都有不同的缺陷。目前，主流和相对较多的划分是按照销售收入和员工数量共同界定的，具体如图4-14所示。

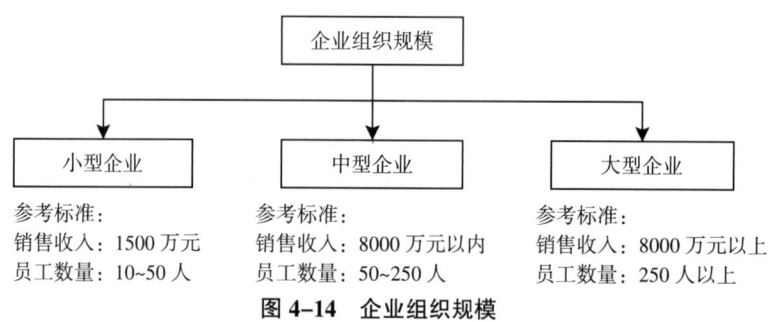

图4-14　企业组织规模

一般相对来说，大企业较中小企业更容易推进设计服务业与制造业融合，但关键还要看企业规模能否形成规模经济和规模优势。规模优势不同，融合方向也不一样。例如，技术和研发有规模经济优势的企业往往会优先考虑长期植入设计服务岗位（见图 4-15）。

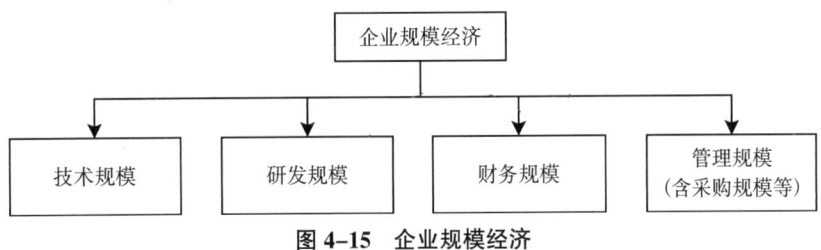

图 4-15 企业规模经济

例如，上海松江有一家小家电制造企业，主营业务是墙壁开关插座，但同时还生产浴霸、排插、门锁等，形成研发规模优势。这个企业就较早接受了设计思维和设计服务，早期时是外部导入工业设计服务，发展壮大之后，就内部植入设计岗位，并由此享受融合发展带来的产品增值和品牌发展壮大。

（4）企业成长方式。企业成长方式有两种：内部成长和外部成长。根据企业生命周期理论，企业内部成长发展的动态轨迹包括发展、成长、成熟、衰退四个阶段；也可以按照周期运行顺序分为上升期→高峰期→平稳期→低潮期，一般 60% 左右的普通型企业属于这种方式。企业外部成长方式包括收购和兼并，其中兼并包括横向兼并（多元化）与纵向兼并，纵向兼并包括前向和后向两个方向：前向兼并是指一家企业同处于生产下一阶段的另一家企业的合并（如更靠近市场和终端用户的方向）；后向兼并指一家企业同处于上一阶段的另一家企业的合并（如更靠近零部件的供应等），如图 4-16 所示。

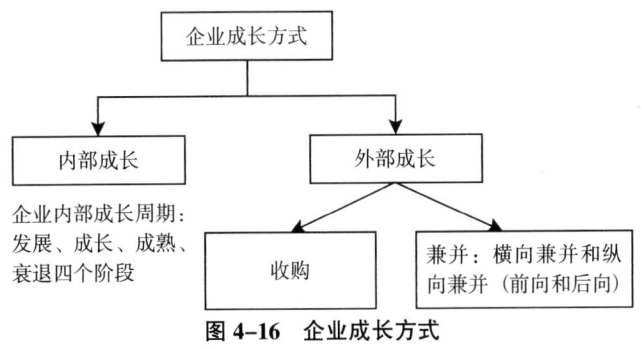

图 4-16 企业成长方式

一般来说，在企业内部成长周期中，企业处于发展期或转型期（衰退阶段的转型）时会更重视设计；在外部成长方式中，前向兼并（更靠近市场或终端用户）的企业也相对更重视设计。例如，国内某龙头低压电器企业，10年前转型走"精品高端"路线，由原来不重视设计转变为主动导入工业设计，逐步走上设计服务与制造业融合发展的路径。

（5）企业选址。所有企业，不论是提供产品还是提供服务，选址都是很重要的问题。有很多因素会影响到企业选址的决策，一般企业选址会考虑靠近劳动力供给、交通便利、靠近市场（或者聚集），以及产品属性等因素，具体如图4-17所示。

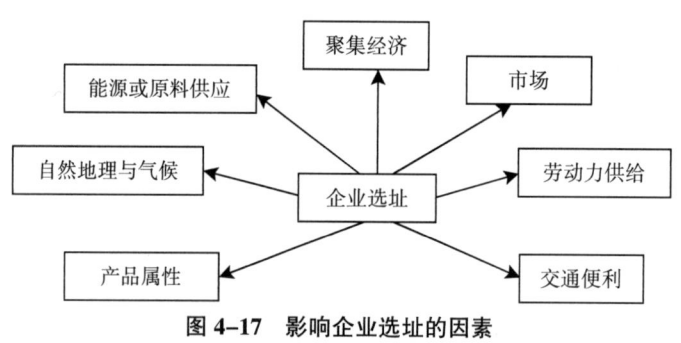

图4-17 影响企业选址的因素

企业选址的重点是靠近市场还是靠近产业，或者靠近供货商？不同的企业选址会影响到后续设计服务与制造业的融合发展。根据产业分布，一般典型的企业选址就是制造企业在二线城市、设计公司在一线城市。以长三角地区为例，上海聚集了很多国内和世界知名的设计公司，而浙江和江苏等地聚集了很多传统中小制造企业。同时，采取"基地型"选址方式比"候鸟型"选址方式更能吸引人才、促进融合发展。

3. 小结

综上所述可以得出，设计服务与制造企业融合发展的方向和融合路径（见表4-15）。

第四章 设计业与制造业融合发展的机制与路径

表 4–15　不同企业的设计业与制造业的融合方向与融合路径

	融合方向	融合路径
企业类型	企业效率高的企业类型（私营或国有企业）	优先考虑 CEO 对设计有较深理解的企业类型植入设计岗位
企业组织结构	优先考虑与矩阵型组织结构的企业融合，与传统职能型结构相比人力资源更丰富	优先考虑 CEO 对设计有较深理解的企业类型植入设计岗位
企业规模	规模的企业，以及有研发规模优势的企业更容易融合发展	优先考虑有研发规模优势的大企业进行内部植入；反之，优先外部植入
企业成长方式	企业发展期或转型期（衰退阶段的转型）会更重视设计；同时，在外部前向兼并（更靠近市场或终端用户）的企业也相对更重视设计	优先考虑发展期或转型期（衰退阶段的转型）企业引入设计服务。在企业兼并中（前向），考虑设计岗位植入
企业选址	交通便利的企业容易融合	相比"候鸟型"选址方式，"基地型"选址方式的企业优先考虑融合路径

二、设计业与长三角地区制造业融合发展阶段和路径模式

随着近年来我国设计产业发展逐步壮大，设计师和设计企业都希望能在为企业提供设计服务的同时，打造自主设计品牌。但是他们发现，打造的过程困难重重，过去的设计服务嫁接在非常成熟的生产和销售体系中，企业和设计师都依附于大企业；但在打造自主产品时，需要和产业连接并打通销售关系，设计师不再仅仅是设计师，也是设计经营者，后端产品转化过程难度非常大，缺乏足够资源的设计师往往无法成功进行转化。下面笔者对设计业与制造业协同发展的工业设计 1.0 阶段和 2.0 阶段及其协同创新的 3.0 阶段进行回顾。

1. 设计业与制造业发展初级阶段：1.0 阶段

和产品的生命周期一样，设计也存在"导入—成长—成熟—衰退"的周期，在不同的周期阶段，设计的导入和所呈现的面貌是不同的。处在"导入"期，也就是设计的初级阶段时，无论是制造企业还是工业设计企业，都在各自独立发展，如 20 世纪八九十年代的我国企业。这一阶段就是设计业与制造业协同创新的初级 1.0 阶段，如图 4–18 所示。当然，设

· 85 ·

计和制造从来就是孪生兄弟，有制造就有设计，有设计就要制造，制造企业和设计公司各自独立运行；而在另外一端，传统产业也希望与现代技术和设计进行对接，提升产品的附加价值。对于工业设计而言，导入期也可以称为"工业设计 1.0 阶段"，在这个阶段学院主要还是以学生培养和学科建设为主，较少参与横向的"产学研"交流。

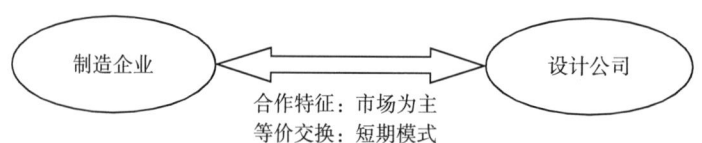

图 4-18　设计业和制造业合作的初级阶段（工业设计 1.0 阶段）

这一阶段主要存在两种合作形式（路径）：

路径 1：短期合作模式（等价交换的短期合作付费路径）。

特点：单向付费路径比较原始，也是最常见的一种路径，设计师完全没有主观能动性，由企业提供自己的想法，请设计师完成。再进一步就是，企业找设计师，以及设计师与企业交流，有双向沟通，同时企业委托设计师提供方案，设计师有较多的参与和能动性。但这一路径也还是简单的付费路径，只是双方有一定的信任，也是目前设计市场主流的路径之一。

路径 2：长期合作的战略合作路径。

特点：年度付费路径是建立在双方深度沟通和信任上的，企业有问题可以随时咨询设计师，设计师也可以更多地跟踪市场，主动储备未来产品发展概念。

可以看出，出于各方面主客观原因，设计需求仍处在起步阶段，无论是上海设计方还是长三角地区制造业企业需求方都受制于此，使设计也处在低端水平，没有得到充分发展。目前，尽管江浙沪制造业发达，但设计需求仍然停留在初级阶段的一次性交易方式，这种交易方式表面看似平等、合理，实则掩盖了很多结构性矛盾，也是导致长三角地区传统制造业转型升级受阻和市场失灵的深层原因之一，无论是需求方为了获得好的设计而愿承担设计风险，还是风险完全在设计端，两种情况都存在缺陷。不平等和一次性交易只会使原创设计越来越少。好的设计特别是创新设计是风险与机遇并存的,不仅需要前期的巨大投入,还要承担很大的后期市场风险。

2. 设计业与制造业协同阶段:2.0 阶段

各方面主客观原因使得制造和设计的双向需求停留在初级阶段(即设计 1.0 阶段),设计公司和传统制造企业双方都被束缚在设计没有充分展开的市场,即使有设计合作,也较多停留在低端设计合作上。目前,尽管江浙沪是传统制造业发达地区,其设计交易方式也仍然停留在初级阶段,这种以"等价交换"为特征的模式由于缺乏长期合作的思想,表面看似自由、平等、合理、简单、高效,实则掩盖了诸多问题,以致难以出现真正原创的、蕴含自由设计思想的好作品。设计和制造双方都不愿意承担设计风险,更多以"短平快"的模仿设计为主。这种阶段的合作模式只会使好的设计越来越少,其各种弊端也正日益凸显。如设计创意行业中模仿、抄袭的现象十分普遍,真正的原创设计和创意劳动又往往得不到有效保护,从而打击了企业"自主创新"的积极性。

同时,制造企业对与设计公司合作的意愿不足、投入不够,这其中存在很大的"机制设计缺陷",也就是经济学所说的"搭便车"效应,某一个区域产品品牌或某一创意设计产品出来,大家都是收益者,导致前期个体企业都不愿意参与投入创新,都想"搭便车"发展。为此,传统制造企业聚集的区域就迫切需要一个"平台"来引导和"协同创新",从而助推转型升级(见图 4-19)。

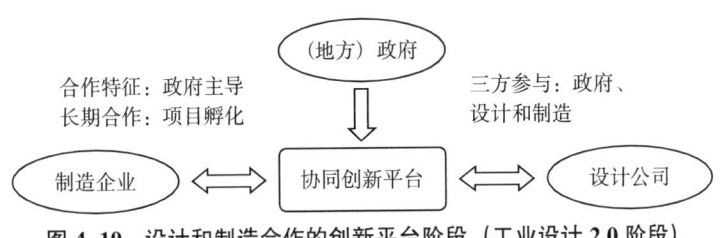

图 4-19 设计和制造合作的创新平台阶段(工业设计 2.0 阶段)

这一阶段也主要存在两种合作形式(路径):

路径 3:虚拟平台模式。政府只是搭建产学研(产业和设计)对接交流平台,即协同创新平台是虚拟的。

特点:市场不能自动调节和达到最优,政府扮演干预角色。政府助推上海设计业协同长三角地区制造业,达到区域产业和企业升级,即由二元结构(企业与设计)路径,演变成三元结构路径,政府参与进来,请外部知名设计和院校参与。这一路径是基础,是三元结构的起始,政府进来之后,起到桥梁、制造和智库的作用,尤其是可以引进外部优秀的设计资源。当然,这一阶段的首要目标还是盘活当地传统制造产业。

路径4:实体"筑巢"模式。

特点:政府前期引导的机制逐步规范起来,逐渐成熟,并陆续兴建"设计产业园区",也就是常说的"地产路径"。这种模式一方面可以进一步"固化"平台模式,另一方面能达到"筑巢引凤"的效果。例如,长三角地区很多传统制造业企业以此类模式为主,如江苏宝应、江苏大丰,浙江义乌,安徽马鞍山等。

一方面,通过设计业协同制造业,传统生产制造业能改变缺乏优秀作品造成的设计思路狭窄和落后的局面;另一方面,通过协同能获得优秀的工业设计理念和设计思维,能为制造企业的产品增加市场销路。对当地政府来说,县企业产品销路打开、产能增加,政府税收也可以提高,确保手工业作坊健康发展,形成"三赢"格局。

有待未来进一步思考的创新模式就是政府逐步让出主导地位,以市场为主,超越"地产"模式,进一步做强做大。从而使"设计中心"走向市场,通过市场来对接有设计需求的制造企业,具备自我造血功能。

3. 设计业与制造业融合阶段:创新3.0阶段

这一阶段也主要存在两种模式(路径):

路径5:"设计中心+设计费+权益金"模式。

特点:为进一步激发"设计中心"活力,使其具备自我造血功能,引申出新的模式,即"设计中心+设计费+权益金"模式(以下简称"设计费+权益金"模式,见图4-20)。

路径6:创意资本模式(见图4-21)。

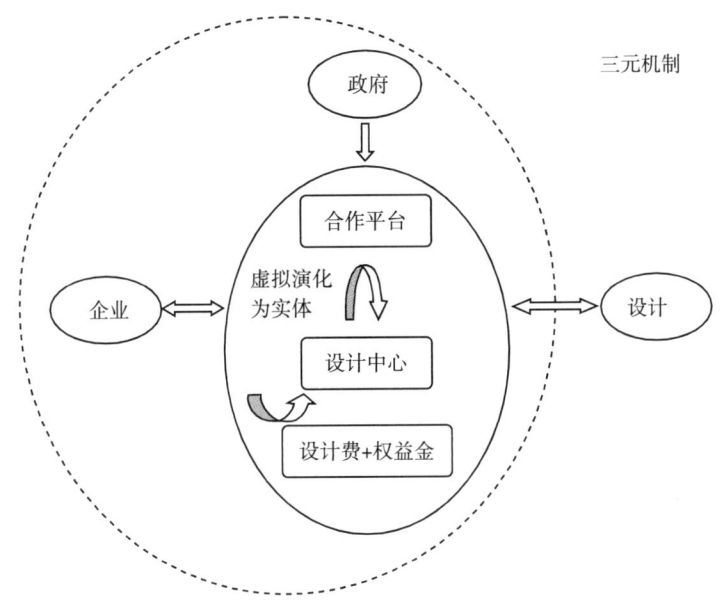

图 4-20 "设计费+权益金"模式

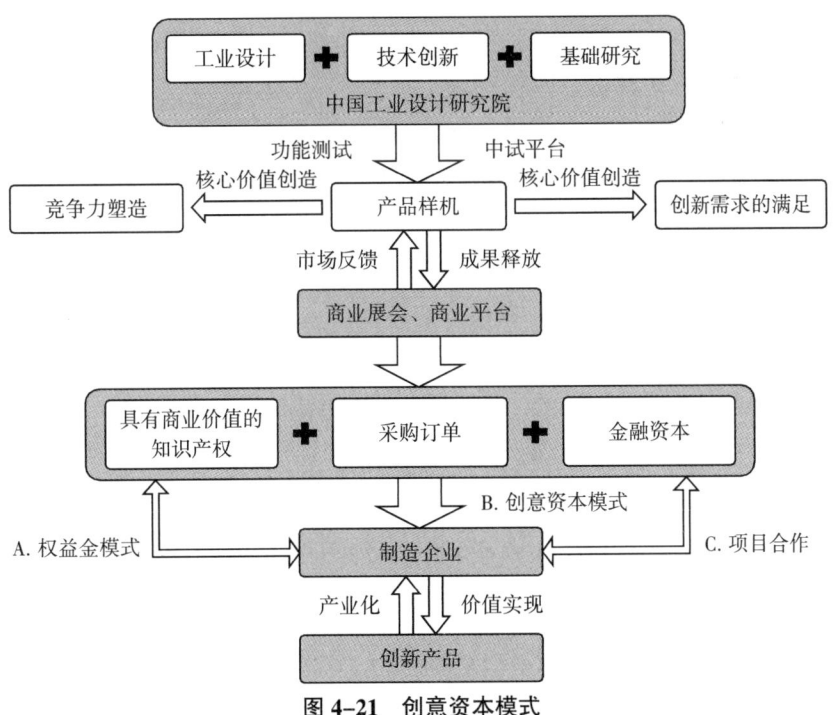

图 4-21 创意资本模式

特点：创意资本模式是在"创新平台+项目孵化加速器"模式的基础上增加"创意资本"，助推"设计"快速走上"高速公路"。

一直以来，我们对设计的讨论都聚焦在设计本身，从形式到功能，从人机到交互，从用户需求到商业路径，从个体到系统；设计展览的主题和设计活动也停留在学术讨论或者商业推广层面；媒体对于设计的关注悄然实现从对新生事物的好奇到对创新财富故事的挖掘再到政治需要与舆论导向的转变。这些变化一直在发生着，然而它们都不构成改变"设计世界"最本质的力量，直到"创意资本"这个概念的出现，从"创意设计"到"创意资本"的跨越将把我们带向新的空间和高度。

三、设计业与制造业融合发展：基于县域经济与产业集群视角

1. 设计业与制造业融合发展：基于县域经济视角

如何从更大层面思考设计服务业与制造业的融合？这一问题是区域经济必须面对的。在我国，区域发展不均衡、县域经济发展不均衡、产业不均衡等都是政府产业政策要面对的问题，也是设计服务融入要面对的问题。"郡县治，天下安"，县域经济是全国经济的重要基础，也部分反映出一省的经济实力。

根据2017年全国百强县市名单，我国地区间的发展很不平衡，因此2017年综合实力百强县市的分布也是不均衡的。具体来说，这100个县市分布在我国24个省份中，其中江苏20个、山东15个、浙江14个、福建6个、安徽6个、河南6个、河北4个、辽宁4个、江西3个、湖北3个、内蒙古3个、陕西2个、贵州2个、湖南2个，另外四川、海南、新疆、吉林、广东、黑龙江、云南、山西、广西和宁夏各1个[1]。

从县域经济的视角来看，设计服务业与制造业的融合发展首先考虑的

---

[1]《中国2017年百强县市榜单中，江苏20山东15浙江14，占据半壁江山》，地理沙龙号，2017年11月20日。

是长三角地区,因为其是最具有活力的县域集聚地;其次考虑的是二线城市的经济发达地区(如百强县等),在当地优先推进设计服务与制造业融合发展。

2. 设计业与制造业融合发展:基于产业集群视角

产业集群是中国现代的产业集聚方式,为"块状经济",一般具有专业特色明显、有一定规模、支撑体系完善、产业链完整、政府服务规范五大特点。产业集群已成为我国区域经济发展的一大特点。在已经公布的100个产业集群中,沿海地区的浙江、广东、江苏、福建、山东五省占了85个:浙江36个、广东21个、江苏17个、福建和山东分别为6个和5个。其中,温州10个,占"百佳"的1/10。除上海浦东新区(上海浦东的金融产业集群属于服务业)外,其余产业集群均为制造业。

集群品牌就是把集群整体作为一个品牌来经营管理,其品牌名称由地名和当地特色产业结合组成,彰显企业和区域的经济与文化特色,又称"产业集群品牌""区域品牌""集体品牌"等。它具有区域性和品牌效应两个特性。区域性指集群品牌一般限定在一个区域或者一个城市的范围内,带有很强的地域特色;品牌效应指集群品牌往往代表一个地方产业或产品的形象。例如,法国香水、米兰时装、瑞士手表、景德镇瓷器、温州鞋等。目前,在发展产业集群过程中,大多数产业集群采取的是粗放型发展模式,基本停留在生产阶段,品牌战略和品牌经营水平与国外发达国家有很大差距,如长三角地区产业集群的制造企业大多处于全球产业链的中低端,亟须优先考虑与上海设计服务业融合发展与创新推进。

3. 小结

可以看出,设计服务与制造业融合发展的基础是经济的发展,而对于经济发展好的区域(县市)来说,其发展又有赖于当地企业或传统制造业典型代表的产业集群和行业的发展。如何把两者协调起来是未来上海设计服务业与长三角地区制造业融合发展产业政策的关键。

在传统制造业与设计服务业双方面需求的背景下(典型的就是区域设计中心),形成了设计服务与制造业融合发展的计划,希望借助部分政府力量和民间力量,推动沿海地区的设计力量为制造业服务,同时将设计师的经验和作品转化为具有市场竞争力的产品。设计思维将不仅作用于产品，更作用于产业，通过社会资源再配置的顶层设计修建一条创意"高速公路"，联结需求双方，把设计魅力和价值展现出来。

当然，目前设计业和制造业协同发展的产业政策还停留在初级阶段，结合各地运行的效果来看，设计业和制造业融合创新产业政策启动容易，但具体运行起来步履维艰，这也是政府介入和引导产业发展的一个通病。在运行过程中表现出来以下不足：

（1）前期的产业政策制定主要还是短期行为，包括兴建设计产业园区，以及简单的财政补贴等"输血"方式支持，如郑州、义乌、铜陵、昆山等城市已经在"输血"助推设计产业融合发展；又如有的地方支持50%的设计费，而有的地方仅支持20%~50%的设计费，使参与企业的积极性大打折扣。当然，由于创新平台自身没有足够的"造血"功能，地方政府对于更多的支持也很犹豫，抱着急功近利的心态，投资短期不能见效益。

（2）从前期设计业和制造业创新实践来看，平台影响力小，仍集中在长三角地区传统中小企业聚集的产业上，几乎没有参与到先进制造业及其技术提升中，如汽车、装备、船舶、电子信息等优势制造业的研发能力和核心竞争力提升有限。产业政策服务还是以"短平快"项目居多且缺少成功样本，说服力不够，仅仅是简单政策"刺激"的平台。

（3）目前，最大的问题就是创新平台还处于"初级"阶段，即"设计业与制造业融合创新"产业政策的初级阶段。主要表现为参与的设计公司和制造企业各个方面都还处于较低层次，高端网络关系缺失，进而导致平台有价值的信息少、有档次的设计企业少、与同行业及其协会等交流少，使产业政策制定的"政产学研"预期效果大打折扣。未来要建设的平台应该是消费升级背景下的用户研究、创新孵化平台，拥有良好的创新环境和氛围。

第四章 设计业与制造业融合发展的机制与路径

第三节 设计驱动创新与制造业转型升级案例研究：以长三角地区为例

一、上海设计业发展与长三角地区制造业困境

1. 上海设计业发展

上海工业设计工作起步早、发展快。近年来，上海利用其独特的地位和国际大都市的形象，加快了与国际先进国家设计交流的步伐。上海是长三角地区龙头城市，是该地区的经济、文化、科技、教育中心。良好的区位优势为上海工业设计产业的发展奠定了坚实的基础。截至2017年，上海人均GDP已经超过18000美元，综合经济实力多年来稳居全国城市第一位。上海工业在国民经济中占有重要地位，是长三角区域的中心。同时，辐射力强的海内外工业设计机构和人士"抢滩"上海周边地区完善的软件业、制造业和服装、家电、日用品、家具、建材等专业市场，为工业设计的前端创意表现、工业设计成果的后端生产和产业化提供了强大的后援保证。

2010年，联合国教科文组织正式批准上海加入联合国教科文组织"创意城市网络"并颁发上海"设计之都"的称号。"设计之都"是城市的一张文化名片，从上海城市发展的需要来看，打造成"设计之都"可以提升城市软实力、促使上海产业结构升级换代，进而转变经济发展方式，最终真正实现以人为本的发展理念。近年来，上海创意设计产业呈现出蓬勃发展的良好势头，涌现了一批设计类的知名企业集团，培育和集聚了一批海内外创意设计人才，产业规模也在不断扩大。打造"设计之都"有利于上海产业结构的优化升级，促进上海率先转变发展方式。与此同时，通过大力发展设计产业，辐射并助推长三角地区产业结构的优化升级，使上海更好

地服务于长三角地区乃至全国。

1997年,上海市经委组织工业设计考察团到德国进行了考察,参观了柏林、法兰克福等地的工业设计协会与工业设计中心,还专程拜访了设计大师科拉尼,并考察了当地城市建筑、交通设施、路面标志及广告灯箱等环境设计成果。1999年10月,国家科技部、上海市科委、市外办和意大利外交部、外贸部、外贸协会、米兰市政府等共同主办了意大利工业设计周,组织了一系列交流会,期间中意设计师做了各种主题的报告交流,此后这一活动也一直定期举办。

从国际惯例来看,人均GDP超过5000美元后,人们对于工业设计与服务的需求将开始加速增长。上海工业设计底蕴深厚、科技资源优势较强。2017年,上海人均GDP超过18000美元,具备了发展工业设计产业的经济支撑力。国内外成功经验启示我们,必须实施上海工业设计发展战略、优化经济结构、转变经济发展方式、增强自主创新能力、促进高素质人才的就业、促进经济社会可持续发展。

截至2017年,上海建成超过100家以设计为特色的创意产业园区,如以服装设计为主的上海时尚产业园、以数字媒体产业为主的上海多媒体产业园、以动漫设计为主的张江高科技园文化科技创意产业基地等。近年来,创意设计产业的GDP已占上海GDP总量的7%以上,一批服务先进制造业的工业设计产学研结合试点项目,如轨道交通A型车辆优化设计、XH714-5X五轴数控立式加工中心样机等都取得了初步成果。

然而,上海工业设计产业存在的问题也十分突出。上海工业设计水平曾在国内处于领先地位,但近年来发展速度减缓、现状不容乐观;虽然有专门的政府管理部门对其进行管理,但政府对工业设计产业管理的系统性不够,缺乏相应的培育政策,工业设计与城市文化之间的互动不足,缺乏对本地设计品牌的扶持和宣传,以及社会大众、舆论媒体对工业设计的关注不多。不少工业企业负责人对工业设计的作用认识不够,先进工业设计技术应用水平不高。上海本土的工业设计企业产业化程度低、产业规模小、竞争力不强、实收资本普遍不足,基本处于散乱经营状态,缺乏具有世界影响力的本土品牌工业设计公司和工业设计师。工业设计产业缺乏法

第四章 设计业与制造业融合发展的机制与路径

制管理和市场环境、缺少统计评估体系、工业设计中介机构较少、行业服务不够规范、工业设计知识产权的保护工作薄弱。上海工业设计存在的问题具体表现为：

（1）企业的设计开发意识薄弱，产品开发缺乏可持续发展的储备。上海甚少有企业能处于"生产一代、储存一代、研制一代、预研一代"的良好状态，许多中小企业只追求短期利益，喜欢"模仿"或仅对外观款式进行更新换代，而忽视了深入的技术与使用方式的创新研发，造成产品开发缺乏可持续发展的储备，整体设计水平提高缓慢。

（2）缺乏一流水平的产品开发机构，产品设计开发能力较低。上海及周边长三角地区大多数企业较少聘请专业设计公司，产品设计开发主要依赖企业自身的力量进行，但其自身的设计力量却比较薄弱，设计人员数量与企业的设计需求不相适应，难以在国际市场的竞争中脱颖而出。

（3）产品设计开发缺乏科学严谨的程序和论证过程。在产品开发设计的过程中，开发什么样的产品往往由领导说了算，决策具有随意性、偶然性，缺乏系统的、有计划有组织的、科学的论证，结果开发出来的产品与市场需求不符、竞争力不强。

（4）工业设计产业化程度低。上海在平面设计、广告设计等方面很有优势，但在产品设计方面优势不足，表现为专业化的工业设计公司数量少、规模小，从业人员素质偏低，设计产品基本在低端，缺少设计统筹领军人才，缺乏具有世界影响力的设计公司和设计师，缺乏卓越的设计团队，与上海乃至长三角地区产业升级的需求不相适应。

（5）工业设计市场发育尚不完善。主要表现在市场规范性不够，价格体系混乱，设计费长期很低，研发质量不高，整体行业缺乏统一协调和指引，设计信息和资源匮乏，设计行业组织能力需要进一步强化，同行间的沟通和交流需要进一步增加。当然，中国工业设计协会也在牵头规范设计费收费标准，包括信息对接等，力图改变这一困局。

2. 长三角地区制造业发展困境

中国经济经过40年来的粗放式发展，经济和社会发展面临的资源和环境约束日益增强，因此国家"十二五"规划把转变经济发展方式、促进产业转型升级作为当前阶段政府工作的重中之重。各级地方政府积极响应，纷纷提出改造提升传统制造业、培育发展新兴产业，推动辖区内产业结构变动。2008年金融危机爆发后，为重振本土制造业，欧美等发达国家将"再工业化"作为重塑国家竞争优势的重要战略，推出大力发展新兴产业、鼓励科技创新、支持中小企业发展等政策和措施，这给我国制造业发展带来巨大挑战。欧美的"再工业化"使其继续保持在制造业价值链上的高端位置和全球控制者的地位，继续成为工业强国；美国通过"再工业化"，推动了其经济结构和产业结构的合理化配置，尤其是运用新的技术信息、互联网的优势对传统劳动密集型制造业重新定义、整合发展，并通过技术创新提高劳动效率、降低单位劳动成本，提高了技术含量，并持续推动科技创新、技术创新，创造新的产业。

我国制造业在整个国际产业分工体系中始终处于附加值低、利润薄的阶段，而发达国家处于价值链高端，而且通过关键技术、产业标准、产品标准等控制了产业的价值链、制造业供应链。2016年，习近平总书记在主持中共中央政治局集体学习时指出，中国经济呈现出新常态，经济结构不断优化升级，从要素和投资驱动转向创新驱动。

目前，上海及长三角地区制造业亟须转型升级，其经济发展进入了一个相对痛苦的产业"断层期"和转型的"过渡阶段"。一方面，长三角地区的传统制造业面临升级困境；另一方面，推动上海"设计之都"建设的核心内容之一就是要尽快解决与企业脱节的设计与企业对接的瓶颈，以此改变设计教育的人才培养与产业需求不匹配的问题。随着我国"创新型国家"战略的实施，各地区、各有关部门都充分认识到大力发展工业设计的重要意义，采取切实有效的政策措施，促进工业设计加快发展。当前，上海及长三角地区经济都到了非转型不可的地步，当地制造企业面临着越来越大的竞争压力，"设计力就是竞争力"，通过工业设计提升产品的创新能力和竞争力迫在眉睫。

3. 小结

如何在探索全球经济一体化的语境下，加快我国经济增长方式转变，从"加工制造型"向"设计创新型"转型升级和可持续发展，对"设计"

第四章 设计业与制造业融合发展的机制与路径

这个概念的理解,方法的掌握,战略、政策的制定,机制的调整和实践的指导是至关重要的。

"设计"这个工业革命的新生事物从一开始就是为了解决"小生产方式"不适应"大生产方式"而被催生出来的一种"生产关系"。当今世界经济全球化、技术潜能扩延、需求地域化、消费个性化,然而资源匮乏、污染严重;设计本来应有的"为人设计"的职责被严重歪曲,很长一段时间设计的关注重心停留在外观层面,很容易出现过度设计(没有与转型升级联系在一起)。随着转型升级进入"深水区",变革正在酝酿,不仅是经济,品牌和文化也都将发生观念性的变革,设计将承载品牌理想、企业可持续发展、企业责任和企业伦理道德建构的重任。

"工业设计"诞生于"手工业经济"向"产业化经济"演进的过程中。工业设计的诞生有三种因素在起作用:技术、需求和市场。诞生后,工业设计成了产业革命后经济发展的主要方法和武器之一,西方发达国家以此用使发展中国家消费者眼花缭乱的新颖产品、工具、机器迅速占领世界市场。可以说,工业设计是西方工业革命的产物,是为解决工业化大生产(特别是由于分工)带来生产关系的革命而发展起来的一门交叉性、综合性很强的横向学科。

由此可以看出,我们应以"高端高效"的目标特征作为制造业发展导向,抓住新一轮工业技术革命机遇,在提升制造业核心竞争力上求得突破。为此,我国未来的区域产业发展应该是以转型升级和先进制造业为基础的,具备与工业设计(含创意设计)等现代生产服务业互相融合的产业体系。这就要求不仅要对"存量"的制造业产业链进行重构,实现对高附加值环节的再造,也要寻找新的增长点,从而体现以设计为代表的服务经济真正服务实体经济的发展战略,符合转型升级的发展规律。

二、上海设计业与长三角地区制造业融合发展:上海溯洄工业设计咨询有限公司案例分析

上海溯洄工业设计咨询有限公司(以下简称"溯洄")从6个人的小

公司发展到致力于发明专利的工业设计精悍团队，从第一笔 1.7 万元的单子，到累计创造了 33 亿多元的经济与商业价值；从一家名不见经传的小工业设计公司发展到工具设计的"领头羊"，不断深耕工具机械设备设计和研发领域，已成为中国工业设计行业的佼佼者。

溯洄的经营模式大致经历了三种形态和阶段：第一阶段是单纯设计服务，主要体现在创业初期的委托设计；第二阶段是寻求产品的全产业链发展，这是众多工业设计公司至今的普遍追求；第三阶段是专注研发全产业链。从单纯设计到专注研发全产业链，并以专业研发设计带动产业化发展，溯洄经历了逐步递进的螺旋式上升发展。

在溯洄最困难的发展第一阶段，与浙江恒友机电有限公司（以下简称"恒友"）（国家级电锤、电镐重点企业）就一个项目进行了合作，使溯洄完成了第一次转型，溯洄设计的该系列产品一经推出，单规格重锤就售出 122 万多台，当年称霸重锤市场。正是通过与恒友长达数年的紧密合作，使溯洄在业界以超强的工具产品研发设计的专业能力著称。目前，国际排名前 10 位的工具巨头中有 4 家与溯洄建立了合作关系，国内排名前 10 位的工具巨头中有 7 家是溯洄的长期客户。在第 111 届广交会一期会场 C 展区（机械工具类）内的知名品牌中，有超过 70%的产品由溯洄设计。今天，溯洄公司已与多家行业内的顶尖企业建立了战略合作伙伴、研发基地、策略合作伙伴等长期合作模式。

与传统设计服务与制造业合作模式一样，单纯从设计而言，溯洄作为乙方，以甲方企业为主导，其设计依据是企业要求与现有技术。溯洄的客户多为出口加工型企业，模仿和追随国际产品最为普遍，因此溯洄的设计受到局限。在多年的纯设计委托服务中，溯洄只能着眼于产品设计环节，不能把握产品的整个产业链，没有对产品从无到有的把控力，致使设计工作颇为掣肘，产品创新步步坎坷。同时，工业设计公司生存艰难的很大问题出在自身的专业能力方面。溯洄分析了自身优势、行业位置和发展趋势后，认定公司应该向专业纵深拓展，从之前的单纯设计服务转向设计、结构、模具、工程机械、市场销售的研发全产业链模式，强化以工业设计、机械结构、电子技术、软件应用、品牌策划为主导的综合性专业创新团队,并与自主研发、合作开发、委托开发相结合。

2014年,为找到新的方向和模式,溯洄进行了转型升级,全面强化、融合共生研发全产业链的价值、孵化核心项目,并在转型升级背景下提出"无欣赏不合作"原则,通过精简设计订单,远离价格竞争,深挖客户价值来获得客户认同。但转型并不容易,溯洄是以上百万元的亏损为代价完成的,与2013年相比,2014年订单数量减少40%,溯洄承受了创办九年来的第一次年度亏损。但是,留下来的客户充分支持溯洄的转型升级,不仅认可溯洄的设计提价,有些合作还深化出了新业务。溯洄通过转型升级赢得了行业尊重,2014年度入选中国十佳工业设计公司。

三、上海设计业与长三角地区制造业融合发展:宝应区域案例分析

江苏省的经济格局是全国经济的一个缩影,即南北发展不平衡:苏南地区经济发达,工业基础力量雄厚,市场化水平较高;苏北地区相对落后,处于农业经济向工业经济转型的过程中。从整体来看,不同的经济形态所对应的创新推动机制也不同,苏南地区以市场化为主,通过设计创新观念和系统的植入带动出口外向型经济从"制造"向"智造"转变;苏北地区的传统工艺制造企业则规模较小,由于资源的限制,创新难以自然发生,需要政府的引导和介入。因此,对应不同的经济形态出现了不同的"设计立县"模式,以解决区域经济创新的需求。下面分别通过案例进行说明。

江苏宝应的需求是传统产业与现代技术和设计进行对接。江苏扬州的宝应县科技局意识到,其县下属有四大传统产业:水晶、玻璃、乱针绣和教玩具。这四大产业技术不错,但生存状态不佳,由于缺乏与现代技术和设计的对接,一直处于产业链的低端,只是提供廉价劳动力。

在这样双方面需求的背景下,形成了"设计立县计划"。上海创意产业服务平台希望借助部分政府和民间力量来推动上海设计力量为制造业服务,同时也希望将设计师的经验和作品转化为具有市场竞争力的产品。宝

应县科技局与上海的设计和技术进行对接就是一次最佳尝试。"设计立县计划"也是基于这样一种由政府（双方）介入、以企业与设计师为主导的服务与转换计划。为此，宝应县科技局作为政府介入方，上海华东理工大学艺术设计与传媒学院作为上海创意产业服务平台介入方，共同签署战略合作协议，推动"设计立县计划"，并将宝应县确定为"设计立县计划"的试点县。该计划在宝应县进行了以下尝试：

一是设计、嫁接、拓展传统水晶制造。宝应县下属西安丰镇有生产水晶的传统，其水晶生产过程中有诸多手动工序，水晶生产工艺优秀，但目前企业以生产奖牌、奖杯和旅游纪念品为主，属于接单生产。在实际考察了当地水晶的制作工艺后，"设计立县计划"团队提出了设计嫁接策略，首先为水晶赋予全新的内涵，通过新的设计，将水晶打造成能被城市人所接受的家居用品。通过"设计立县计划"扩大了水晶的市场面，可以重新设计水晶产业，然后根据水晶家具用品产业，再去设计一个个产品。其次在具体产品设计上，设计师采取混搭创新策略，在行业内率先将水晶与红木相结合，通过这种方式提升了产品的文化附加值；在水晶的花纹方面引入中国元素，如纹样和中国文化符号等，中国风嫁接进产品的设计也是当下设计界主流风格。通过"设计嫁接"的方式赋予了水晶更多附加值，注入了文化内涵，水晶的品类选择也得以拓展。

二是通过资源嫁接突破乱针绣困局。宝应县的乱针绣工艺细腻，表现手法丰富多样。然而长期以来题材以临摹油画为主，且以委托加工的方式居多，制约乱针绣发展最重要的困境在于知识产权问题。以一种艺术形式来模仿另外一种艺术形式的做法终究难有出路。

针对乱针绣的知识产权问题，"设计立县计划"团队提出打造"艺术授权产品"，如将上海 M50 创意产业园中的优秀画家所创作的作品授权创作成乱针绣作品。这些优秀画家的作品通过几周到几月的创作，画作价格很高，且仅有一幅，而如果通过授权的方式，不仅能以其他形式表现画家的意境，更重要的是能让更多人享受价格相对低廉的优秀作品，当然对授权也要有数量的控制。

同时，针对全手工的乱针绣，团队还提出通过引入新技术来提升生产

第四章 设计业与制造业融合发展的机制与路径

效率,让乱针绣前期"打样"用机器绣,后期再加入手工绣。这种方式降低了生产成本,通过技术嫁接后,能将乱针绣打造成适合现代家居生活的用品,为乱针绣拓展了低端市场。

三是文化研究让玻璃生产从 OEM 向 ODM 转换。宝应县的小官庄镇被称为"东方圣诞礼品之乡",他们的玻璃制造技艺主要运用于礼品的生产,其中国外客商订购的圣诞礼品居多,并且已占全球很大市场份额,但由于缺乏原创能力,大部分都是根据图纸进行加工。

为了让小官庄镇的礼品玻璃制造更具有市场竞争力,"设计立县计划"团队提出传统圣诞礼品的提升策略,通过研究西方圣诞文化,对西方人的当下需求进行深入调研,通过推出自主圣诞礼品,为国外订货商提供更多的选择,由此实现玻璃生产企业从 OEM 向 ODM 的转变。除此之外,借助现有加工工艺,抓住机遇大力拓展国内市场,改变目前国内市场产品份额不足 5% 的局面,为企业找到新的市场增长空间。

通过上述案例可以看出,在设计服务与制造业融合发展过程中,制造业和设计企业是双赢的。同时,笔者也要进一步说明以下几点:

其一,制造企业对设计的认识有一个过程,大多数制造企业还停留在对设计的表面理解,不重视设计。往往能率先展开工业设计思维和秉承长期导入工业设计的制造企业,都是一些行业龙头企业,从企业规模、企业选址、企业组织结构上都符合前面阐述的特征,如万家、美的、恒友等。

其二,与传统制造企业面临转型升级一样,国内工业设计企业的发展也面临转型升级的压力。如果还是按照原来简单的单纯设计服务合作模式,最终会被市场淘汰。因此,与时俱进是设计公司自身要考虑的最大课题。

其三,溯洄的成功告诉我们,选择战略合作模式、捆绑式合作模式,是未来的方向,只有如此才能实现融合发展的深度推进。同时,江苏宝应县"设计立县计划"是上海设计与长三角地区制造业进行对接的一次最佳尝试,也是一种由政府(双方)介入、以企业与设计师为主导的服务与转换计划。未来,"设计立县计划"必将进一步深入和拓展。

推动上海"设计之都"建设的核心内容之一就是要尽快突破与企业脱

节的设计及与企业对接的瓶颈,解决设计教育的人才培养与产业需求不匹配的问题。随着我国"创新型国家"战略的实施,各地区、各有关部门都充分认识到大力发展工业设计的重要意义,采取切实有效的政策措施,促进工业设计加快发展。

长三角地区制造企业在整个国民经济中占有非常重要的地位,也代表了我国产业中具有代表性的一部分制造业的水平,只有得到中小企业管理者的理解和接受,工业设计观念才算在我国得到普及。只有帮助本土企业实现了利润、促进了品牌打造,工业设计才能真正得到社会的重视和发展。因此,促进中小企业工业设计发展是理论和社会接轨、设计研究本土化的必经之路。政府、中小企业服务体系、院校设计教育、中小企业自身这四方面的社会资源如何整合成有效的运作体系,最终实现中小企业和设计产业发展的良性循环是此命题的重点和难点。

第四节 本章小结

一、四次工业革命背景下本土制造产品与工业设计特征比较

设计驱动创新,设计本质上就是一种创新要素的重新整合过程,其整合的对象为来自技术、市场需求、产品语义三方面的知识。Verganti(2003)认为,设计驱动型创新是在传统的技术推动和市场拉动之外存在的第三种创新模式,它是在设计驱动型新产品开发过程中,由产品语义的创新带动技术和市场创新的新型创新模式。

工业设计是以所处时代的科学技术成果为依托,以维护人类赖以生存的自然环境为前提,以不断提升人类的工作和生活品质,并推动人类文明进步为最终目标。当然,对于本土企业来说设计不是今天才有的,早在

第四章 设计业与制造业融合发展的机制与路径

20世纪80年代，工业设计就传入我国，并得到迅猛发展。为何在当下要进一步突出设计驱动创新的意义？这也是本书研究的核心创新。下面笔者进一步比较四次工业革命及其背景，由此可以看出本土制造与设计的特征（见表4-16）。

表4-16 四次工业革命背景下本土制造产品与工业设计特征比较

	第一次工业革命	第二次工业革命	第三次工业革命	第四次工业革命
时间	1765年开始	19世纪下半叶	20世纪四五十年代以来	21世纪第一个十年
工业革命特点	蒸汽时代	电气时代	信息技术（PC到移动互联）	智能（移动互联到大数据）
产品发展特征	功能和使用	功能和使用	品牌和文化	交互体验
工业设计发展特征	产品层面	产品层面	关系层面	理念和情感层面

可以看出，在第一次工业革命和第二次工业革命背景下，制造发展特征还停留在产品使用和产品功能层面。第三次工业革命，包括工业设计刚进入我国的20世纪80年代，随着信息技术和互联网出现，从PC时代逐步进入移动互联时代，制造和工业设计进入品牌文化感知和关系层面沟通阶段。从移动互联时代进入大数据时代的21世纪，设计发生了本质改变。在大数据和互联网环境下，本土制造企业整个网络都在更大的层面上嵌入所属社会结构（Granovetter，1985；Uzzi，1997）。因此，对我国本土制造品牌的培育，必须通过设计（包括沟通设计）驱动创新，抓住消费者参与本土制造产品品牌培育的动机和内在需求的信息，实现从产品沟通到关系沟通以及理念和情感层面的沟通。

二、机遇与挑战

近年来，深圳、上海和北京等城市很早就确立了"设计是产业核心竞争力"的理念，并先后获得联合国教科文组织"创意城市网络"的"设计之都"称号。每个城市都确定了相应扶持领域，如涉及创意设计、动漫游戏、数字视听、新媒体等与高新技术产业相融合的新兴文化产业。

本土制造企业已经开始重视通过设计带动的创新,很好地撬开了本土制造转型升级和品牌培育的一道口子。尤其是"设计师+语义设计+产品功能设计"的三合一策略,具有很好的应变、整合、融合和提升的积极效果。当然,现有的设计发展还存在很多不足之处,往往停留在较窄的层面,没有放开视野,更好地、更积极地面对和应对工业设计的蓬勃发展,尤其是大量行业都没有意识到设计的重要性。当然,对于本土设计师、本土设计行业来说,也需要一个逐步提升的成长过程。尤其是在本土高端产品设计中,应更加注重高科技以及新型环保材料的应用,在关注科技进步与材料发展的同时,主动在产品设计中融入更多的绿色理念。

本土制造产品与国外相关产品看起来是品牌的差距,实质是背后的设计差距。设计驱动创新,本质上也是颠覆性的创新,颠覆了产品的含义,回归到"人心"即产品的设计哲学。在过去,尖端技术是购买决策的主要驱动。但现在,我们不再一味关心设备的配置,而是更加关心用户体验,以及它们让我们看起来怎么样、感觉起来怎么样,或者它们是否能改善我们的生活。可以说,设计正在成为品牌培育和发展的决定性因素之一。有好的设计,不一定能使本土制造产品走向高端,但没有好的设计,就一定很难成功。

在互联网、移动互联网、创新创业成为热词的今天,"创客"和"工匠精神"等概念同样引人关注。"工匠精神"为何值得关注,如此重要?美国畅销书作家亚力克·福奇在《工匠精神》一书中给出了答案:古往今来,"工匠精神"一直在改变着世界;热衷于技术与发明创造的"工匠精神"是每个国家活力的源泉,中国的创新驱动发展也呼唤着"工匠精神"的回归。设计作为生产性服务业的重要组成部分,尤其是创新创业的重要手段,在加快转变经济发展方式、促进我国制造业转型升级中发挥着越来越重要的作用。

三、小结

其实,设计业与制造业一直相互关联,只是设计演化的步骤加大、加快,原有对设计的认识还停留在初级阶段,如认为设计就是产品外观的美化等;以及我们被"设计教育"局限了视野,很长一段时间我们的设计教育都认为设计归属"工艺美术"的学科范畴,严重制约了设计的发展,也束缚了设计业与制造业的融合创新。如今,整个世界的变化,尤其是以苹果、三星为代表的世界级企业让我们重新认识了设计,也就是本书提出的设计业、制造业融合创新,这个融合是新融合,是与最新发展的设计思维融合,也是设计业发展历史进程中本土制造企业转型升级的必然选择。

同时,国内企业重产品研发(R&D)、轻设计的陈旧观念依然存在,对交互设计,尤其对 3D 和互联网带来的变革认识不足。他们往往片面地、简单地认为,设计就是外形,就是美观。其实,设计更是企业发展和品牌培育的核心竞争力。值得欣慰的是,我国各级政府日益重视设计工作,重视设计驱动创新的培育。2014 年 1 月 22 日,李克强总理主持召开国务院常务会议,确定并推出文化创意和设计服务与相关产业融合发展的五项新举措,对促进我国文化创意和设计服务与相关产业融合发展起到了很好的促进和推动作用。

第五章 互联网与制造业融合发展

第一节 互联网发展

一、背景

中共十九大报告中提到,要"培育若干世界级先进制造业集群"。中国作为一个后起的发展中国家、一个工业化尚未完全结束的国家,却已经面临着新一轮工业革命,面临着如何赶超发达国家的千载难逢的机遇,此时,我国不仅要发展世界先进的制造业集群来引领现行产业体系与产业的转型发展,而且要思考如何采取跨越式发展使我国真正从工业大国转变为工业强国。那么,跨越式发展模式是什么样的模式?

从国际来看,在后金融危机时代,全球制造业正处于重塑发展理念、调整失衡结构、重构竞争优势的关键节点上。伴随着新一代信息技术的突破和扩散,柔性制造、网络制造、绿色制造、智能制造、服务型制造等日益成为生产方式变革的重要方向,并引发了国际社会对第三次工业革命、能源互联网、工业互联网、数字化制造等一系列发展理念和发展模式的广泛讨论和思考。发达国家为了积极应对新一轮科技革命和产业变革带来的挑战,纷纷实施"再工业化"和"制造业回归"战略。如美国的"先进制造业伙伴计划"、德国的"工业4.0"、法国的"新工业法国"等。这一系列战略规划的提出和实施，其根本出发点在于打造信息化背景下国家制造业竞争的新优势。这既体现了发达国家对制造业传统发展理念的深刻反思，也反映了其抢占新一轮国际制造业竞争高点、调整失衡的产业结构的战略意图和决心。

从国内来看，制造业是国民经济的主体，是立国之本、兴国之器、强国之基。这主要体现在以下几个方面：一是规模巨大。经过改革开放40年的积累和发展，我国制造业综合实力和国际竞争力显著增强。2015年，我国制造业产出占世界比重达到22%，连续六年保持世界第一大国地位。二是创新活跃。制造业是技术创新的主战场，是创新最集中最活跃的领域。经过多年的积累，我国工业领域技术创新经过模仿创新、集成创新、引进消化吸收再创新等多个阶段，创新要素在总量上逐步接近世界前列，在水平上与发达国家的差距正在逐步缩小，产业总体创新能力明显增强。三是带动性强。我国制造业已成为国家安全的保障和国防实力的重要支撑，成为人民幸福安康、社会和谐稳定的物质基础，成为实现我国新型工业化、信息化、城镇化、农业现代化同步发展的主要推动者，对国内经济和社会发展做出了重要贡献。

"互联网+制造"将引发制造业生产方式深刻变革，智能制造将成为新型生产方式，个性化、服务化、生态化生产成为趋势。同时，"互联网+新经济"推动产业组织创新和产业结构升级，制造业服务化成为产业发展新趋势。企业利用互联网开展售后服务，实现制造服务化转型，提高企业产品附加值。"互联网+制造"成为科技进步的引擎，推动经济增长。目前，互联网应用多半是在营销环节和售后服务、采购环节，今后必将在制造环节带来颠覆性的创新和全新的生产方式。如果科技革命实现颠覆性创新，经济将出现超速增长。放眼世界，互联网+高科技制造业与新兴产业交叉融合，正在引发新一轮科技革命和产业变革。

第五章 互联网与制造业融合发展

二、互联网发展阶段与"互联网+"

1. 互联网发展阶段

互联网与信息技术的高速发展正迅速影响着整个世界。人们发现，生活中的几乎每一个领域都受到互联网的影响，呈现新的业态与发展形势。尤其是在消费领域，网络消费模式重新定义了人们的购买方式，也推进了消费理念与偏好的升级，个性化消费需求的倾向正越来越明显。如今，大规模大批量标准化生产模式正越来越难以满足消费者的个性化需要，于是新工业革命的到来顺理成章。互联网经济是信息网络化时代产生的一种崭新的经济现象。在互联网经济时代，经济主体的生产、交换、分配、消费等经济活动，以及金融机构和政府职能部门等主体的经济行为，都越来越多地依赖信息网络，不仅从网络上获取大量经济信息，依靠网络进行预测和决策，而且许多交易行为也直接在信息网络上进行。

互联网与新经济息息相关，是基于现有经济的提升改造，能够让现有信息更加匹配和对称，能够让现有资源的潜能和现有闲置的产能得到更好的发挥，能够让现有劳动者的动力和积极性得到更充分的发挥。互联网正在从用户的衣食住行、生活、娱乐、购物、教育、医疗等多方面改变我们。互联网发展阶段可以简单分为如下三个阶段：①Web 1.0 阶段（门户时代，1994~2002年），典型特点是信息展示，基本上是一个单向的互动，1997年中国互联网正式进入商业时代；②Web 2.0 阶段（搜索/社交时代，2003~2010年），典型特点是用户生产内容（User Generated Content，UGC），实现人与人之间的双向互动；③Web 3.0 阶段（大互联网时代，2010年之后），是以智能移动设备为代表的移动互联网的鼎盛发展时期（见图5-1）。

目前，互联网把数据同商业实践、消费者行为结合起来，挖掘消费意愿，产生更高层次的消费场景。消费者很多时候并不知道自己要什么，但如果能够基于其过往消费行为去寻找到他们的意愿，把意愿变成选项给到消费者的时候，消费就会进入到一种不自觉、由消费意愿所驱动的状态，

设计、制造与互联网"三业"融合创新与制造业转型升级研究

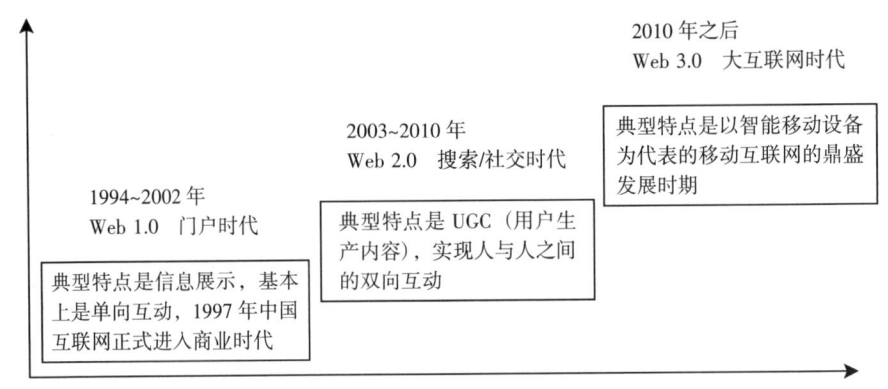

图 5-1 互联网发展阶段

这是未来商业非常重要的一个发展趋势。何为互联网的本质？互联网是人类通过各种技术建立的全球性信息交换系统，它连接了一切可连接的人与物，彻底改变了信息的流通与组织方式，极大地提高了信息传输的效率和范围。人与外界的交流依赖信息的传递，所以，信息传递是一切事物运转的根本。互联网通过改变人与人联系和连接的方式，深刻地改变了人的生活方式和整个世界。从社会群体的组织方式、分工方式到沟通方式，再到意识形态和商业逻辑，每一处都发生了深远变革。

2."互联网+"

互联网在企业中的普及也奠定了产业发展变革的基础。企业互联网用户逐年上升，互联网成为企业不可或缺的信息基础设施。截至 2013 年 4 月，美、德两国受访中小企业的互联网普及率分别达 88%和 92%（杜娟、王建伟等，2014），参与调查的 81%的美国中小企业认为新一代信息技术对于其业务将有很大帮助，德国和中国的这一比例分别为 77%和 98%。这些技术和应用主要包括：在线数据存储、云计算、大数据、社交媒体以及智能手机联网等。截至 2013 年 6 月底，被调查的中国中小企业在过去一年中使用互联网办公的比例为 80.8%。同时，这几年兴起云计算和物联网，看似还比较遥远，但是也已开始渗透进传统行业，带来新的变化。移动互联网、云计算、物联网三项新兴科技，有一项共同点，即均离不开互联网。可以说，互联网完全与我们身边方方面面结合起来（见图 5-2）。

第五章　互联网与制造业融合发展

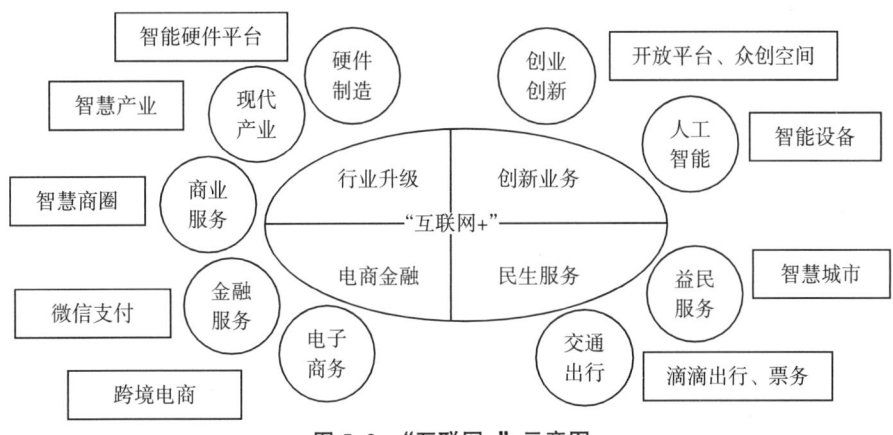

图 5-2　"互联网+"示意图

互联网是一种通道，它不仅能连接商家和消费者，还能连接企业和 IT 设备提供商。所以对一家企业来说，不论是前向（面向消费者），还是后向（面向供应商），互联网都是最经济、最有效的方式。如传统制造企业，为摆脱困境，它们开始利用新兴的科技手段展开业务。以浙江义乌企业为例，不少当地的企业主在已经注册通用网址开展网络营销的情况下，又批量注册了"义乌商品""义乌商品城""义乌商品网"等一系列无线网址，抢先布局移动互联网领域。这些企业在互联网上的营销行为开始向移动端迁移，使相关行业的服务和产品离用户更近一步，并带动相关领域升级。

制造业是国民经济的主体，也是实施"互联网+"行动的主战场。推动制造业与互联网融合，有利于形成叠加效应、聚合效应，并有利于加快新旧发展动能和生产体系转换。例如，深入推进制造业与互联网融合发展能利用上海丰富的创新资源优势，培育符合上海科技创新中心定位的新业态、新增长点，形成改造提升传统产业、进行技术创新的突破口，在落实上海创新驱动发展上闯出新路子，最终形成创新发展的高地。

"互联网+"既不是技术，也不是一种思维，而是新一代信息技术与制造业融合所产生的巨大变革空间。目前，有关"互联网+"对制造业影响的研究，主要是将新一代信息网络技术视为一种影响制造业发展的通用技术，围绕着信息网络技术的发展现状与趋势、影响方式与机制，以及中国利用信息网络技术促进制造业转型的问题与思路等核心议题开展。

设计、制造与互联网"三业"融合创新与制造业转型升级研究

同时,"互联网+"的本质就是以大数据、云计算、物联网为代表的新一代信息技术对互联网及其以外的经济各部门的渗透、融合,从而改变整个经济的生产模式、产业业态和商业模式,提高经济的创新能力和生产效率。

3."互联网+制造"的意义

制造业与互联网进一步深化融合,互联网"双创"成为制造业转型发展的新引擎,新模式、新业态成为经济发展新动能,跨界融合的制造业新生态初步形成,制造业数字化、网络化、智能化水平明显提升,其"两化"融合发展综合水平指数保持国内领先水平。

企业互联互通、大数据运用、跨企业协同和组织创新等互联网化水平显著提升,制造业与互联网融合发展迈上新台阶,融合发展新模式在重点产业广泛普及,融合发展生态体系日趋健全,制造业竞争力大幅提升,成为国家"两化"深度融合示范区和全球先进"智造"高地,以此找到促进我国制造业产业可持续发展与创新的立足点和抓手,并对助力"中国制造2025"战略对接、找到最佳切入点具有很好的研究价值。

当前全球制造业服务化趋势日益明显,已成为竞争的新焦点。随着互联网的迅速发展,其逐步涉及制造业的各个环节和产品全生命周期,极大地促进了制造业与服务业的关联性和协同性,并从根本上推动了制造业服务化进程的加快。目前,我国制造业服务化程度明显偏低,亟须借助"互联网+"契机,大力拓展与互联网融合的广度和深度,加强技术和服务支撑,创新商业模式,提升附加值,为实施《中国制造2025》、建设"制造强国"奠定坚实基础。为实现"互联网+制造业服务化"融合发展,政府应营造良好的发展环境;制造企业应积极进行服务化转型;社会机构应做好支撑和服务。

在新一代信息技术的推动下,制造业未来的国际竞争,必定是智能设备、物联网及大数据分析应用能力的竞争。因此,主要工业国家都把智能制造、物联网、大数据分析技术作为提高制造业竞争力的必由之路,运用各种措施来加快制造业的信息化进程,或利用"互联网+"推进制造业改造。例如,美国通用电气公司于2012年提出工业互联网的理念,指出工

业互联网是数据、硬件、软件和智能的流通与互动的网络，是能够支撑数据收集、储存、分析和决策的智能工业网络。德国于2011年11月提出"工业4.0"战略，其目的是提高制造业的竞争力、防止国内产业的进一步空洞化。

总之，制造业是技术创新的土壤和载体。一方面，中国制造业大而不强的问题长期存在，制造业发展受资源环境、劳动力成本约束的问题日益突出，如何以创新驱动制造业发展的问题变得更加急迫。另一方面，信息网络技术的快速发展又在加速改变制造业的核心资源和基础，进而重塑全球制造业的竞争格局。如何更好地把握信息网络技术发展形成的机会窗口，加快推动中国制造业转型发展，成为未来促进中国新经济发展的重大议题。

一方面，信息网络技术将改变全球制造业竞争范式，构成中国制造业发展的最大挑战和机遇。以"互联网+"为代表，信息网络技术将带动中国制造业进行一场技术范式意义上的全面变革，并将彻底改变现有产业组织结构和竞争格局。

另一方面，随着以智能化、数字化、信息化技术的发展为基础的工业革命不断深化，制造和制造业的经济功能可能被重新定义，国家和企业竞争力所依赖的资源基础和要素结构、全球产业竞争格局可能被重构，产业创新生态系统将显示出强大的竞争力，系统的适应性和动态能力成为一国获得产业长期竞争力的关键。

三、互联网与传统行业的距离

企业的发展要经历三个阶段：第一阶段是传统时代，客户即一切，谁有大客户谁就有品牌。大家追求的是质量好、功能强、广告强势、铺到全世界。第二阶段是流量时代，谁流量大谁就是品牌，同样要靠营销、靠渠道。现在已经进入了第三阶段，即用户资源时代。用户资源和流量不一样，用户资源其实就是社群。用户高度聚集的地方，会吸引大量服务用户的企业进驻，这就是平台的价值。

近几年来，"互联网+"无疑成为热门话题，互联网从技术领域走向了大众化运用。"互联网+"的科学价值和社会价值逐渐凸显，并在撼动世界的方方面面，从商业科技到医疗、政府、教育、经济、人文以及社会的各个领域。互联网时代资源富矿挖掘造就了传奇，从传统媒体到互联网的变化，类似于从猿到人的进化。互联网与传统行业融合的情况具体如图5-3所示。

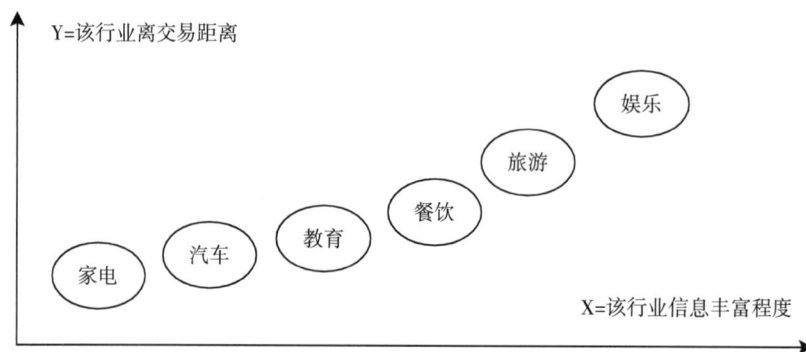

图5-3　互联网与传统行业融合情况

可以看出，互联网渗透的低水准的传统制造行业，未来会挖掘出更多潜在的业务模式和服务窗口。互联网在帮助企业和获取用户方面，潜力已被很好地激活，未来为更近距离接触和服务精确用户，需要不断加大在互联网平台上的投入。目前这一领域的天花板还远远未到，接下来将进入更高规模的爆发期。前几年，政府工作报告中提出"互联网+"，这两年则谈的多是新经济，以及传统经济如何与新经济融合。不管是"互联网+"还是新经济，实质都是真正推进互联网与传统产业的结合，以此实现传统制造业的转型升级。当然，目前我国企业的互联网化尚处于起步阶段，亟须加快推进工业企业与互联网的嫁接融合，尤其需要以系统性思维构建我国的产业创新体系，探索制造企业与互联网嫁接融合促进制造业转型升级的实现路径。

互联网与制造业等产业融合是大势所趋。当前，我国互联网与制造业融合更多集中在消费端，供给端融合仍然不足，融合的困境主要体现为消费端的人为抑制和供给端的创新能力不足。为此，一方面，"互联网+"引

第五章 互联网与制造业融合发展

领消费者的消费行为、习惯变革,倒逼企业在产品的营销、采购、研发、设计以及服务等环节做出变革,并向生产运营环节渗透;另一方面,在供给端,要加快互联网基础设施建设,推动制造业标准体系建设,强化企业创新能力,实现"+互联网"过程。最终两端共同用力,找到制造业与互联网"融合"发展的突破点、路径及政策支持。

第二节 互联网思维与发展规律

一、互联网思维

互联网的定义决定了互联网的本质是连接,而社群的首要条件就是一群人的连接,在连接的过程中通过产品、活动、社群目标、共同利益、亚文化、机制、模式等手段,进一步让志同道合的人深度连接。传统思维与互联网思维有很多不同,但其中最大的不同在于:传统思维属于圈钱模式(卖货走人),互联网思维属于圈人模式(强连接跨界变现)。因此,所有的互联网企业都是在做一件事:连接。如百度连接人和信息,腾讯连接人和人,阿里连接人和商品,美团连接人和服务。用周鸿祎的话说,"人圈起来以后,插个扁担都开花"。总之,互联网的功能是促进连接,社群的目的是进一步催化连接。

以互联网和人工智能为代表的新技术革命以前所未有的速度改变着人类生活,企业经营环境呈现复杂多变和不确定性增加的趋势。如何适应多变和不确定的环境,寻找生存发展之战略,是每个企业必须交出的答卷。实施战略变革,使战略更具灵活性、适应性、弹性和韧性,就是适应快速变化和不确定环境的应对之策。这就要求转变战略思维,即从传统的事业战略向更加灵活的平台战略转变,从关注定位向更具韧性的生态战略转变,从成长战略向更具弹性的柔性战略转变,从程式化的意图战略向更具适应性的浮现战略转变。

目前，互联网思维贯穿于各个环节，从销售到研发、生产，并从企业到整个产业。互联网思维包括基于销售服务环节的互联网思维（平台思维、流量思维和社会化思维），基于产品研发和生产环节的互联网思维（迭代思维、极致思维和简约思维），以及基于产业层面的互联网思维（用户思维、大数据思维和跨界思维）（见图 5-4）。目前互联网与工业的融合发展在主体上主要体现为互联网企业和工业企业的合作与相互进入，产业边界趋向模糊。一是互联网企业积极搭建服务工业市场的平台和服务。典型的有电子商务平台、支付、广告营销等商务类互联网服务。二是工业企业主动利用互联网进行流程改造和销售模式创新。例如，着力打造工业互联网与互联网企业合作，利用云计算和大数据技术处理在全球联网的机器设备中的原始数据，为客户提供更好的附加服务。通过互联网融合，促进传统制造企业转型升级，从传统的要素驱动向创新驱动转变，从粗放发展向集约发展转变。

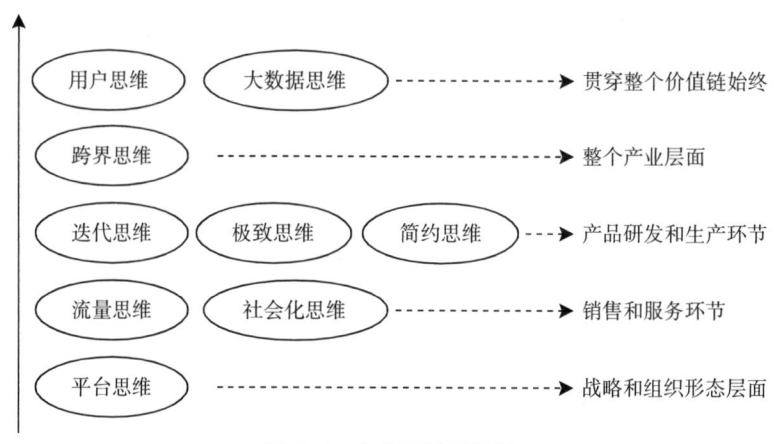

图 5-4　九大互联网思维

二、互联网发展规律

在今天的零售、商业、批发、生产、制造环节中，实际上分成两个世界，一个是物理世界，另一个是 DT（Data Technology）世界。今天，每个消费者的行为，天然构成了一种数据化链路。数据能不能打通，形成一个全数据链路，是传统制造业能否真正实现转型升级的关键和核心。互联网的核心只有一条技术规律和一条传播规律，两者相激相荡（见图5-5）。以互联网为基础的新的传播形态，是依托数字技术，对人类日常生活中的各种信息传播和交流活动进行的虚拟的还原和放大，从而创造了一种新型的数字生活空间。

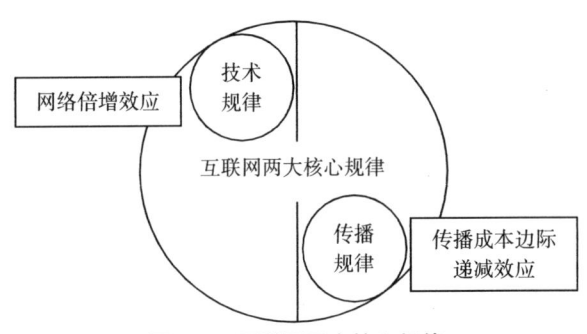

图5-5　互联网两大核心规律

1. 技术规律层面

近十年来，谷歌、苹果、Facebook等全球巨头，以及百度、腾讯、360、小米等互联网公司，均拥有"硬件+云端数据+APP应用"的优势，相继凭借互联网技术对市场进行颠覆性创新。以传统汽车制造业为例，互联网技术带来了传统产业的变化和新发展阶段（见图5-6）。有报道称，马云也在准备"发明"全球第一台互联网汽车，最低售价9.98万元。

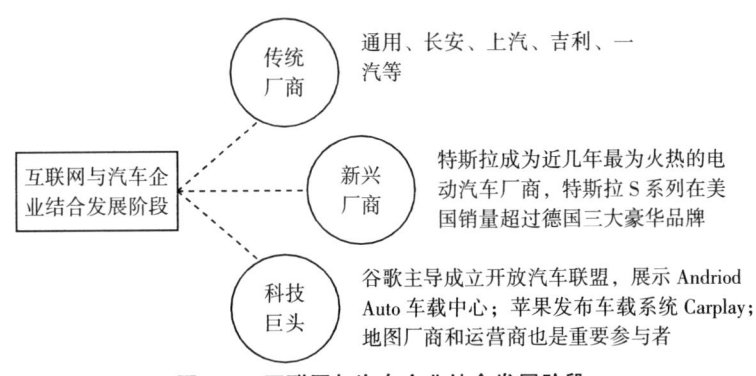

图5-6　互联网与汽车企业结合发展阶段

与此同时,这两年出现的基于"门户+社交+搜索"等形成的垂直互联网新业态与生态系统,也在凸显互联网对传统行业的渗透和重塑新边界。这些都是互联网技术带来的发展结果。

未来五到十年,整个经济在互联网技术驱动下会发生非常大的裂变,人类正在从 IT 时代进入 DT 时代。DT 时代有三大支柱:一是云网端,云计算、宽带和智能终端构成了新型的互联网基础设施,所有的业务、消费、商业、制造业都在"云上跑";二是数据,在线下实体零售当中,和今天整个互联网驱动的零售体系相比,数据的体量和价值都有天壤之别;三是分工协作体系,像华为、海尔这样的企业,其上下游企业的个数大概在几万家,但是淘宝有一千万个卖家、四亿多的消费者,还有海量服务商,构成了一个新的互联网技术协作体系,这个协作体系在随机配对和连接中带来大的创新。

2. 传播规律层面

互联网的发展,特别是数字化媒体的发展,已经改变了整个传媒的格局。伴随智能终端的普及,用户的媒介习惯从传统媒体的电视、报纸等,逐渐转移到博客、微信、电商以及点评网等社交媒体即时通信工具上,并越来越多地占领消费者时间和空间。可以说,数码革命,一切都在发生变化,消费者变了,企业变了,广告形式也变了,新媒体发展为传统媒体带来极大的变革。同时,在整个变化过程中,广告尤其是基于传统媒体的广告形式遇到越来越多的挑战。移动互联网自不必说,云计算也需要通过互联网输送服务,物联网更是在互联网基础上的延伸。以互联网为基础的新技术,正在以其更强大的资源整合能力,对传统行业进行更深入的改造。

互联网带来的传播革新以及重新定义的数字生活空间,能够更好地达到与消费者的关系沟通和情感沟通。传播层面的革新改变了传统广告形式停留在产品层面的单向沟通和简单的广告"狂轰滥炸",通过观察消费潮流的变化来进行沟通设计,更好地关注和近距离打动消费者,从而抓住消费者内在动机和需求,实现从产品沟通到关系沟通和观念沟通的一步步逼近,把产品、人(情感)、事、环境融合起来(见图 5-7)。

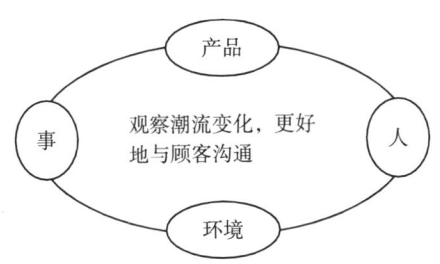

图 5-7 互联网带来传播层面变化

在互联网新媒体崛起的背景下，带来的最大影响就是传播层面的革新，如互联网和新媒体带来信息的极大变化，一方面，搜索引擎解决了人们搜寻信息的问题；另一方面，社交媒体时代带来人与人之间信息的频繁传递、互动和交流。因此，消费者在购物过程中不想吃亏的心理可以得到充分的释放，每个人都想得到没有买错的安心感，从而主动去比较，比如上网查询，以及利用社交媒体工具交流和查阅别人点评。例如，在日本女性化妆品排行榜上有20%以上的产品都采取网上销售方式。同时，伴随着口碑网站、点评网站的出现，顾客可以对不同品牌和不同菜系的餐馆进行点评和打分，不再出现电视上看到广告就可以促进顾客进行行动和惠顾的情况。伴随着这种消费潮流的变化，消费者几乎可以通过"解读空气"来寻找一切品牌或产品背后的信息。

消费者看重选择性消费，不容易被广告迷惑，对喜欢的东西愿意花钱，不再迷信大牌，不再迷信高级和一流等。同时，大多数受众的生活价值观发生变化，诱发内心追求情感和心理满足的消费潮流（范秀成、罗海成，2003）。通过社交媒体互动和交流，有找到自己喜欢东西的成就感，不再是盲目选择。消费有张有弛，对喜欢的不吝啬，注重参与，注重自己的情感认同，希望得到愉悦、感动和惊喜，甚至是能打动自己的一句话或一次体验行动。

三、互联网思维带来的转变

从互联网技术发展的维度看社群未来。管理大师德鲁克对互联网的影响力有过十分肯定的判断,"互联网消除了距离。"这种影响具体表现为两点:一是消除了空间的地理距离;二是改变了信息不对称的主动方和被动方的地位。以上两点影响使得用户主权地位得以确定(见图5-8)。具体分析如下:

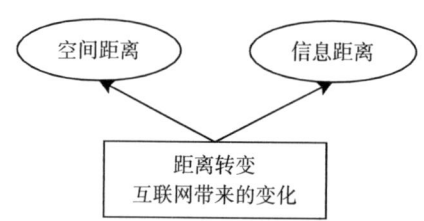

图5-8 互联网带来的距离转变

其一,互联网的发展为社群的壮大提供了前所未有的便利。互联网的发展使信息交流越来越便捷,志同道合的人更容易聚在一起形成社群,距离不再是问题。以往按照地域、教育程度、收入、年龄、阶层来划分受众群体,如今按照兴趣、价值观、娱乐和生活方式等共同的行为方式来重新划分人群。新一代信息技术正从价值传递环节向价值创造环节渗透,对原有的传统行业起到很大的促进升级换代作用。

其二,对于传统企业而言,用户地位发生了根本的变化。传统企业利用互联网、大数据和云计算等最新技术,能分析用户的主动诉求和用户需求,让用户深度参与其中。互联网重构了我们的生产生活方式,迫使我们重新思考与定义企业与用户的关系。从这个意义上讲,所谓互联网思维,其实就是用互联网的模式来思考并且解决人们工作、学习、生活中的各种问题,利用互联网的精神、价值、技术、方法、规则来指导、处理、创新人们的工作、学习、生活。同时,依据人们的行为模式与心理,企业(广告主)采用事件营销,迎合用户喜好和习惯,为用户提供一种线下活动的选择。若用户被吸引,主动参与到营销事件中,自然会在潜意识中接收活动和品牌的信息,并在各自的社交媒体上转发。然而,在传统媒体的方式下,消费者一般是信息的被动和远距离接收者,所以事件营销能拉近企业(广告主)与消费者的距离,实现互联网时代创意和媒介的融合。

其三,空间和信息距离的缩小,使互联网能重构供需,如供给方充分

第五章 互联网与制造业融合发展

利用原有的闲散资源，挖掘需求潜力，从而创造出原本不存在的交换场景。非互联网企业在"+"上社群后，建立了一种新的供需模式，即将产品与特定客户进行精准连接，提高了供需两端的效率。如果说，简单的"互联网+"是把一根网线拉进了实体空间，扩大商品的销售渠道，改善存量。那么，"社群+"则是在此基础上的进一步深化，创造需求，实现供给量和需求量的增加。"社群+"模式给商家指出了一条定位客户的"捷径"，同时也为传统企业完成互联网转型提供了一种新思路。

与消费者的距离远近成为决定互联网与工业融合路径的关键因素。互联网引起不同产业间创新变革的时间和程度差异较大，基本沿产业链由下游消费品行业向上游推进，越靠近下游及最终用户的行业越早发生变革，其变革的领域和环节越多。随着互联网逐步从微笑曲线的采购、营销端向研发、设计和制造端渗透，互联网正从单纯的价值传递渠道转变成为价值创造和增值的核心。

第三节 互联网融合发展

一、互联网与制造业融合发展

传统企业与互联网进行融合早已不是新鲜事物，以电子商务为例，家电、汽车、服装、食品、纺织、医药、能源等各行各业均有涉足，互联网成为传统制造企业开展品牌传播、产品销售的平台。不过在移动互联网等新兴科技兴起之后，这种融合正在呈现出一些新的特点。有不少企业利用移动互联网带来的新机会，将业务拓展到其他领域，移动互联网成为其开展业务必不可少的工具。经过多年发展，我国的互联网逐渐演变为信息经济社会的重要基础设施，对制造企业的支撑作用日益重要。随着新一代信息技术的发展以及工业领域消费需求的新变化，互联网与制造业领域的融合创新日趋活跃，企业创新模式和业态层出不穷（见图5-9）。融合带来的创新大致如下：

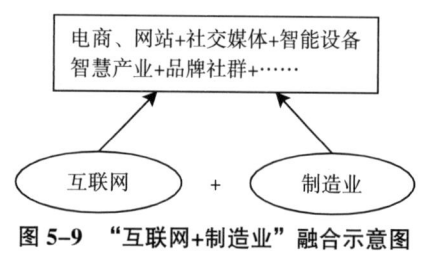

图5-9 "互联网+制造业"融合示意图

（1）以分散式网络协同为特征的生产组织模式创新。"互联网+制造业"变革了企业组织关系网络，在数字技术、网络技术的发展及开放贸易路线的推动下，企业可由互联网平台实现设计、采购、生产、组装、销售等各环节的分散化、异地化、虚拟化协同，企业生产组织的基本模式由集中式控制向分散式协同转变。这在互联网与工业融合之初主要体现为网络化协同设计、协同制造等活动。

（2）随着互联网与工业的进一步融合发展，以分散化为特征的众包、远程定制、云制造等新模式出现了。"众包"通过开放网络平台，充分激发社会创新潜力，实现了研发设计由企业内集中控制向企业外分散控制的转变。"远程定制"以研发设计的网络化实现远程设计、异地下单、分布式制造。"云制造"是指利用"工业云服务平台"对产品实现了从众包设计到模具3D打印、测试、零部件委外加工、组装等全业务流程的分散化设计与制造。

（3）深度融入互联网思维的全流程开放式创新。互联网的开放共享使得用户不仅能够深度介入交易、消费等环节，而且能够广泛、实时参与到生产和价值创造的全过程。一些企业借助互联网，在研发、设计、制造、营销及服务等全过程实现与用户充分协同互动。

总体来看，通过互联网实现融合创新、具备互联网思维的企业，其内外部组织正从有界趋向无界、从有形走向无形、从垂直变为扁平，用户取代企业领袖成为左右企业决策制胜的终极力量。在移动互联网时代，消费品行业亦成为最先经受冲击以及创新最活跃、涉及环节最多的行业,移动社交营销、个性化定制、众包研发等模式创新多源自消费品企业,分别涉及研发设计、加工制造以及营销等多个环节。当然,从生产经营的环节来看,最先受互联网渗透和影响的是营销环节,继而是研发设计、运维服务等环节,而生产制造环节相对受影响较小。由于互联网强调开放、共享和顺势而为,而生产制造系统处于较为复杂和恶劣的环境,对可靠、稳定及安全性的要求比消费级应用更为严苛。

以国内家电龙头企业海尔为例,近年来,海尔也在主动变革、积极转型,通过互联网思维驱动其从传统家电企业转型为兼具开放、共享、互动、融合特质的全新互联网平台。当然,装备行业和原材料由于离最终用户远近不同,受互联网影响的时间和程度存在较大差异。相对来看,装备行业更容易受到互联网影响,与互联网融合的程度比原材料更深一些。

制造业是我国当前最大的产业。中国作为一个世界大国,无论是从国民生活水平提高、经济发展,还是从国家安全的角度,都需要强大、独立、自主的制造业。我国制造业发展状况不佳,各产业普遍面临市场庞大、缺少核心技术、产品低端、利润少、人才缺乏等问题。在世界产业的分工链条中,属于中国的环节是制造业,这本身就是一个对自然资源需求量极大的产业,再加上利用效率低,导致我国在经济发展过程中自然资源的消耗过快。国际初级产品市场价格的不断上涨给我国以低成本取胜的制造业市场带来了越来越大的压力。

另外,我国沿海地区大中城市建设的一批劳动密集型的轻加工企业和高能耗企业,由于改革开放以来劳动力成本的上升和能源、原材料价格的上涨,产品成本升高,国际竞争力下降,已无法与一些发展中国家的低成本产品在国际市场上竞争。随着国内市场化进程的加快,生产要素相对价格的改变更快,转换出口商品结构的要求也越发迫切。同时,资源、劳动密集型产品的收入弹性低,而随着中国外贸规模的迅速扩大,外部市场需求的约束力显著上升,低档产品、初级产品的贸易条件从长期来看呈不断恶化的趋势,以劳动密集型产品为主的出口格局在今后不会有很大的增长空间。

二、互联网与设计融合发展

互联网推动工业融合,从交易环节简单的价值传递到研发、设计、生产、服务环节的价值创造和增值。在互联网大数据背景下,工业设计或开发模式变革如何应对成为理论和实践面临的一个热点问题。过去我们的业务重心是工业设计,现在,基于大数据,我们对设计的概念有了全新的认识。传统的设计开发可能限于完成外观和材质的搭配,现在一个越来越清晰的脉络证明,我们不能把设计限制在产品形态上,而是要实现软件和硬件,以及消费者个性与体验的结合。消费者变成在数字生活空间出现的群体,是企业过去从未遇到过的。他们既是消费者,又是传播者,同时也是接受者。因此,传统设计师角色也发生了变化。一个产品从设计到生产,从概念到实体,不仅需要将产品的软件和硬件很好地集成起来,更要变成设计体验,或者服务设计等。可以看出,消费者是传统营销传播的基石。但传统的消费者研究是类型化、抽象化的。所谓的受众研究也是如此。面对互联网和大数据,企业在掌握了更多数据之后,设计开发和决策并没有变得更加明晰,所有设计都希望对自己拥有的数据做点什么,从而得到有价值的结论。

在互联网和大数据背景下,企业面对日益增长的消费者"选择"的力量应如何做出反应?目前众多工业设计有限公司都专门设立了用户研究部门,其获得用户需求信息的渠道有两个:一是利用自己的专业性团队对用户进行深层次分析研究,包括调查、比较竞争公司的产品等方式;二是从市场营销团队得来相应的客户消息。在实际工作中,用户研究部门会与当地知名大学协同合作,进行大量的市场调查。调查包括挖掘产品新的功能及产品概念,或者让消费者使用已有的产品及新概念产品的原型,观察他们的使用行为,并聆听他们的建议。通过调查了解用户的需求,最大限度地掌握消费者的需求,把消费者的需求合理有效地融入到开发内容当中,研发出最合适消费者的功能或产品。互联网与设计融合应用的领域和行业具体如图5-10所示。

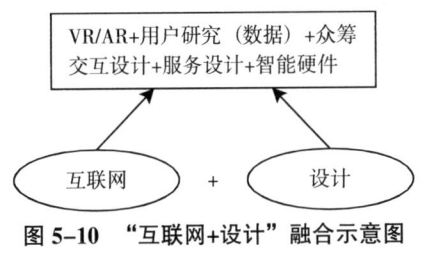

图 5-10 "互联网+设计"融合示意图

以瑞德设计的一款方太水槽洗碗机为例，该产品近几年来先后获得了 22 项发明专利技术以及多项国际设计大奖。其首创"智能+仿真手洗"的清洗模式，集洗碗机、水槽、果蔬净化机于一体，开创了中国厨房的机洗时代。一台小小的洗碗机揽获众多荣誉的背后，是一种匠心精神，5 年时间，40 个城市实地调研，1000 户家庭深度洞察，186 个创新概念方案，255 个原型机测试。方太水槽洗碗机一边是水槽，一边是洗碗机，还可以作为果蔬净化机，开创性地跨界"三合一"设计顺应了中国人家庭习惯。不仅如此，方太水槽洗碗机还开创了"智能+仿真手洗"的清洗模式，99%的农药残留经过洗碗机超声波后都可以剥离。同时，采用涡轮式离心洗涤技术，在不用任何洗涤剂的情况下，依靠加温、超声波与水流冲击洗涤，实现高效清洁。方太水槽洗碗机的问世，全面扭转了传统欧式洗碗机的劣势，真正打造"中国人自己的洗碗机"。

三、制造业和互联网"融合"未来展望

1. 世界主要国家的制造业和互联网"融合"

目前，争夺全球制造业发展主导权的几个国家各有所长。美国互联网技术发达，但是产业空心化严重。美国打出工业互联网的旗号，实质就是把产业优势从信息化层降维到工业自动化层，让信息化行业的标准成为制造业标准，继续领跑全球制造业。德国用工匠精神打造了世界第一机械制造强国（隐形冠军企业众多），但是由于市场规模的限制，互联网产业发展滞后。德国工业 4.0 就是要把产业优势从工业自动化层升维到信息化层，通过完善 CPS 系统，巩固制造业强国地位。

从我国的情况来看，2015 年、2016 年，国务院先后印发了两个 28 号文件：《中国制造 2025》和《关于深化制造业与互联网融合发展的指导意见》。前者提出，建设制造强国的主攻方向和途径是制造业和互联网的融合。

当前，以互联网信息技术、大数据为代表的新一轮重大技术进步将推动一系列原创新产品的诞生，广泛分布于人工智能技术、新材料技术、智能制造技术、物联网技术、大数据分析技术等行业。我国制造业必须跟上全球科技进步、先进制造业发展的步伐，坚持高质量发展，重塑我国制造业的全球竞争力，而这一切离不开我国制造业开展大规模的产业创新。

2. 未来展望

当前，以互联网为基础的数字技术融合注定将改变制造业领域的很多方面，这些技术包括高端机器人和人工智能、先进传感器、云计算、物联网、数据捕捉和分析、数字制造（包括 3D 打印）、软件（即服务）和其他新的技术、智能手机和其他移动设备、利用算法引导控制汽车的平台（包括导航工具打车软件、快递和打车服务、自动设备等）。所有这些技术、设备和模式都将嵌入全球价值链中，许多国家中的企业都可以共享。当这些技术结合起来的时候，就能将实体世界和虚拟世界完美融合。这种改变将大大强化全球生产组织方式，即将软件的可替代性和速度引入大规模的机械化生产中。这种形式的技术基础设施仍处于开发的早期阶段，但是它正在推动制造业的转型。

目前，互联网及大数据已经在五个方面改变商业，包括管理/运营决策、商品策略改进、模式/产品/服务创新、精准营销、供应链优化。所谓数据和商业的关系，过去叫商业智能，今天这个概念已经发生了很大的变化。在以互联网为基础平台的情况下，如何重构未来商业，是受到广泛关注的问题。当然，目前国内所说的"互联网+"更多还停留在消费领域，比如说社交平台、金融等，所谓的"互联网+"的创新也集中在这些方面，没有很好地进入制造业并带动转型升级，也没有带来真正的技术创新。可以看出，我国"互联网+"与制造业融合还处于初级阶段，未来从互联网到工业 4.0 有很长一段路要走。

第四节 工业4.0背景下互联网如何推动产业融合创新

一、制造业与互联网融合阶段以及融合的必要性

1. 制造业和互联网为何要融合

我国既是制造业大国,又是互联网大国,我们推动制造业与互联网融合是要把这两个产业的优势进行叠加,即把互联网的创新要素、创新作用不断融入到制造业的全过程和产品的全生命周期,通过互联网的融入,不断提高每一个环节生产要素的配置效率,从而形成创新动力。

(1) 产业创新的需要。制造业和互联网的融合给我们提供了一个新的视角,融合过程实际上是持续创新的过程,需要长期投入,从根本性的技术与产品创新开始,才能从根本上完成新兴产业的形成。

(2) 制造业和互联网融合,是一个复合创新过程。制造业和互联网的融合,带来的创新不光是技术创新,更重要的是商业模式市场开拓创新的成果。这样的成功创新更依赖于企业与市场的互动,依赖于政策环境的宽松。

(3) 弥补单一产业的产学研不足。过去以为产业化主要是产学研结合就够了,笔者认为这个观点是值得商榷的。产学研合作固然重要,但单一产业的产学研往往很难解决制造业转型升级这么庞大的课题。

(4) 制造业转型升级和培育自主可控现代产业体系的需要。当前,我们还处在一个产业体系的结构性陷阱当中。由于需求不足、产能过剩,加上全球的竞争,传统产业正在加速下滑;而新兴产业成长的速度很快,但在国民经济当中的比重较小。这就使目前以制造业为代表的产业体系处在"结构性的陷阱"中。这就是我国制造业转型升级的根本问题所在,唯有

跨出这样的陷阱，上海乃至全国的制造业才有可能走上高质量发展之路。

总之，制造业与互联网的融合发展进入深水区。互联网在制造业应用中的技术辅助工具和信息分享渠道角色已经发生根本性转变，以互联网为核心生产力和创新要素的制造业新形态正在加速形成，贯穿制造全过程、产品全生命周期、全产业链的模式创新全面铺开，为促进制造业新旧动能转换、新旧体系迭代更替提供了内在动力。

制造业和互联网融合的过程具有阶段性的特点，当前阶段制造业和互联网融合的表现可以概括如下：

（1）制造业企业研发管理的网络化、平台化，实现异地同步研发，实现开放式共享研发。

（2）互联网与制造业在营销方面的融合，将通过信息透明，打破传统渠道代理的信息不对称优势，降低交易成本，提高交易效率。营销工具网络化（如将产品信息放在云上共享）将降低营销门槛，加快营销人员的培养，提高营销能力。品牌传播更具针对性，客户群也可以迅速实现指数级增长。

（3）产品智能化并网络化，物联网的运用将提高对产品的运行、保养的管理水平。

（4）制造业企业后台管理部门也可借助互联网实现管理审批网络化，提高管理效率。例如，财务系统一体化管控可以对异地分公司的经营预算、现金流等进行实时监控。

对于互联网的融合，我们很大程度上还停留在第一阶段的认识和应用，但目前也取得了长足的进步，包括近几年在产业互联网和商业领域的应用等。如"找钢网"等产业垂直整合平台短短几年营业收入已达几百亿元，2008年入围中国民营企业500强。此类企业会越来越多，商业领域将出现以消费者价值为起点的互联网动态整合者，全面超越以厂商服务为起点的阿里模式和怡亚通模式，以及以卖场思维为起点的京东模式，携消费者之威以令厂商，推动商业体系彻底洗牌。

2. 制造业与互联网"融合"的必要性

（1）产品或服务的销售互联网化。消费品或服务，一定是品牌和质量优先。品牌和质量意味着利润空间较大。销售渠道的互联网化，形成了更强的垄断，对于每个互联网平台来说，实际上形成了对生产者的更大的议价能力，进货价格更低，剥夺了更多的生产者剩余。

（2）互联网改变了我们的生活方式以及企业的运作模式。对于消费者而言，互联网无疑降低了信息搜索成本，并提供了电子支付等便捷工具，使购物和生活更加方便。对于企业而言，一方面，互联网改变了厂商与消费者之间的关系，重视用户体验的厂商将获得消费者的青睐；另一方面，互联网改变了企业内部的组织形式，在组织层级变得更加扁平的同时，决策权越来越向一线员工转移。在互联网时代，各行各业的企业都要结合行业自身的特点，利用互联网技术来改造、重组自身的业务流程，行业也面临着重新洗牌的过程，那些能够把握机遇的企业将成为行业新的领导者；反之，原先的领导企业极有可能在时代浪潮中掉队。

（3）考虑企业内外部发展环境的重塑。一方面，互联网使社会信息传输的数量、质量、速度、透明度均实现了跨越式发展，倒逼制造企业提供更好的服务。另一方面，互联网对企业来说，使公司治理方式更加扁平化、节点化、一体化、网络中心化，传统的董事会、监事会、股东会等方式在互联网冲击下或许要进行重塑，互联网让企业的信号传递更加便利快捷，倒逼企业重视信用建设和产品质量建设。

总之，制造业和互联网融合将会彻底改变商品及服务生产和分配过程。这对一个国家乃至全球的工业图景都会产生影响。因此，上海也必须抓住这个近在眼前的重要机遇。

3.制造业与互联网融合的本质

互联网化对传统产业的改造主要体现在时间和空间两个方面。一方面，通过信息化和互联网化的即时、多端口、同平台信息共享沟通，实现数据实时更新和纠错，达到定制生产、精益生产和精准营销的目标，减少社会资源错配和浪费。另一方面，在空间地理距离方面，互联网化可使产业链中研发设计生产销售突破时空限制，有利于研发设计等无形商品和服务要素快速实现全球分享，从而为全球创新链的连接提供物质基础和硬件条件。

进一步分析，制造业和互联网的融合，本质上就是实现"联结和互动"。比如联结，是指物理世界和互联网世界连在一起，也叫"在线"。互联网技术的三个发展阶段（PC、移动、物联网）代表联结日益广泛的进程。现阶段，在联结层面，制造业企业的运营管理逐步实现移动化。比如，企业使用"钉钉"进行流程审批，发起电话会议，以提升工作效率；比如互动，是指在线之后，人与人、人与物持续联动。互联网产品三个发展阶段（Web 1.0、Web 2.0、Web 3.0）代表互动日益紧密的进程。制造业企业的产品经理与用户深层次互动，从而真正了解用户痛点；应用C2B（Customer to Business）模式，实现需求定制化和零库存。

制造业和互联网的融合，对制造业在技术研发、营销品牌推广、销售渠道等方面的影响非常大。制造业与互联网的融合越来越深入。特别是物联网的发展，使制造业走向智能制造，更是离不开互联网产业。当然，两个产业相互融合，相互促进，很难说是哪个主导。对制造业企业来说，把握互联网物联网经济新机会，完全可以实现弯道超车和换道超车。制造业和互联网的融合所带来的不仅仅是新技术新产品，更重要的是带来新的商业模式，由此为制造业带来更多更大的市场机会，也带来超越的机会。

二、互联网如何寻求突破及推动产业融合创新

1. 制造业与互联网融合现状与问题

消费者随着收入水平的提高和消费理念与偏好的升级，追求消费的个性化已经成为现实与趋势。消费者不再满足现行制造业所能够提供的标准化产品，这些标准化产品在今天的消费者看来仅仅是凑合着用，由于满意度越来越低，传统的标准化生产方式已经或将要被淘汰，新一代非标准生产方式即将诞生，这一新生产方式可能就是新一代智能制造生产方式。在这一过程中，离不开互联网，离不开信息技术，离不开智能制造设备，因为互联网已经是采集消费者需求信息、需求偏好、需求行为等方面最好、最经济的平台，依托互联网可以展开海量信息数据的加工处理。同时，互联网又是海量信息快速传递的最佳通道，智能制造设备可以依据处理后的

数据信息，进行判断、分析、自我调整、自动驱动生产加工，保持品质，最后生产出个性化产品。

2015年，普华永道（Pricewaterhouse Coopers，PWC）调研了26个国家超过2000家工业制造企业，包括航空和国防、汽车、化学制造、电子、工程建筑、森林产品、造纸、工业制造、金属、交通和物流等行业。在这次全球工业4.0调查中，1/3的受访者认为他们的公司已经较好地将制造和数字技术融合，72%的受访者预计到2020年可以实现较高的融合。这一发展态势表明企业预期工业4.0水平提高之后能够实现较好的商业回报。

在传统的生产—消费模式下，企业（主要是指生产最终消费品的企业）和消费者之间的关系是企业主导生产和销售，消费者处于被动地位，缺乏主动权。互联网的迅速普及使消费者从线下消费向线上消费变迁，由被动接受转变为主导消费。在移动互联网时代，消费者通过实时、泛在化的比价、购物、交易、评价等一系列活动，更看重极致的购物体验，生产者和消费者之间主导地位的更替进一步凸显——企业价值链主导权已从生产商、流通商转到消费者手中。企业必须尽早适应并主动变革生产与组织方式，以适应这种革命性的变化和挑战。工业机器人、物联网、大数据、3D打印……一系列前沿性科技正在普及和应用，但中国制造业市场更像是还处在概念炒作阶段，企业对这些智能科技应用积极性不高。中国工业企业的智能制造潜力如何进一步激发？

2. 如何寻求转变和突破

随着互联网向工业领域的渗透，互联网与工业融合的新模式新业态层出不穷，成为传统企业抢抓互联网发展新机遇、构建竞争新优势的战略选择。中国制造业数字化刚开始，智能制造作为《中国制造2025》的支撑点和方向，其实现基础在于数字技术与工业制造业的深度融合。可以说，中国数字化发展现状在很大程度上决定着企业的智能制造战略能否成功。在麦肯锡全球研究院的一份名为《中国的数字化转型：互联网对生产力的增长与影响》的研究报告中，提出以IGDP指数来衡量互联网对中国GDP的拉动作用，其统计结果显示中国的数字化进程已经走在了一些发达国家之前。

目前，一些发达国家的网民与人口已高度重合，全球70多个国家的网民占总人口数的比例超过50%，美、德两国互联网普及率（即每百人中的网民数量）均为82%。我国上网人数也在不断增长，根据中国互联网络中心发布的2018年互联网发展报告，截至2018年12月，我国网民规模为8.29亿，全年新增网民5653万，互联网普及率达59.6%，这些都为我国本土制造业数字化转型奠定了基础。换个视角看，我国制造企业端对于数字化转型的拉动作用仍有巨大空间，尤以工业企业最为显著。

"互联网+"会不会是一种新的范式，这是一个值得我们思考的问题。中国要逐步构建成新实体经济，形成新型的生产服务系统核心的智能制造新技术，如智能装备、嵌入式电子、智能系统与软件控制、智能定制生产和在线控制系统、资源和产品、服务配送、技术等。现在的互联网大部分是人与人的沟通，通过人与人的沟通，从服务领域开始，逐步涉及生产领域。

面对扑面而来的融合创新大潮，工信部发布的《信息化和工业化深度融合专项行动计划（2013~2018年)》重点部署了"互联网与工业融合创新行动"，要求深化互联网在工业中的应用，加快工业生产向网络化、智能化、柔性化和服务化转变。随着此项工作的深入开展，一批又一批创新活跃的企业不断涌现，对实践创新驱动发展起到了良好的示范作用。互联网与工业融合创新也成为"两化深度融合"最具活力和代表性的新方向。

3. 互联网如何推动产业融合创新

随着工业4.0在全世界的普及，新兴国家可能会受益最多。它们可以利用数字化技术在水平整合方面提高效率，和全球制造业厂商合作；同时，通过更紧密地和工业4.0平台合作，从而能够接触到更多的潜在客户。当然，尚未解决的问题依然存在，这也是全球化近一个世纪的进程一直遇到的新挑战和新风险。现在，我们站在新技术普及的边缘，挑战和风险将会来临，而且其形式将不同于以往。传统制造企业选择路径数字化能力对于企业向工业4.0发展至关重要，提升数字化能力需要花费时间，也需要集中资源，采取渐进的路径是很重要的。但是必须反应灵敏和统筹考虑，这样就不会丧失相对竞争对手的先发优势。

第五章 互联网与制造业融合发展

我们已经很难预计未来人工智能在互联网的推动下会对整个产业体系产生什么样的影响。在眼下的中国产业领域，互联网产业最是风光无限。我国的互联网经济不可谓不发达，多的是各种各样的平台，"互联网+实体经济"，这个加法做起来已属非常不容易。互联网与制造业融合创新，并推动新模式新业态不断涌现，将催生出多技术多业态融合的生产与服务系统。如基于传感网络、GPS、云计算、大数据等技术融合的智能决策服务平台，已经在汽车、装备等领域开始应用。未来智能电网、分布式能源、信息技术等多技术融合的能源互联网也可能从想象变为现实。

同时，互联网的影响在传统领域产业链由下游向上游拓展，互联网与制造业的融合基本沿着产业链由下游向上游推进，而消费品行业面对着多变的消费需求，最靠近消费者，因此互联网给消费品行业及与之密切相关的零售业带来的挑战是其他任何行业所无法企及的。可以说，互联网首先引起的是消费品行业的变革。事实上，消费品行业的变革最明显，正处于由深入向引领过渡的阶段，主要表现在以生产者为核心的生产组织模式从大规模集中生产转向按需制造、个性化、柔性化生产。

三、互联网与制造业融合发展的突破探索——以智能制造为例

1. 消费者个性化需求崛起

我国正处在一个消费者追求美好生活，即消费需求与消费习惯已经或正在发生巨大变化，同时以智能化、大数据、互联网为代表的新技术革命正在爆发的新时代，新技术革命与消费变化将促进形成新型经济体系，即基于新一代互联网的智能生产服务体系。这一体系的核心是新一代先进制造业，即为了实现智能化大规模个性定制的生产与服务，满足消费者全新的个性化需求。

目前美国、德国等制造业强国已从自身的优势领域切入到此轮新工业革命中，它们在积极寻求智能技术智能制造等方面的进步，引导生产方法与模式的创新，进而谋求在未来全球产业体系与产业分工体系中成为有竞

争力的领导者。应该说,近年来在创新驱动发展战略指引下,我国先进制造业和新兴产业的发展卓有成效,但目前在国民经济中的比重还较小,而且有些产业核心技术与发达国家有相当大的差距,部分高端产品价值链的核心环节还掌握在发达国家企业手中。

2. 智能制造兴起

随着德国"工业4.0"、美国"工业互联网"、"中国制造2025"的出现,世界各国纷纷提出新一代制造理念。2015年5月19日,国务院颁布《中国制造2025》(国发〔2015〕28号),部署全面推进实施制造强国战略。文件明确提到将通过政府引导、整合资源,实施"国家制造业创新中心建设、智能制造、工业强基、绿色制造、高端装备创新"五项重大工程。智能制造作为推动我国制造业转型升级的重要手段,已经成为人们热议的话题。那么,智能制造到底指的是什么呢?

智能制造的定义为:面向产品的全生命周期,以新一代信息技术为基础,以制造系统为载体,在其关键环节或过程中,具有一定自主性的感知、学习、分析、决策、通信与协调控制能力,能动态地适应制造环境的变化,从而实现某些优化目标。那么,智能制造如何落地?

"中国制造2025"有两条清晰的主线:第一条主线是我们的生产方式走向智能制造;第二条主线是我们实现的路径是两化融合、两个技术的融合。那么,两条主线会走向什么地方?很显然,智能化的产业形态应该是最好的概括,但是今天有太多的概念,如工业4.0等。其实,美国"工业互联网"、德国"工业4.0"、"中国制造2025",其实质是完全一样的。我们将会走向一个集新的生产环境和新的供给能力为一体的新的制造形态。在这里笔者想说的是,当我们在看走向何方的时候,我们一定要想一想从2.0、3.0到4.0。也就是说,4.0是在2.0和3.0之上的,机械化不是4.0,自动化也不是4.0。尤其是3.0不是4.0这句话,我们一定要高度重视。我们生产线的智能化是3.0,不是4.0。智能化在3.0技术之上,整个企业所有的链环和整个生态环境的全部,通过信息技术、信息和工业技术、物流结合起来,全面提升效能。但这样的全面提升效能,首先企业是做不到的,所以要探索企业如何整个变成智能的工业产业。

全球正在掀起一场制造业变革的"大浪潮",数字化、智能化是制造业未来发展的必然方向,无论是德国政府提出的"工业4.0"战略,还是中国政府的"十二五"规划,都强调了"工业化"和"信息化"融合的重要性。

3. 智能制造:从个性化定制到互联工厂

当前,智能制造热度很高,石化、钢铁、机械装备制造、汽车制造、航空航天、飞机制造等行业纷纷开始探索建设智能工厂。《中国制造2025》明确提出要推进制造过程智能化,在重点领域试点建设智能工厂/数字化车间,这必将加速智能工厂在工业行业领域的应用推广。预计未来3~5年,全国将涌现出一批智能工厂。

同时,智能工厂是实现智能制造的重要载体,主要通过构建智能化生产系统、网络化分布生产设施,实现生产过程的智能化,这个过程就是典型的制造业和互联网深度融合的过程。如企业基于CPS和工业互联网构建的智能工厂原型,主要包括物理层、信息层、大数据层、工业云层、决策层。其中,物理层包含工厂内不同层级的硬件设备,从最小的嵌入设备和基础元器件开始,到感知设备、制造设备、制造单元和生产线,相互间均实现互联互通,并以此为基础,构建了一个"可测可控、可产可管"的纵向集成环境。信息层涵盖企业经营业务各个环节,包含研发设计、生产制造、营销服务、物流配送等各类经营管理活动,以及由此产生的众创、个性化定制、电子商务、可视追踪等相关业务,并在此基础上,形成了企业内部价值链的横向集成环境,实现数据和信息的流通和交换。这些共同构建了一个智能工厂完整的价值网络体系,为用户提供个性化定制和全程解决方案。

在家电、服装、家居等距离用户最近的消费品制造领域,企业发展智能制造的重点在于在充分满足消费者多元化需求的同时实现规模经济生产,侧重通过互联网平台开展大规模个性定制模式创新。智能工厂建设模式包括如下几个方面:①推进个性化定制生产,引入柔性化生产线,搭建互联网平台,促进企业与用户深度交互,广泛征集需求,基于需求数据模型开展精益生产。②推进设计虚拟化,依托互联网逆向整合设计环节,打通设计、生产、服务数据链,采用虚拟仿真技术优化生产工艺。③推进制造网络协同化,变革传统垂直组织模式,以扁平化、虚拟化新型制造平台为纽带集聚产业链上下游资源,发展远程定制、异地设计、当地生产的网络协同制造新模式。

第六章 设计、制造与互联网"三业"融合创新与转型升级

第一节 背 景

当今世界正在发生着巨大而深刻的变革。科技与产业创新、市场需求、消费结构与形式、企业经营模式与业态、社会服务与治理方式、公共与国防安全格局等都发生了前所未有的变化。移动互联网、云计算、大数据、生物工程、新能源、新材料等领域的新一代信息技术取得新突破。知识信息大数据成为永不枯竭、可持续发掘利用、最宝贵的创新资源。全球信息、交通物流网络、云计算、云存储、清洁可再生能源、智能电网等成为最关键、最重要的基础设施。创新创业人才和团队成为引领发展的核心动力。信息网络、清洁能源、先进材料、智能制造、绿色交通、生物医药、节能环保、天空、海洋等领域酝酿着新的技术与产业革命,将成为带动经济转型发展的新引擎、新支柱。

在此背景之下,各国纷纷出台相应发展战略,推动和刺激本国经济发展。2012年2月,美国政府推出《国家先进制造战略规划》(NSPAM),将重振先进制造提升为国家发展战略。同年3月,奥巴马提出建设"国家制造业创新网络"(NNMI)。2014年,奥巴马又宣布"制造扩张伙伴关系"(MEP)计划,在投资建设"国家增材制造研究院""数字制造和创新设计研究院"等15个研究院的同时,每年投入25亿美元推动"创客"发展,

提升美国创意创造和创新设计制造的竞争力。2013年4月德国推出"工业4.0",把信息物流网络、制造软件、智能制造系统等视为创新设计制造的核心环节,以适应网络化、智能化、个性化、定制式、绿色低碳制造的挑战,被认为是继机械化、电气化、信息化之后的新工业革命。2013年10月英国政府推出"英国工业2050战略",致力敏捷响应消费需求,把握市场机遇,提升可持续发展能力,培养高素质劳动力,重点资助建设新能源、嵌入电子、智能系统、生物技术、材料化学等14个创新中心。日本致力于发展协同机器人和无人工厂,力图通过创新数字网络、软件系统、机器人、物联网等技术,抢占未来"智慧制造"的制高点。全球金融危机和经济衰退,促使发达国家调整科技创新与产业发展战略,强化创新引领,重振高端智能制造和实体经济,提升现代服务产业。

经过40年的改革开放,我国已成为全球第二大经济体。220余种大宗工业产品产销量列世界之首,是第一货物贸易大国,已成为举世公认的制造大国。我国科技与产业创新能力快速提升,但整体而言,发展方式依然粗放,高速发展主要依靠要素投入、低劳动成本,还付出了巨大资源环境代价。由于低价竞争、结构趋同、盲目发展,落后产能严重过剩。随着生产要素成本上升,制造业利润微薄,创新投入不足,竞争力下滑,一些企业经营困难,濒临亏损。我国创新创造能力与发达国家相比依然薄弱,多数企业仍以代工生产(Original Equipment Manufacturer,OEM,也称定点生产)和跟踪模仿为主,具有自主知识产权的基础、核心技术缺失,更缺少自主设计创造引领世界的产品、工艺技术装备、经营服务新业态、著名跨国企业和国际品牌。传统发展方式难以为继,我国经济和中国制造仍处于全球经济和产业价值链的低中端,还不是制造的强国,更不是设计创造的强国。

我国经济发展已进入新常态。《中国制造2025》明确提出,未来5~10年是我国产业结构升级,发展方式转型的关键时期;是从跟踪模仿向自主创新创造,加快建设创新型国家的跨越时期;是实现"三个转变",向"两个中高"转换攀升的攻坚时期;是信息化、工业化、城镇化、农业现代化同步协调发展,全面建成社会主义小康社会的决胜期。

第六章 设计、制造与互联网"三业"融合创新与转型升级

在这样的背景之下,作为创新创造的重要路径,工业设计的价值被推到了前台。工业设计已经成为工业产品生产、加工、销售等环节中不可或缺的一个重要环节。设计在创新上的作用日益凸显(Creusen,2011;Janell & Montoya,2011),尤其是大多数全球创新领先公司日趋重视基于设计的创新,将其作为主要的竞争战略,设计逐渐进入人们的视野。

第二节 "三业"融合创新概念提出与机理分析

一、工业设计与转型升级

本土传统制造企业如何实现可持续发展是理论和实践亟须解决的课题,在经历了改革开放40年来的第一阶段的快速发展之后,传统制造企业已走到了"十字路口"。中国正经历重要转型升级的关键点,或者更准确地说是"拐点",社会经济逐步告别短缺而走向丰裕,消费结构也出现变化。因此,转型升级已经上升到国家战略层面,升级压力和诉求,也成为本土传统制造企业的一种常态。当前,全国各个行业都在谈转型升级,"中国企业到了非转型不可的时机"。

随着信息技术不断发展,人类社会进入数字时代。传统制造企业管理数据呈爆炸式增长。同时,新一代信息技术与产品、服务的融合发展超越了传统创新管理理论的边界,不断增加的组织流程和产品的数字化,以及层出不穷的技术创新模式和应用场景出现,正在改变许多的产品与服务形态。数字化的新技术和新组件向产品和服务创新过程的渗透与融合,极大扩张了传统意义上的产品与服务创新的功能、意义和内涵,并给产品生产、使用和消费过程带来社会性影响。

与此同时,全球制造业格局正在重新洗牌。美国提出重振制造业,法国、西班牙等欧洲国家也开始力推"再工业化战略",抢占高端制造领域。

德国"工业4.0"展现了一个全新的工业蓝图,即在一个"智能、网络化的世界"里,创造新价值的过程逐步发生改变,产业链分工将重组,传统的行业界限将消失,并会产生各种新的活动领域和合作形式。同时,伴随现代化大工业生产的发展,工业设计已经成为工业产品生产、加工、销售等环节中不可或缺的一个重要环节。设计作为一种紧密关乎生产、消费、文化与用户体验的全面整合方法更是在这场变化中首当其冲。尤其是大多数全球创新领先公司日趋重视基于设计的创新,将其作为主要的竞争战略,设计进入了人们的视野。

为此,我们要思考一个关键问题:在互联网、大数据和人工智能等新兴技术迅猛发展大背景下,本土传统制造企业发展到一定阶段,进一步发展或升级遇到瓶颈时,如何突破束缚和制约,实现传统制造企业从低端向新兴制造等高端转型升级和未来可持续发展?为回答这些问题,本书提出设计、制造与互联网"三业"融合创新的概念,并阐述"三业"融合创新的必要性、内在机理和发展路径,从而为本土传统制造企业实施新兴制造转型和"赶超"策略提供理论分析和实践指导。

当然,工业设计与制造业有着天然的依存关系。作为制造业的重要环节,工业设计在科学技术变革、消费需求演进过程中,在微观上影响着企业的产品研发方向,在宏观上影响着人民生活品质和国家产业经济的发展。与发达国家相比,当前中国工业设计产业处于一个较浅的层次,产业分支较多,还没有形成完整的"产业链"。如设计价值链主要以中低端为主,国内工业设计公司多数处于设计服务价值链的中低端,仅有少数的国内设计机构承接高端设计业务,尤其在汽车、飞机、轮船、装备制造、机械等行业的高端设计上,外国设计公司占有绝对优势,我国仍处于弱势地位。全球设计服务业强国仍然是以英国、美国、意大利、德国等发达国家为主。

因此,仅仅靠设计与制造业的融合,或者仅仅依靠工业设计,还很难实现由"中国制造"向"中国创造"转变。转型升级可以视为一个企业或经济体迈向更具有获利能力的资本和技术密集型经济领域的能力的过程,也就是从低附加值向高附加值能力提升的一种演化,需要整合内部知识和

第六章 设计、制造与互联网"三业"融合创新与转型升级

外部知识,通过新的产品、新的技术、新的管理方式提升企业绩效。

二、工业设计承上启下与"三业"融合创新概念提出

1. 创新模式演变与"三业"融合概念提出

(1) 创新模式演变。

自从熊彼特提出创新理论以后,创新的驱动力一直是一项重要的基础研究内容,并对创新政策产生了重要的影响。早期的创新驱动力理论集中于创新的供给和需求在创新中所起的作用,其中供给就是技术,需求就是市场。近几年,国内外学者对产学研和协同创新的研究逐渐兴起,以产学研合作为核心的合作创新模式正逐渐成为企业突破自身资源和能力限制从而实现创新的重要途径(Hoang & Rothaermel,2005;Hiroyuki,2007)。埃茨科威兹(2009)提出"三螺旋模型",即由大学、企业和政府三种类型的机构所构成的三螺旋结构成为区域、国家及跨国创新系统核心。

20世纪90年代中期创新管理研究的学者提出了网络创新的概念,认为创新是一个需要结合竞争者、供应商、经销商等各方力量的系统工程。目前创新管理研究的代表性理论尚无定论,如开放式创新提出将创新资源的获取扩展到更为广泛的层面,领先用户、供应商、研发机构、高校等都可以是新知识的来源,而获取新知识的方式也可以是直接学习、外部项目、合作研发等。国内外学者对协同创新模式也进行了讨论。Srivastava 和 Gnyawal(2011)指出,企业要想实现技术能力优势,必须把技术与内部资源等创新要素协同起来,以此推动突破性创新;Tidd J.和 Bessant (2013)对企业内外部因素对协同创新效应的内涵进行探索;解学梅和徐茂元(2014)提出协同创新机制与协同创新氛围有关。

总之,各种相关创新研究不断深入,研究领域不断扩大,层次不断细化,创新平台的概念应运而生。例如,Kline 和 Rosenberg(1986)提出了"知识平台"思想,认为多个知识在不同层面积累,随后在融合交叉中创造新知识,从而形成一个"新"平台。Antonio 等(2015)认为,产业创新平台具备创新、商业服务和价值链信息提供等职能。谭清美等(2015)指

出,传统产业创新平台存在创新动力不足、成果转化效率低等问题,并通过构建新型产业平台功能框架,界定参与主体职能范围与合作路径,提出平台领导权的分配思路。

(2)设计驱动创新。

尽管技术能力和市场能力对于企业绩效的重要性在很多研究中得到了肯定,它们也是经典的创新耦合模型的基础,但随着苹果、三星、斯沃琪手表、星巴克、特斯拉等一大批新兴公司成为行业最耀眼的创新企业,越来越多的学者认为在传统的技术推动和市场拉动促进转型升级之外,还存在设计驱动型升级的第三种创新模式(Verganti,2003)。基于设计驱动创新概念的理论探索,把设计定义为处于主导地位的各种创新的单一整合,相关研究出现了一个高峰,使其成为和"研究""开发"相类似的重要创新理论。

和现有的创新理论相比,设计驱动式创新所关注的知识不再是科学技术知识,而是社会文化方面的知识。较多学者认为,关于社会文化趋势的知识最主要来源于企业外部,主要包括设计机构、独立设计师、艺术家、社会组织、社会学家、人类学家、市场营销人员、媒体、消费者等,这些主体被称为社会意义的"诠释者"。目前,设计驱动型创新理论是最具代表性的创新理论之一,也是创新研究最前沿的成果。不难发现,这种从企业外部获取创新所需知识的逻辑和开放式创新是一致的。同时,当设计遇到互联网、大数据等,新思维驱动下的设计创新,将改变和波及设计的认知视野、生活方式等方方面面。互联网等新兴技术融入到人性化的设计品位之中,设计的"艺术"与"科学"双重属性也将引来一系列观念性的革命(罗昊、何人可,2017)。

可以看出,现有转型升级理论研究呈现大量、丰富和步步递进的特点,无论是创新、创新网络、协同创新和产学研,还是设计驱动创新,包括在实践方面都积累了好的探索和基础。当然,现有研究也存在不足:其一,无论是创新网络还是产学研研究,合作网络形式级别较低,合作机制不完善,成果转化率低等问题突出。各个创新系统零散和自成体系,像一个拥有众多"创新岛屿"的群岛,集成和融合创新涉足不多。其二,在互

第六章 设计、制造与互联网"三业"融合创新与转型升级

联网、大数据等新兴技术背景下,对设计创新驱动模式,以及传统制造业融合创新研究也不多,较孤立地分散在"设计+制造""互联网+制造"等融合创新方面,没有跳出现有单一制造产业,到多产业融合更大层面去考虑融合创新,从而缺乏活力和持续创新的源泉。

2. 工业设计、制造业与互联网"三业"融合创新概念提出

当前,我国正处在一个消费者追求美好生活阶段,即消费需求与消费习惯已经或正在发生巨大变化。同时,以智能化、大数据、互联网为代表的新技术革命正在爆发的新时代,新技术革命与消费变化将促进形成新型经济体系,即基于新一代互联网的智能生产服务体系。这一体系的核心是实现智能化大规模个性定制的生产与服务,满足消费者全新的个性化需求,这一体系的核心是新一代新兴制造业。

一方面,互联网、大数据和人工智能等新兴技术目标是建立一个高度灵活个性化和数字化的产品与服务生产模式,把客户和产品的独特性融入设计、配置、订购、计划、生产、运营和回收阶段。因此,必须在新一轮工业革命中抢占先机,提高制造竞争力。早在 2013 年,我国工信部便制定《信息化和工业化深度融合专项行动计划(2013~2018 年)》(以下简称"两化"融合),推进我国第三次工业革命的网络化与工业化深度融合,使互联网与工业应用在采购、设计、生产、销售、客服等多环节融合,大力发展互联网,将互联网与传统产业融合,进一步提高生产效率,推动产业升级,提高我国服务水平及竞争力。

另一方面,工业设计在我国转变经济发展方式的大背景下被寄予厚望,中国的设计产业迎来了新的发展契机。2014 年发布的《国务院关于推进文化创意和设计服务与相关产业融合发展的若干意见》中指出,"设计服务与相关产业的融合发展"是"支撑和引领经济结构优化升级"的重要抓手,是实现由"中国制造"向"中国创造"转变、建设创新型国家的重大举措。

随着互联网已经渗透到经济、产业以及社会民生等各种物体和环境中,尤其是制造业已经进入互联网时代,任何产品的突破性创新和盈利能力都是与互联网联姻的产物。很多时候,大家都觉得传统产业转型升级跟

大数据并不相关,实际上传统产业在互联网经济和大数据时代最大的改变就是效率和服务方式发生了变化。区别于传统商业和"互联网+"结合形成的商业模式颠覆,互联网其实是新的工具,能让企业更快速地面对市场和服务。之前的"传统制造+互联网"依然停留在表面,设计加入之后,就成为沟通彼此的桥梁。同样,之前的"设计+传统制造"也仅仅停留在诸如外观或美化的设计初级阶段,"互联网+"进来之后,让设计找到新的支点。可以说,工业设计在互联网和传统制造业升级之间,相互搭建了很好的桥梁,互联网与工业设计共同为传统制造业转型升级插上两翼。设计或互联网等服务经济真正与制造企业实体经济融合发展的转型升级战略如图 6-1 所示。

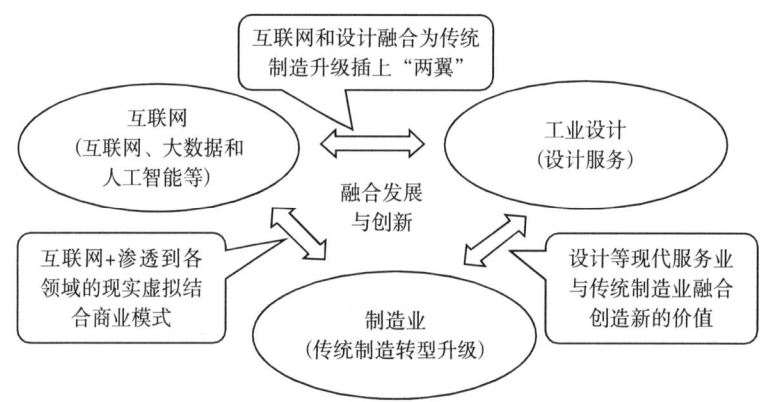

图 6-1 互联网、设计与制造业"三业"融合与创新

可以看出,互联网、设计分别搭建桥梁,互相借力,成为支撑和引领传统制造业转型升级的重要抓手。无论是"互联网+制造业",还是"设计+制造业"的"两业"融合创新与转型升级都有不完善和考虑不周全的地方。只有"设计+互联网+制造业"在一个平台融合创新,才可以真正实现融合。

为此,在"设计+制造""互联网+制造"等融合创新基础上,本书进一步提出工业设计、互联网与制造业"三业"融合创新概念。面对新一轮产业革命,转型升级的方向应该是以传统制造业为基础,与现代生产服务业互相融合的创新产业体系,如围绕工业设计和"互联网+"为主的创意和

第六章 设计、制造与互联网"三业"融合创新与转型升级

大数据等相关产业,协同演化和创新助推"高端高效"。通过"三业"融合创新,抓住新一轮新兴制造业发展机遇,在提升制造业核心竞争力上求得突破。当然,无论是互联等新兴技术,还是设计驱动创新理论都是刚崭露头角的理论前沿,依然存在诸多不成熟的地方。"三业"融合创新概念提出最根本的一点,就是突破过去单一制造产业阐释的局限性,跨越多产业间的界限。

当然,"三业"融合创新中的"互联网"不是简单的"互联网+",而是包括以互联网、云计算、大数据、物联网和人工智能为代表的新一代信息技术。同时,这些技术在设计、制造和商业环境中融合应用,各有分工且相互支撑,形成了新时代工业设计产业技术层。

3. 传统制造产业融合创新与新兴制造转型升级逻辑

从"三业"融合创新视角看,以互联网、大数据和人工智能为代表的新技术革命以前所未有的速度改变着人类生活,企业经营环境呈现复杂多变和不确定性增加的趋势,新兴制造业发展的核心就是关注现在与未来消费新变化。设计、互联网与制造业"三业"融合创新本质上就是基于设计视角的创新思维来思考这种新变化,包括整合来自技术、市场和用户需求、产品语义的知识嵌入和融合。从传统制造到新兴制造的转变如图 6-2 所示。

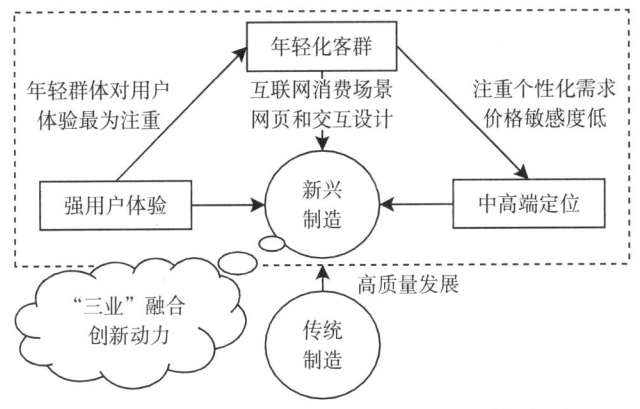

图 6-2 传统制造产业融合创新与新兴制造转型逻辑

当今世界正在发生着巨大而深刻的变革,传统制造与新兴技术的产业融合会带来新的产业革命,并成为带动制造业向新兴制造业发展的新引擎、新支柱。美国、德国等制造业强国已从自身的优势领域切入到此轮新工业革命中,它们在寻求引导智能技术、智能制造等方面的进步,引导生产方法与模式的创新,进而谋求在未来全球产业体系与产业分工体系中成为有竞争力的领导者。"三业"融合从创新演化的视角出发,打破各产业间边界,为我国传统制造业转型升级提供了迎接新工业革命阶段的重要平台,可使我国传统制造业在互联网、大数据和人工智能等新兴技术上在关键发展阶段不至于在起点和起步上就落后于发达国家。通过工业设计、互联网和传统制造业的深度融合,促进传统制造业与新兴产业技术的跨界融合和广泛应用,催化制造业变革,创造新兴制造业新格局。

三、"三业"融合创新的内在机理

1. 共性问题与共性技术

2015年5月国务院发布的《中国制造2025》提出,要加快建立以创新中心为核心载体、以公共服务平台和工程数据中心为重要支撑的制造业创新网络,面向制造业关键共性技术,建设一批重大科学研究和实验设施,提高核心企业系统集成能力,促进产业向价值链高端延伸。其中,转型升级就是共性问题,对应的工业设计可以视为共性技术之一。

同时,互联网也是共性技术。在传统的生产—消费模式下,企业(主要是指生产最终消费品的企业)和消费者之间的关系是企业进行大规模生产,以产定销,消费者处于被动地位,缺乏主动权。然而互联网网民数量快速攀升改变了供需双方主导地位。在互联网,尤其是在移动互联网的爆发式发展推动下,生产者和消费者之间的关系发生了根本性的变化。线下消费向线上消费习惯的变迁以及高性能移动终端设备的普及,使消费者变得见多识广、积极主动,由被动消费到主导消费,从而导致企业价值链主导权从生产商、流通商转到消费者手中。可以看出,互联网、工业设计与传统制造业融合创新就是共性技术助推转型升级这个共性问题(见图6-3)。

当然，这也是 2013 年工信部制定"两化"（信息化和工业化）深度融合基础上的进一步延伸和拓展。

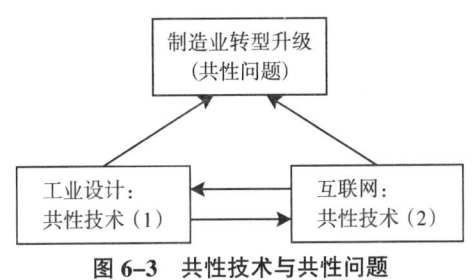

图 6-3 共性技术与共性问题

2. 基于用户思维视角的融合与创新：需求侧寻求制造业转型升级突破

移动互联网时代来临，互联网开始向传统行业和企业的营销、研发、设计、制造等环节渗透，对推动制造企业转型升级及培育新的业态发挥了积极作用。企业、市场与用户的互动程度和范围极大扩展，互联网与工业融合的新模式新业态层出不穷，正在不断重塑产业组织与制造模式，并重构企业与用户关系。互联网引发传统产业变革的最根本原因是互联网时代消费者的消费行为及习惯发生了巨大变革。进一步回归到商业的本质，就是需要真正找到用户的痛点，找到用户的普遍需求，为客户创造价值。

一方面，从互联网视角来看，互联网思维的核心就是用户思维，就是在（移动）互联网、大数据、云计算等科技不断发展的背景下，围绕用户，对市场、对产品、对企业价值链，乃至对整个商业生态重新进行审视的思考方式。企业必须尽快调整战略，主动变革生产与组织方式，以适应革命性的变化和挑战。移动互联网的爆发式增长为企业更好地满足消费者需求提供了有利条件。企业可借助移动社交营销、大数据等新业务新技术实现与用户精准互动，推进定制化、柔性生产、快速响应，从而有效降低库存，实现专业化、细分化的长尾效应，满足消费者多样化的需求。总之，互联网引发的企业与用户间关系的变革已成为传统产业变革的最根本原因。

同时，互联网思维也是一种价值观，是一种逆向思维，最关键的问题不在于"是什么"，而在于给出"为什么"的理由。互联网把传统渠道不必要的环节都拿掉，让服务商和用户、生产商和用户更加直接地对接在一块，用户的喜好和热点能快速通过网络反馈。同时，互联网行业从业者把所有的时间和精力都投入到对"人"的了解上，他们一直努力了解用户心中的渴望，需要什么，不喜欢什么，什么样的东西能引起用户的情感波动，什么样的东西又能激发出用户内心深处的好感。

另一方面，从设计视角来分析，设计也面临从产品到服务—用户思维的转换。产品和服务是有本质区别的。比如，以前汽车制造过程可能包括设计画草图、制作三维图、生产模型、标准化量产、市场推广运营、渠道的维护以及售后的服务等。但现在不再仅仅是生产汽车，而是通过人与人的连接和沟通，把服务做起来，好比Uber、滴滴打车等产品就是这样的思路。从做产品到做服务，是帮助用户实现从产品到服务的思维转换。对设计这个核心概念的认识有一个过程。过去认为设计是外观、造型，是一种美化工作，这种观念是亟待扭转的，现在的趋势是认为设计是一种思维方式，是一种解决问题的方法（见图6-4）。

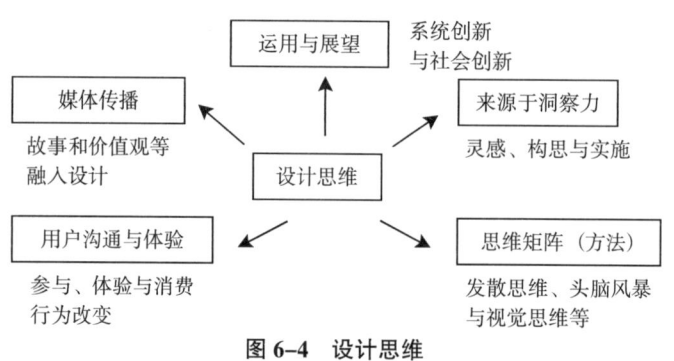

图6-4 设计思维

在互联网与大数据时代，随着消费者个性化日益突出，企业竞争逐渐从以产品为中心转到以顾客为中心（如从4P理论到4C理论），强调顾客需求，权衡顾客购买支付的成本与顾客的交流，以及考虑顾客便利性和体验（Lauteborn，1990）。消费者是企业一切经营活动的核心，企业重视顾客要甚于重视产品。企业首先要了解、研究、分析顾客的需求与欲望，而不是先考虑企业能生产什么产品。传统的营销组合4P（产品、价格、分销、促销）理论只是从企业角度出发来制定营销决策，而忽视顾客真正价值需求的问题，美国市场营销专家劳特朋（1990）提出了4C理论，强调企业在市场营销活动中首先应该注意的是围绕客户需求的4C研究。

以制造业为例，从产品阶段到品牌的体验营销阶段是一步跨越，但在体验营销过程中，目前急需一种展示设计的手法（Dramaturgy），即在空间里讲故事，让参观者参与到展览中来，与之产生沟通与互动，才能真正达到品牌体验营销目的。如何设计一种有效的展示设计手法，使自己体验的方案实现一种有效的沟通（Communication）呢？因此设计需要满足受众三个层面的感知：第一个层面的感知是吸引力（Attraction）；第二个层面的感知是互动（Interaction）；第三个层面的感知是信息（Information）。也就是说，你的空间映像或主视觉给人一种吸引力，使受众愿意进一步与你的展品发生互动，在互动的过程中，对你的展品或品牌有进一步的了解，即设计就能同时满足"吸引力+互动+信息（互联网大数据）"，从而实现"视觉层面+互动层面+内容层面"。这就是典型的"三业"融合下的用户思维。

随着人们生活水平的提高，越来越多的用户需求表现为潜在需求，所以就更加表现出需求的导向滞后。"三业"融合创新，从需求导向来说，就是围绕"用户"来推动制造业创新，并借力设计业和互联网，使用户思维发挥得淋漓尽致（见图6-5）。当然，基于互联网的用户思维也是一个发展的阶段过程。传统的互联网用户思维，是因为品牌聚集一群粉丝，通过粉丝影响其他潜在消费者；而现阶段的互联网用户思维更多表现出社群思

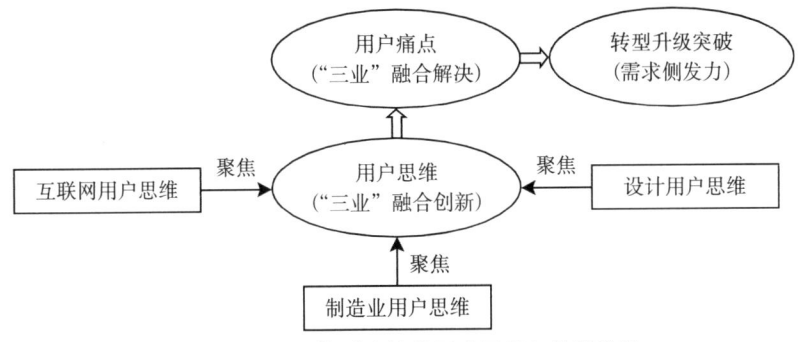

图6-5 "三业"融合聚焦用户思维与转型升级

维,用户因为一款产品而聚集,互动形成社群,然后用户深入参与到产品设计和开发传播中,提供他们的智慧,解决社群痛点,最后因社群的发展而成就品牌。这个过程,也是设计+互联网+制造业"三业"融合过程中的聚焦用户思维。

一般来说,用户思维有两个维度:一是用户参与。互联网和大数据时代强调用户的核心作用,产品设计要充分考量用户的意愿,由用户参与设计,有效捕捉到用户需求来完善产品设计,这是互联网时代产品和服务设计的设计趋势。二是需求前置。把握住了用户需求就把握住了市场。进一步分析,可以看出现在正流行的大数据思维主要从两个维度进行描述:一是定量描述,不仅销售数据、价格这些客观标准可以形成大数据,甚至连顾客情绪(如对色彩、空间的感知等)都可以预测,大数据包含了与消费行为有关的方方面面;二是相关预测,消费者行为的不同数据都有内在联系,可以用来预测用户偏好,并通过大数据所带来的信息帮助制定设计和市场策略。

3. 基于叠加创新视角的融合与创新:供给侧寻求制造业转型升级突破

为了适应消费者的转变,传统制造企业需要借助互联网、大数据、云计算、社交、移动等新技术推动企业转型,从而帮助企业更好地满足消费者的需求。"三业"融合创新,实质就是知识网(跨学科知识和跨学科学习)、价值网(设计和制造+用户)、互联网(大数据和精准营销等)的叠加创新平台。在这个创新平台上,实时关注用户需求,把握用户需求的变化,快速迭代创新,并构筑"设计+互联网+制造业"创新生态,目标就是对传统制造业产业链重构及对高附加值环节再造的先进制造业培育(见图6-6)。由传统的技术层面的创新转型向商业模式和商业变革深入,各产业各行业领域和企业融合以至全面集成创新演化,从而有利于当代中国经济发展方式的转变,有利于产业结构优化升级,以及我国制造业国际竞争力的提升。

与西方发达国家衔接有序发展模式不同,我们不能按照正常顺序走转型升级道路,不能等到工业化和转型升级完成之后,再发展互联网和工业设计产业,毕竟我们的工业设计、互联网等在起点、进程和水平上都落后

第六章 设计、制造与互联网"三业"融合创新与转型升级

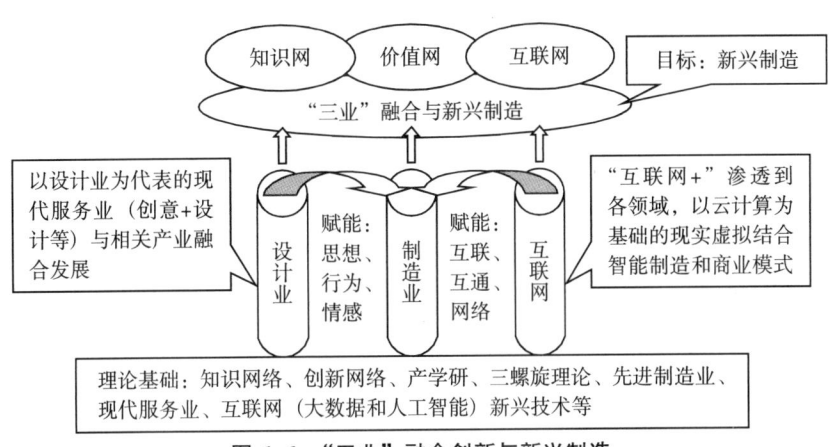

图 6-6 "三业"融合创新与新兴制造

于西方发达国家。这就要求我们在转型升级和融合发展上走与发达国家不完全相同的发展衔接模式。"三业"融合创新，就是根据国内和国外、历史和现实的背景、环境、条件做出的选择。"三业"融合创新是集成叠加式创新，是"设计+互联网+制造业"在一个平台上构筑的创新生态，目标就是重构传统制造业产业链及培育高附加值环节再造的新兴制造业。

为了适应消费者的转变，传统制造企业需要借助大数据、云计算、社交、移动等新技术推动企业转型，从而更好地满足消费者的需求。其中，设计业更多地体现为思想赋能、行为赋能和情感赋能，以互联网为代表的新兴技术更多地体现为互联、互通和网络等赋能，共同赋能推动传统制造业向新兴制造转型升级。同时，由传统的技术层面的创新转型向商业模式和新兴制造深入，各产业各行业领域和企业融合以至全面融合创新。当然，"三业"融合创新谁为主体不重要，可以是制造企业、设计企业或互联网企业。这个过程中，政府起辅助作用，市场才是推动融合创新的源泉，使之真正有利于产业结构优化升级，提升我国制造业的国际竞争力。

一方面，从互联网视角来看，在移动互联网时代，对于品牌营销来说，用户不再是单纯的受众，而是已经完全参与到品牌的塑造与传播中，成为品牌的推广者。过去"以产品为中心，以实体店为中心"的传统零售分销模式，已经被新一代的"以用户为中心，以互联网电子商务为中心"的全渠道体验模式所取代。企业要跟随用户的脚步，在全渠道为用户提供一致

性的体验（情感和人文精神），深入到用户精神层面寻求认同（见表6-1）。

表6-1 从产品到品牌再到人文精神

时代	工业时代	品牌时代	互联网时代
关注点	产品	顾客	顾客与人文精神
企业目标	销售产品	维护与顾客关系	让世界变得美好
价值主张	功能性	功能+情感	功能+情感+精神

另一方面，从设计视角来看，如何重新定义品牌的理念和价值主张？如何将品牌的消费部落打造成粉丝们温暖的精神家园？如何激发粉丝的激情和参与欲？设计师需要在互联网背景下，回归原点重新进行思考、评价和定义。为何越来越多的人开始喜欢传统和简约产品，愿意共同参与或进行共创性消费，尤其是支持和声援先进理念的产品或经营模式？比如，豆瓣网上一种来自贵州山区的米酒，其原始的工艺和产品，获得很多消费者的认同和行动支持。同时，消费者也追求自己动手和稍稍加工的个性化消费，以及有社会性一面的消费，如支持节电节能和绿色主张的产品，或是星巴克公平贸易认证的咖啡豆等。

今天，中国制造业有很多产品无论是销量还是产量都是全世界第一。但为何我们拿不出一件类似LV品牌的产品，而德国却有2000多件。我们有数量以及质量，但为何没有品牌？是设计出现了问题？设计的主战场就是与制造业结合，互联网也是如此，这样才能真正实现产业的价值。未来制造业转型升级的源泉来自设计与创意，设计目的应该是产业价值和生命的质量。这也符合当前消费升级的发展趋势。设计不但文化内涵丰富，还在潜移默化中影响着人们的日常生活。在这个随处可见电脑、手机、可穿戴设备的时代，我们需要什么样的设计和什么样的文化？这需要我们不断静心反省才能实现未来的赶超。

少就是多，简约的设计风格能让用户一分钟就喜欢上你的产品。1997年苹果公司接近破产，乔布斯回归，砍掉了70%的产品线，重点开发四款产品，使苹果起死回生，即使到了现在，iPhone也只有寥寥数款。同时，设计和文化的碰撞，总是个有趣的话题。以人为本才是好设计，设计是一

第六章　设计、制造与互联网"三业"融合创新与转型升级

个时代的表现形态。它与时代的发展理念、生活方式、生产力水平等融汇在一起,与文化背景和人文风貌密切相关。设计是品牌文化的载体,品牌文化是设计的源流。文化随着时代的发展而发展,其形态可以保存在那里,作为我们创造和继承的参照。当然,我们不能把过去时代的形态,丝毫不动地照搬过来用在设计之中。

综上所述,叠加创新的过程也是跨界合作的过程,设计和互联网能实现跨界和跨分工合作。以设计为例,其纵向涵盖空间、平面、数字媒体、建筑、工业、美学等,横向与心理学、营销学、科技、社会学、哲学等联系(见图6-7)。

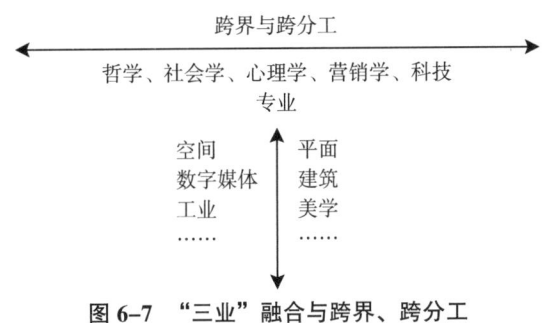

图6-7　"三业"融合与跨界、跨分工

围绕跨界和跨分工合作,"三业"融合创新平台,还会衍生出一系列后继渐进性创新并形成创新群,从而引起新产业的成长。这一过程也是持续创新过程,好比是"创新海绵",不断吸收和改造其他行业最新发展的技术,最后形成自主创新的能力——关于产品、服务、流程和商业模型的新想法。这就是"三业"融合带来的叠加创新(见图6-8)。

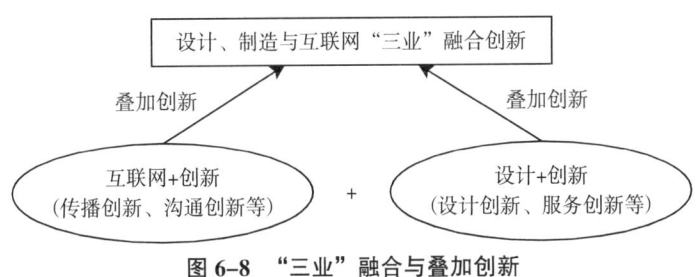

图6-8　"三业"融合与叠加创新

设计、制造与互联网"三业"融合创新与制造业转型升级研究

"三业"融合创新从供给侧角度来看,也是一次供给侧的产业政策创新。推动互联网、设计服务等与制造业深度融合,就是推动制造业乃至中国经济的转型升级,这也是制造业的"供给侧改革"。供给侧创新,不是简单的政府和企业、产业的关系,而是政府、市场和企业、产业的关系。随着互联网的发展,未来产业与产业的边界是互相融合的,无论是互联网还是设计,实质都可以是服务业嵌入到制造业,形成制造和服务的互相融合。从新型实体经济的视角来看,"三业"融合创新也是围绕以制造业为代表的基础性产业,延伸出消费者需要的新型"服务+制造"的产业。这样的体系,可以把综合性制造生产和服务结合在一块。它是一种模块化的分工,跟现在的分工不一样。现在的分工按照产品、工艺等制造流程分工,而模块化的功能,主要按照功能来分工,但又是互联互通、集成的网络状的产业体系。通过供给端制度改革,最大化发挥设计、互联网类服务企业在产业转型升级中的创新润滑剂和促进剂的"巧"作用。同时,也可以改善市场环境,为这类设计类、互联网中小企业创新发展扫清障碍,发挥创新型企业的市场中坚作用,以战略新兴产业为方向,以创新型企业为抓手,最终培育出一批具有价值链控制力的制造企业和产业。

第三节 "三业"融合创新与转型升级的必要性与可行性

为何提出"三业"融合创新的概念?无论是"两化"融合或"三业"融合,都是在工业4.0背景下,以大数据、云计算、移动、社交等技术为主要驱动手段的工业革命,本质都是颠覆传统转型升级模式的转变,这些转变的发生,归根结底是新时代消费者需求的变化。被信息技术武装到牙齿的消费者已经变得非常主动和特立独行,他们需要个性化地被对待,他们参与到战略、研发、生产、执行各个环节中。因此,"三业"融合创新核心目标是快速适应消费者的转变,从以产品为中心到以需求和体验为中

第六章 设计、制造与互联网"三业"融合创新与转型升级

心,帮助企业更好地满足消费者的需求。

一、传统制造向新兴制造转型:"三业"融合创新

1. "三业"融合创新与新兴制造

在新一轮科技革命与产业变革浪潮下,传统产业正经历高速渗透的新互联网经济引发的新模式和新业态。互联网、大数据和人工智能等日益成为重要生产要素,柔性制造产业和知识密集型产业在国民经济中占据越来越重要的地位,人们的生产生活开始追求便捷化、知识化和智能化。产业形态的突变以及消费终端的多元化追求,严重冲击着传统产业的现有运行模式,并正在瓦解传统产业经营良久的产业链和利益链。传统制造业不是夕阳产业,只要通过技术改造,以战略融合、模式创新为突破点,就可以形成强大的市场竞争力,融入现代产业体系(刘志彪,2016)。

传统的创新链往往重视单一产业的能力(如技术、市场等)。在新兴技术来临,并日益强调美学和洞察的产业竞争环境下,"三业"融合,技术、市场和设计能力并重。单一制造企业很难在创新方面突破,需要不断从服务业(包括互联网、工业设计等现代服务业等)的创新中寻找突破,充分调动各方积极性和充分利用各种资源创新合作模式(吴义爽,2014)。近年来,越来越多的学者将企业服务创新作为重要竞争手段来参与市场竞争(赵武等,2016)。

新兴产业发展与传统产业升级存在着密切的联系。Han等(2006)的研究表明,随着产业结构优化,知识网络密度增加,新兴产业与传统产业的知识连接越来越活跃,因此,新兴产业与传统产业的互动越来越重要。熊勇清和李世才(2010)构建了两者的耦合关联和持续发展模型。随着创新活动的日益频繁与复杂化,创新链的模式也随之演化。创新链研究也相应从关注线性关联向重视网络关系演变(见图6-9)。无论是工业设计服务业还是互联网、大数据等一样为制造业提供全方位高附加值服务的现代服务业,都是以知识创新链为动力,以提供高附加值的价值链为目标,构成促进制造企业不断创新与发展的服务体系。哈佛大学两位教授Gary P.

Pisano 和 Willy C. Shih（2014）认为存在"产业公地"现象，离开具体的制造业，高端服务业连研发设计都没有灵感。

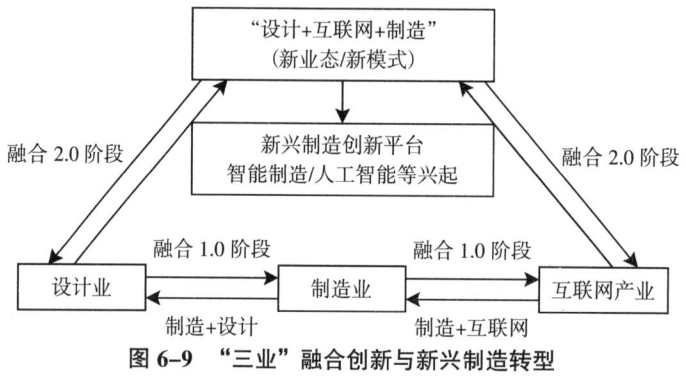

图 6-9 "三业"融合创新与新兴制造转型

当前，我国制造业正处于产业转型升级的关键时期。推动工业设计、互联网和制造业"三业"融合创新，能进一步催生新业态和新模式发展，能促进制造业向新兴制造转型、引领产业结构调整、创造经济新增长点等战略功能，已成为广泛关注的理论共识。与传统单一制造业的二维模式相异，"三业"融合创新，实际上需要多产业、多维度赋能和融合创新的引领，从而在互联网、大数据和人工智能背景下，进一步丰富传统的创新理论。以 2014~2017 年中国工业设计最高奖——红星奖为例，在近 1000 项获奖作品中，有 40%以上的作品背后都有"三业"融合创新的影子。

2."三业"融合创新助推人工智能等新兴制造转型升级

智能制造既是全球制造业的发展方向，也是我国落实工业化和信息化深度融合、打造制造强国的战略举措。随着以智能制造为核心的制造业变革被广泛关注，发达国家和地区都在积极部署，加快推进传统制造向智能制造发展。以近年来越来越引起关注的人工智能为例，人工智能已经成为国际科技竞争的新焦点，并将作为新一轮产业变革的核心驱动力，进一步释放历次科技革命和产业变革积蓄的巨大能量，创造新的强大引擎，推动智能经济和智能社会发展。目前，人工智能的发展大体可以分成计算、感知、认知、思维四个部分。如果把人工智能类比成电力，现在真正做人工智能的有三类企业：第一类企业是做发电的企业，如芯片、传感器等；第

第六章　设计、制造与互联网"三业"融合创新与转型升级

二类企业是把人工智能用在具体的垂直领域和设备上，能够使人方便使用，如智能家具、家电等；第三类企业是把前面产生的智能通过人机交互方式，使产生的智能、信息和服务能够被轻松使用，如输电，一般都聚焦在人机交互平台。

当下，人工智能产品越来越多，机器不仅执行我们的命令，而且自己做事。这将改变用户的反应方式、行为方式以及用户对这些产品的心理预期。作为设计企业，目标就是创造出有用的、易于理解的产品，包括更符合用户个性化特征，是一种不同于个性化推荐的"个性化"产品设计。尤其是个性化推荐系统，如 Netflix 上的电影推荐，Google 翻译中的翻译或 CRM 系统中的销售预测等基于用户个性化数据的产品设计等。未来人工智能技术将进一步推动感知、决策、执行的集成化水平。当然，无论是智能制造，还是人工智能，都要传递温暖和情感，以人为本，情感是人最基本，也是最重要的生命特质。"三业"融合创新通过交互设计给予产品情感赋能，使得人工智能更具人性化（见图 6-10）。

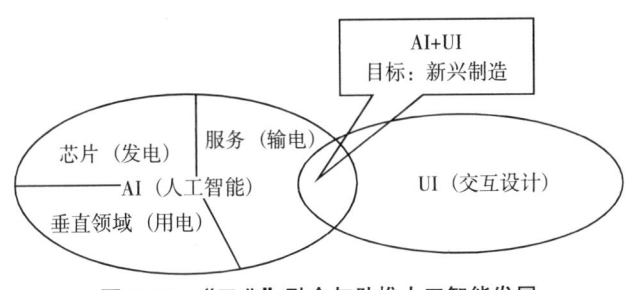

图 6-10　"三业"融合与助推人工智能发展

可以看出，"三业"融合创新带来人工智能（AI）与传统产业的结合，是机器和人的结合，不是机器与人的对立或对抗。在这个过程中，能够把比较先进的技术通过工程化和商业化的方式，让更多的人去使用，更多地去改变这个产业。当前，以人工智能为核心的智能制造技术正在悄然推动新一轮工业革命，新型产业创新平台将以智能技术系统、物联网、智能互联网及服务为基础，形成智能生产与服务网络体系，将智能设计、基于互联网的设计导入设计程序与方法中，通过产业互联网，以智能决策、智能

设计、智能生产、智能控制和智能服务等为构架形成智能生产力，有效促进传统产业技术链升级、价值链升级和产业链升级（王磊等，2016）。

二、"三业"融合创新与转型升级的必要性

1. 传统制造"三业"融合、"微笑"曲线与新兴制造创新平台

一直以来，传统制造企业转型升级较多采用"微笑曲线"两端攀升路径，即从制造转向研发或营销发展。当前，传统制造企业控制和信息处理的方式已经不能满足需要，制造业面对的不仅仅是产品设计与生产的分离，或改变制造业工作环境的智能工厂，而是从研发前端到营销末端的全方位颠覆式改变，以及从4P、4C到品牌塑造方式的颠覆，这种新的创新模式，必将导致传统制造升级和新兴制造转型，出现新业态和新商业模式。

在互联网、大数据时代，企业可以全面收集各种不同渠道产生的内部和外部数据，这些大量的结构化数据和非结构化数据中蕴藏着巨大的价值。企业可以提取消费者、市场环境、社会环境等方面的有价值的信息，从而洞察消费者潜在需求、真实需求并进行消费者精准分类、客户分析、市场分析，提前预测和改进产品的研发和生产等。Kambatl等（2014）认为，数据多样性和大数据分析可以帮助企业获得对事物的独特见解，包括与消费者之间的交易、客户关系、消费者偏好等。

"三业"融合创新，通过制造业与设计服务，互联网服务等融合演化构建集成创新模式，使制造企业不再由于缺少核心技术，被"锁定"在制造加工环节，即在互联网、大数据背景下，可以以用户需求为中心进行设计创新，找到用户的"痛点"和"燃点"进行创新。真正以用户为中心，以实践为导向，以开放创新、协同创新为主要特点的用户型创新成为新的创新形态，而这种创新形态正被企业界及实践界广泛接纳和研究。"三业"融合创新，进一步改进"微笑"曲线，使之形成闭环，激发设计的力量，"首尾"相连，从原来设计、生产、销售的线性供应链，变成由用户数据推动的环形供应链（见图6-11），从而形成一种为用户预测需求的创新模式，以创造出的全新需求诱导人们进行观念和行为上的改变，满足用户自

己都不曾想过的未知的隐性需求,实现真正意义上的颠覆式创新。

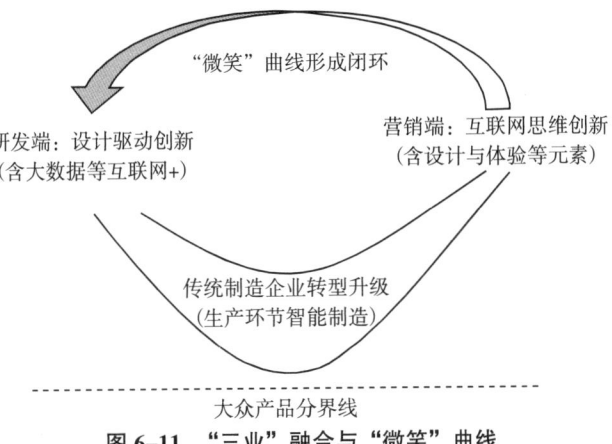

图 6-11 "三业"融合与"微笑"曲线

当前,越来越多的企业开始以用户为中心构建开放式创新社区,如戴尔的 Ideastorm,海尔的 Hope、Local Motors、Innocentive 和小米社区等,广泛吸引社会大众加入社区并关注企业产品,激励社区用户积极参与企业内部产品研发与设计活动,通过搜集并利用用户提供的创意,在提高产品开发绩效的同时,增强企业市场竞争力。以小米公司为例,其成立于 2010 年 4 月,是一家专注于智能产品自主研发的移动互联网公司。"为发烧而生"是小米的产品概念,小米公司首创了用互联网模式开发手机操作系统、发烧友参与开发改进的模式。小米手机系列新设计的概念推广,不仅早于其产品正式上市,甚至可能早于其原型产品和正式设计产生。小米公司的这种推广策略并不是独一无二的,许多以设计著称的公司都有类似的操作手法。可以看出,"三业"融合创新,正是通过工业设计、互联网等的服务产业融入到制造业当中,助力传统制造企业真正在价值链上获得一个高端的位置,推动制造业转型升级。

2. 必要性

"三业"融合创新体现了设计或互联网等服务经济真正与制造企业实体经济融合发展的转型升级战略,而不仅仅是低附加值的加工制造环节攀升到高端环节。"三业"融合创新与转型升级的必要性如下:

（1）"三业"融合创新概念的核心是回归转型升级及培育"高端高效"的先进制造业。中国传统制造现在还是以低端制造为主，直接从低端制造跃迁到德国、美国所追求的目标显然是有非常大的跨度的。我们要跳出现有的制造业模式，从"三业"融合创新视角去思考传统制造企业转型升级和价值提升。

（2）工业设计、互联网与传统制造三者并不能割裂来看，它们之间只有协同作用并构建良好的创新生态，才能成就新型工业企业并输出价值。"三业"融合能很好地推进产业创新生态，引导培育科技成果创新产业化，把产业创新与传统制造业转型升级密切联系起来。如果还是遵循传统的制造过程，而不是去发展创新生态，中国的制造业可能永远赶超不了西方发达国家。

三、"三业"融合创新与转型升级的可行性

1. "三业"融合创新与转型升级的可行性：基于大数据和知识扩散视角

互联网大数据时代，新的分析工作和思路为我们提供了一系列新的视角和有用的预测，我们看到了很多以前不曾注意到的联系，还掌握了以前无法理解的复杂技术和社会动态。同时，大数据能带来洞察，也就是测量我们的用户和我们周围的世界。伟大的物理学家开尔文曾说过，测量就是认知。在数据获取和数据机会方面，我们比发达国家要好很多。因为，市场在我们这边，制造业在我们自己这里。区别于过去的制造，现在谈的是基于数据分析的制造，这样设计和制造、互联网和制造就有更多机会。我们唯一的机会，就是拥有如同宝藏一样的数据（见图6-12）。

大数据时代的工业设计，是基于新一代信息技术的社会化的设计、制造和商业服务过程，是一个信息化、智能化、人性化的创新模式，并正在引领制造方式变革，如可穿戴智能产品、智能家电、智能汽车等智能终端产品不断拓展制造业新领域。我国制造业转型升级、创新发展迎来重大机遇。我们被大数据包围，"量化一切"并从中学习知识对于社会是至关重要的，"三业"融合创新很好地提供了知识扩散和知识学习平台（见图

6-13）。把各种各样的现实转化为知识和数据，对于今天的我们而言是新奇而有趣的。互联网大数据被用来创造新的价值。数据就像一个神奇的矿藏，当它的首要价值被挖掘后仍能不断给予。它的真实价值就像漂浮在海洋中的冰山，第一眼只能看到冰山的一角，而绝大部分都隐藏在表面之下。

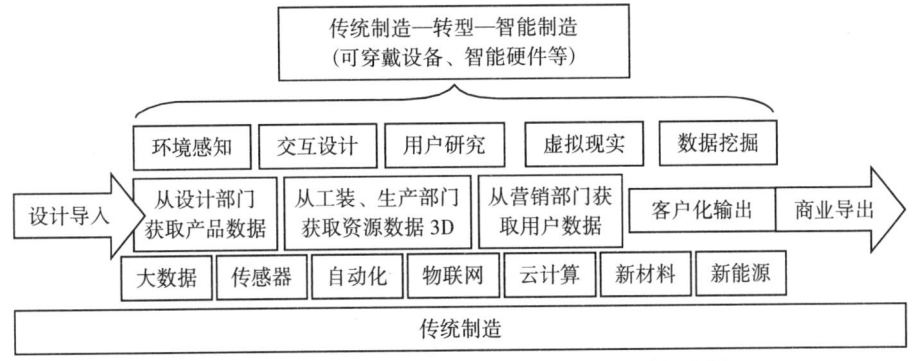

图 6-12 大数据、设计与传统制造融合发展与转型升级

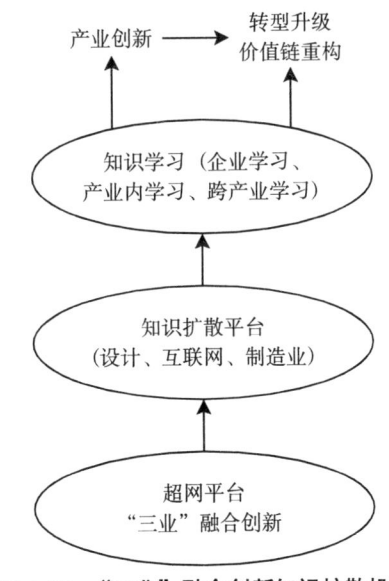

图 6-13 "三业"融合创新知识扩散机理

可以看出，设计、制造与互联网"三业"融合与协同创新机制，包括知识转移和知识共享机制、技术手段、运行平台和大数据的保障等，由此形成"超网"创新平台，从而进一步丰富演化和创新网络的理论研究。同时，从价值链重构角度构建设计业、制造业和互联网产业动态匹配的模式与路径，设计、制造与互联网"三业"融合创新也进一步在产业创新基础上形成价值链重构，从而推进先进制造业与现代服务生产业动态匹配，推动我国制造业升级。

当然，鉴于设计、制造与互联网"三业"融合创新网络要素的复杂性，知识的虚拟性和知识扩散影响因素的多元性，使得知识扩散成为最有挑战性的研究问题之一，未来将持续展开研究。尤其是结合知识网络、创新超网与复杂网络、社会关系网络的相关理论，综合运用网络动力学、数理分析等方法，深化和实证由不同异质知识子网等形成的创新超网机理，从而观察宏观扩散环境和微观扩散路径两个层次下创新网络中知识扩散的动态机理。

2. 如何建立数据库

2015年麦肯锡全球研究院发布了中国的数字化转型互联网对生产力增长的影响的报告。报告中专家提出了IGDP的概念，就是互联网经济占GDP的比重，发现中国的互联网经济发展最为迅速，甚至认为中国的互联网经济已经成功地崛起，甚至超越了美国。由此可见，互联网正在从根本上重构中国人的生活方式。随着新商业模式的不断出现、发展和壮大，产业结构也随之升级换代，形成了"互联网+"的新的业态，具体表现在以下两个方面：其一，互联网经济对传统行业的颠覆和融合。在我国目前底层技术创新能力不足的情况下，互联网行业通过商业模式的创新，对传统的行业进行了颠覆，或者说传统行业在不断地与互联网行业相融合，形成了有别于传统商业模式和新商业模式的"互联网+"的产业业态。其二，产品快速迭代且竞争激烈。互联网产品根据对市场理解的差异化，通过细分市场来把握产品和消费者，因而每一个互联网产品都要推陈出新。此外，由于互联网产品成本可控，使得产品的精益化开发、快速试错和迭代成为可能，产品更新甚至是以天来计算。就是这样近乎疯狂的竞争模式，

第六章 设计、制造与互联网"三业"融合创新与转型升级

造就了今天的互联网经济格局。

同时，大数据（Big Data）是海量、高增长率和多样化的信息资产。大数据产业是指建立在互联网、物联网等渠道广泛、大量数据资源收集基础上的数据存储、价值提炼、智能处理和分发的信息服务业，它是云计算、移动互联网和物联网等新一代信息技术创新和应用普及的产物。互联网、物联网、云计算、移动互联网、车联网、手机、平板电脑、PC以及各种各样的传感器，无一不是数据来源或者承载的方式。可以看出，大数据的价值体现在从海量且多样的内容中提取用户行为、用户数据、特征并转化为数据资源，对数据资源进一步加以挖掘和分析，增强用户信息获取的便利性，实现以产品价值为导向到以客户体验价值为中心导向的转换，客户体验的提升也正是激发信息消费的根本原因。

随着大数据成为人们生活的一部分，大数据工具变得更容易和更方便使用，越来越多的人掌握了这些技能。未来，我们可以利用数据做更多的事情，而数据拥有者也会真正意识到他们所拥有的数据财富。当然，大数据，不仅是概念，而且是具体的数据创新，需要去使用、去挖掘才有价值，才会成为"取之不尽，用之不竭"的数据宝藏。同时，数据价值转移到数据拥有者手上之后，传统的商业模式也被颠覆了。大数据成为许多企业竞争力的来源，使得整个行业的结构都发生了改变。大数据向小数据时代的赢家，包括线下企业提出了挑战。企业的竞争力不再是庞大的生产规模，异军突起的，不是数据，不是技术，而是思维观念。从微笑曲线两端来驱动传统制造业转型升级，实质是设计思维。互联网时代下的用户思维，也是大数据思维。

未来，互联网大数据不仅影响到传统制造业转型升级，甚至也会撼动国家竞争力，当制造业已经大幅转向发展中国家，大家都争相发展创新行业的时候，谁掌握了数据或大数据技术，谁就可以在全球竞争中占据优势。随着大数据能够越来越精确地预测世界的事情，我们的认知和制度会逐步习惯这样一个数据充裕的时代。当然，我们不能为数据而数据，必须合理利用，互联网大数据才会变成强大的武器，也就是进行"互联网+工业设计+传统制造业"融合创新，才能助推转型升级。

如何建立数据库？最基础的工作就是收集数据。数据收集往往和企业自身有关，比如，消费者购物习惯，服务体验的感受等，其实很多用户都愿意免费提供这些数据来换取更好的服务。目前，很多企业的数据意识有待提升，以减少数据流失。为了获得360度的客户视图，我们需要把握客户的职业数据、交易数据、互动数据和行为数据。一般来说，企业的数据主要来自四个层面：第一个层面是宏观层面数据库，主要是国家统计局数据以及相关部委的统计数据；第二个层面是行业协会数据、产业数据，以及各省（市）的区域统计数据；第三个层面是企业层面的数据，包括企业日常操作层面的数据，竞争对手、合作伙伴等数据；第四个层面是用户层面的数据等，具体如图6-14所示。在大数据背景下，传统制造企业可以战略性地运用云计算、移动、社交，掌握并预测以客户为中心的市场状况和变化趋势，并根据数据洞察生成最佳行动建议。

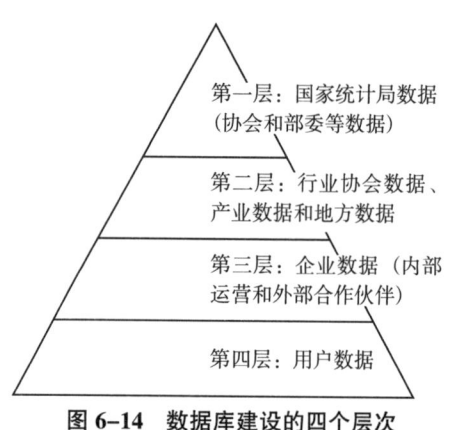

图6-14 数据库建设的四个层次

同时，在互联网经济下，大数据已经渗透到经济、产业以及社会民生等各种物体和环境中。制造业已经进入大数据时代，人人可拥有多终端的互联网时代，任何产品的突破性创新和盈利能力都是与互联网联姻的产物。中国是一个数据大国，移动互联网和云计算使中国企业面临的大数据挑战格外严峻。在今天的互联网大数据时代，数据管理对于企业获取和了解客户、提高经营效率都起到至关重要的作用。数据管理的核心任务是建立数据管理体系，选定统一的数据库平台和信息资源综合管理平台，对整个企业和产业的数据进行统一规划和应用,实现企业资源整合、信息共享,在业务流程和业务分析中充分发挥数据的价值,以辅助"三业"融合创新的高端决策支持。

第四节　结论与建议

一、主要结论

综上所述,可以看出传统制造"三业"融合创新与新兴制造转型升级是必然发展趋势,本章的主要结论如下:

(1)当下,传统制造业正在经历蜕变式的转型升级,制造业的新形态正在形成,它们开始与工业设计、互联网等服务业携手合作,跨界与融合成为重要趋势,并由此构造出由消费者驱动并深度参与的新业态和新模式。通过"三业"融合创新,一方面,助推传统制造业向价值链高端位置迈进,另一方面,互动演化也可以解决设计和互联网等服务业的虚拟和与实体经济发展脱节的问题。

(2)数字化浪潮正在席卷全球,国际国内的制造业企业都在力求转变突破,以制造业为代表的工业正面临严峻的挑战,并争先抢占新一轮产业革命的制高点。相比德国的工业4.0,由于中国独特的工业和市场的基础,我国将走上一条与众不同、独具特色的新兴制造发展道路。

二、相关建议

新兴制造转型的背后,实际上是转变我们的发展模式和发展思路。中共十九大报告提出要走新型工业化道路。工业化不仅仅是绿色、节能、环保、有资源配置效率的工业化,更是一种新的发展模式,是在新的生活方式变革、消费升级背景下，进行的新的生产方式变革（芮明杰，2013）。推进"三业"融合创新与新兴制造转型升级肯定会面临很大挑战，但也并非无路可循，可以选择的路径大概如下：

（1）在推动制造产品设计和开发的突破方面，可以尝试让用户的互动参与为研发带来价值，利用消费者的参与意愿带来更多的洞察和好处，利用外部创新的力量，避免企业文化的限制，将这些洞察及好处扩展到企业边界之外。当然，制造企业应该提供顾客参与共创价值的机会。

（2）互联网和大数据时代的来临，意味着人人都是数据的提供者和使用者，面对这种新形势，产品设计须做出相应的策略调整，企业要充分利用顾客行为数据来强化管理，通过释放顾客的想象力与创造力来增值其所提供的商品或服务，将成为企业的一项最高准则。任何一家企业都必须要有客户的数据，只有掌握360度的客户数据——不仅包括客户的职业等基础信息，还包括偏好、行为、交易信息等，才有可能帮助我们去真正获得客户洞察。

（3）"三业"融合创新，推进"设计+制造"或"互联网+制造"等服务平台建设，需要具体的企业和单位来实施和落实，实现"三业"融合创新过程中制造业服务化和服务业产品化。因此，要特别重视大量中小制造企业在"三业"深度融合中的地位和作用。新兴制造转型的主体是制造企业，应该围绕这个主体进行制度改革与政策设计，支持它们进行新兴制造模式的创新，争取全球制造业价值链的控制权。

（4）除了重视企业的重要作用，还要运用市场、政府、规划政策等手段和措施调动和发挥企业的主动性和积极性，将市场决定与政府指导相结合，通过政府搭建公共服务平台，提升社会的开放性。政府应推进"三业"融合，鼓励更多的企业参与到各级各类工业设计奖项中去，使企业投入"三业"深度融合的战略实践中。更重要的是，政府应该着力推动各类创新网络的建立与发展，形成示范效应。

第六章 设计、制造与互联网"三业"融合创新与转型升级

三、未来展望

未来,借助互联网,通过设计介入生产制造整个供应链的服务,从服务端一直到制造端上下贯通,实现线上、线下的融合。随着5G时代的来临,消费数据能够进一步实现价值创造并带来流通方式的重大变革,包括借助家用3D打印机来实现定制等。

未来5~10年是我国实现由制造大国向创造强国跨越的关键时期,要以创新设计为重要手段,促进引领创新制造、创新服务、创新品牌、创新价值,促进产业结构调整升级、发展方式转型,提升自主创新能力,这对于我国建设创新型国家意义重大。互联网经济与大数据时代的设计制造和互联网"三业"融合发展战略的制定将在以下方面发挥重要的作用:

(1)在互联网经济与大数据时代下,工业设计发展是提升企业竞争力的迫切需要。就目前的情况来看,我国大多数企业的资本实力还不够雄厚,研发投入不足,技术创新乏力,要在短时间内攻克核心技术难关有较大的困难。但这并不是说我们只能消极等待。技术是多层次的,既有核心技术,也有应用技术;既有基础技术,也有产品设计技术和工艺技术;既有原创性的知识产权,也有基于原创性知识产权而开发的二次知识产权。福特把内燃机应用到马车上,于是就产生了汽车,形成了一个巨大的产业。可见,应用技术创新投资少、见效快,是适合我国国情的技术创新道路。例如,近年来,以华为、联想、小米为代表的一批国内企业,在设计制造、商业服务设计方面取得了一定的成就。我们要继续扬长避短,独辟蹊径,尤其要发挥在互联网背景下的应用技术、设计技术和工艺技术方面的优势,通过应用技术创新,不断积累研发经验和资金,通过持续创新逐步逼近核心技术。

(2)在互联网经济与大数据时代下,工业设计发展是实现绿色发展的有效方法。互联网经济与大数据时代的工业设计以绿色、低碳、节能环保的高科技高附加值产业为基础,是发挥优势、紧跟趋势、淘汰劣势的最优策略选择。在环保形势日趋严峻的形势下,我国更需要发展现代信息科

技，以高设计、高科技、高附加值、低碳、节能环保、绿色经济为竞争模式，坚持科技之真、人文之善与艺术之美和谐发展相结合，尽快打造自己的智慧经济体系，实现智慧经济的生态化发展。

(3) 在互联网经济与大数据时代下，工业设计发展是优化人才布局、提升国家竞争力的强力手段。随着国内区域竞争日趋激烈，我国亟须建设智慧经济的创新设计体系，培养互联网经济与大数据时代的工业设计产业基地和孵化器，推动建立以技术、应用、服务为核心的创新设计产业集群，推动产学研协同创新机制建设，促进创新设计经济的全方位发展，提升我国的核心竞争力。

(4) 在互联网经济与大数据时代，工业设计的发展是智慧产业走向全球市场的必经之路。随着信息技术在全球的应用普及，市场的广度、深度、精准度也随之发展，我国互联网经济与大数据时代的工业设计所撬动并发展的智慧经济拥有了更为丰富的市场机会，我国发展互联网经济与大数据时代的工业设计是顺应经济全球化的必然选择。

互联网技术从20世纪90年代初就开始大规模应用，经历了20多年的发展，"互联网+金融"就是互联网金融，"互联网+城市"就是智慧城市，"互联网+工业"就是德国所说的"工业4.0"。也就是说，把互联网技术和工业、制造业技术更加紧密地结合起来，所带来的变化和影响是极其深刻的，也有人称之为新一轮工业革命。

以"工业4.0"为代表的新一轮工业革命，主要深刻影响如下几个方面：一是工业制造业的生产方式、组织方式都会发生一些重大变化，生产效率也会相应大幅度提高。二是新的模式、新的业态都会出现，比如说制造业服务化，因此也成为一个比较大的发展方向和趋势。在国家间的竞争力上也可能会出现一些重要的变化。因此，在这样一个大背景下，我们推进设计服务与制造业融合发展，特别是实现互联网与设计服务技术和制造业的结合，对于解决我们制造业目前存在的一些困境，实现制造业强国，是一个非常重要的抓手。

第七章 设计、制造与互联网"三业"融合创新与转型升级路径

第一节 引 言

  一直以来较多见的是"两业"融合,如"互联网+制造",或者"设计+制造业"等,也都是各个产业在不同阶段的发展形式。当然,这个过程开始有"三业"融合的迹象。如传统酒店借助互联网后,较多考虑的是如何进行线上酒店的查找、预定和付费等。但酒店的体验,不仅包括线上,也包括线下。因此,很多酒店逐步在整个互联网体验流程中植入服务设计,包括情感接触点等,不再是简单的在线网上预订酒店等功能,如最近几年民宿酒店的兴起。再比如,传统鞋类企业在淘宝上进行线上交易,输入"拖鞋",里面出现的是"拖鞋冬""拖鞋男""拖鞋女"等。现在呢?传统鞋类企业部分入驻天猫国际企业,更多的是在搜索页面输入"拖鞋",下面会出现"室内拖鞋""办公室拖鞋"等关键词,点进去也会有更多的画面、情感和体验等设计。可以看出,在电商把握上,商家要尽可能通过增加设计来符合客户的潜在需求。

  随着近几年消费升级,消费者的消费习惯也发生了重大变革,从原来的简单产品功能性需求的诉求模式到更关注品位、个性等心理满足的情感诉求,给我国传统制造产业进一步带来巨大挑战。与此同时,针对国内传统制造产品的低利润和无内涵、缺少品牌的现状,尤其是在传统产品与

"设计+"模式难以撬动市场的状况下,伴随互联网的浪潮,近几年国内各大电商纷纷尝试以 IP 和文化布局为代表的设计、制造和互联网"三业"融合创新,对传统行业中的资源进行整合利用,借助"设计+互联网+制造"的模式变革提升,带动品牌塑造和传播及抢占价值链高端,力图实现传统产品创新发展。

一方面,设计不能离开互联网,设计必须超越传统的形态,必须智能化和服务化。另一方面,互联网也要落地且必须有抓手。两者最终的核心还是依托本土制造企业,通过转型升级,改变我国制造有产品无品牌的局面。也就是说,"设计+"和"互联网+"都可以视为工具和过程,但最终目的还是服务企业,而通过"三业"融合所追求的不仅仅是单一目标。

可以说,设计、互联网和制造三者天然走到一起,共同完成推动中国制造向中国创造、中国速度向中国质量、中国产品向中国品牌转变这一使命。这点与纯技术观点不同,纯技术观点认为,无论是"设计+"还是"互联网+",都不能承载制造业转型升级这一始终难以攀升和逾越的宏大命题,"三业"融合创新与转型升级,追求的是"科技之真,人文之善,艺术之美",当然,这个过程可以先易后难,即可以从日用品、消费品和传统制造等开始切入。

第二节 设计、制造与互联网"三业"融合创新与转型升级路径

一、"三业"融合创新与转型升级路径 1.0 阶段:产品阶段

1. "三业"融合与产业链循环

设计、制造与互联网"三业"融合创新有一个逐步演化和发展的过

程,初级阶段也就是 1.0 阶段,大多表现为简单的融合创新,即围绕产品搭建创新合作的平台,以此实现传统制造业的转型升级。在这一阶段,传统制造企业走出困境的第一步应该以顾客为中心。归根结底,只有解决满足顾客需求和潜在需求这个根本问题,才是传统制造企业脱胎换骨进而破局的唯一出路。没有"顾客中心化"意识和战略实施的企业,将在随后的竞争中被"边缘化"。

设计、制造与互联网"三业"融合创新为企业提供了一个协同合作的平台。一方面能实现设计师、创意和企业的对接;另一方面能借助互联网云平台,实现设计师和创意的"云"聚集,成为创意产品的交易集散交易平台。以某设计企业在线"51design 云平台"为例(类似此类平台越来越多),其不仅有线下的旗舰店展和互动,还为用户提供了一个品牌发布和成果交易的平台,用户可以像使用淘宝一样在平台上选择和购买自己喜欢的自主品牌设计的创意产品。从而不仅实现了品牌产品的在线交易,更提供了一个设计产业创作的公共云平台,营造了一个"大家都是设计师"的品牌在线社区。通过线上"51design"平台和线下旗舰店,线上线下互动的方式,来打通设计师从作品到产品再到商品的产业链条,培养中国原创设计师和设计师品牌,促进传统制造业转型升级(见图 7-1)。

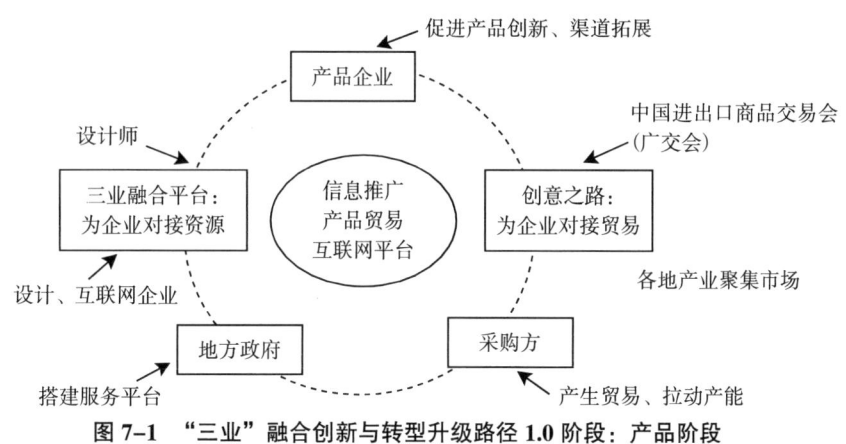

图 7-1 "三业"融合创新与转型升级路径 1.0 阶段:产品阶段

一个完整的产业链循环发展能够促进一件创意产品从创意到商品的快速转化,产业链的背后包含了设计师、有创意的设计、生产供应商、销售

设计、制造与互联网"三业"融合创新与制造业转型升级研究

渠道、媒体推广等各环节的紧密联系,从而让设计师不断了解市场的真实需求,设计出既有创意,又能与市场需求接轨的产品,真正让设计、互联网与制造形成合力,改善生活,提升生活品质。转型互联网,以及基于设计、制造和互联网"三业"融合创新,是一个很好的尝试,未来更多的行业机会将留给那些能搭上互联网的企业和具有设计思维的企业。比如,首先做到"小"而美,有自主的设计,虽然不够高端,但可以把某一点做好、做全。为应对当下日益全球化和网络化的市场,企业研发费用不断上升,产品生命周期持续缩短,市场竞争日趋激烈。例如,在2017年8月26日开幕的上海"设计之都"活动周上,就有各种创意产品的展示。这些产品的背后都包含了设计师、产品、销售渠道、媒体推广等各环节的紧密联系,并借助社交媒体进行了广泛传播,很好地体现了设计、制造和互联网的"三业"融合创新1.0阶段。

互联网时代来临,带来了设计工具、设计方式和设计思维的变革,也带来了未来设计的革新。大数据意味着人人都是数据的提供者和使用者,面对这种新形势,传统制造业的产品设计须做出相应的策略调整,如何能更好地满足顾客细致复杂的需求,使设计过程大大加快,也使产品价值更易得到顾客的认同成为产品设计策略中的重要一环。因此,用户研究和体验,以及新的设计开发模式应该贯穿整个设计过程。在互联网和大数据背景下,Google和Facebook这样的互联网巨头也开始建立自己的数据库资源并以此为基础来开拓新服务。

2. "三业"融合的案例:设计引领网红餐饮产品模式改进

"民以食为天"决定了餐饮店发展的延续性和继承性,当一个社会的物质水平不断提升,供给的产品已远远无法满足现代消费者的需求时,单单从产品本身口味、原材料、加工方法等方面做文章似乎已经到了一种无路可走的境地,人们开始对新时代下餐饮店的定位重新加以思考。要想突破传统发展道路的瓶颈,只有将发展方向与人们的饮食需求结合起来不断创新。

"喜茶""鲍师傅"横空出世在曾经深深笃信"时间就是金钱"的上海滩缔造了一个又一个史无前例的"排队神话",这番疯狂的背后似乎有一

第七章 设计、制造与互联网"三业"融合创新与转型升级路径

只无形的手在暗中推动，不断推动人潮向热点中心涌动。随着诸如"喜茶""桃园眷村""很高兴遇见你"等网红餐饮店的轮番轰炸，红极一时的弄潮儿已经颠覆了大众对一家餐饮店的常规认知。随着国民物质水平跃升到一个新高度，其背后的助推力绕不开现代人设计思维的高度发展。设计的边界已经变得模糊，与其说它意味着一个个产品和项目，不如说它代表了一个整套的问题解决方案。当传统餐饮遇上现代设计，两者的相互渗透开辟出一片全新的商业蓝海，实现着"互联网+"时代下餐饮业的"消费升级"。

"不破不立"对餐饮店的运营发展也同样适用。具有创新思维的经营者把视线转移到消费者更高层次的需求之上，将审美元素结合产品和营销手段一同打入市场，继而迅速形成一家网红餐饮店的产业链。其产业链上游是造势的重要阶段，通过时下最为流行的病毒式营销，利用公众的积极性和人际网络，任由店铺信息像病毒一样传播扩散，在最短的时间内将信息传向更多的受众。在"造势期"，餐饮店会主动和网络红人合作，通过微博推荐、微信公众号等形式进行宣传，借助他们强大的影响力将开店信息在网络上一炮打响。这样一来，在上游宣传中迅速积攒起来的粉丝群体会被有效引流至实体店进行消费。然而，线下的实体消费仍然是检验一家网红餐饮店是否名副其实的重要环节。互联网时代，所有个体都充当着自媒体的角色，消费者借助朋友圈、微博等网络平台反馈用餐感受，无论好坏都在个人社交圈内产生了影响力，无形中也为餐厅做了推广。

物质水平的提高使新一代消费群体对服务、体验等个性化的需求越来越高，于是消费者的感性体验得到了越来越多的重视。消费者体验度是对餐饮店的综合考量，他们在设计装潢、菜品改良、服务创新上寻求差异感，而差异感自然来源于商家有意打造的整体用餐环境，这是一个食物研发、装潢设计、服务流程等各方面综合性极强的设计方案。显然，消费者很愿意为这样的"体验"买单（见图7-2）。

设计作为一个顶层的思维模式，借由新媒体平台生成线上流量，将客体引入线下实体店进行消费，巨大的市场空间刺激着餐饮店铺不断革新。网红餐饮的簇拥者们是品质化生活的超前引领者，他们对差异化的高品质

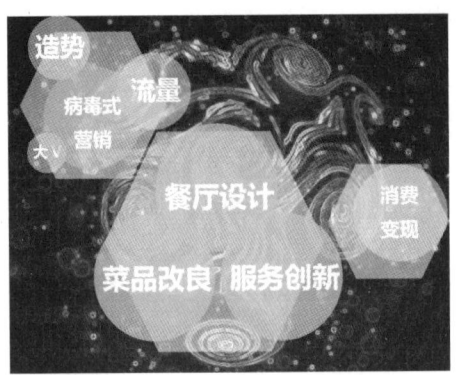

图 7-2　设计引领网红餐饮产品创新

服务呈现出强烈的消费意愿和强劲的消费能力，同时他们对新鲜事物的接受意愿借助网络被无限放大。通过实现产业链下游对中上游营销、体验的变现，设计驱动下的附加值得以化虚为实，并进一步通过设计这一核心驱动力将每个环节串联起来，形成一条完整的创意产业链。可以看出，新一代消费者的快速崛起以及收入的持续提升使需求出现了明显的更新升级，影响消费者行为的因素也正在从商品本身逐渐分散到商品、服务和内容三个维度，一家成功的餐饮店会巧妙地把营销管理、业态混合、菜品创新等各种强势资源整合，主动迎合市场构建餐饮消费品牌。下面将以网红餐饮店"桃园眷村"为例，深入探讨设计是商品、服务、内容三个维度下作用于餐饮店消费升级的本质驱动力。

模式一：商品设计视角——单品爆款+网络营销

单品爆款的关键在于充分掌握了对注意力的操控。网红餐饮店的运营者会通过操控潜在消费者对单一爆款产品的注意力，将网络热点迅速引流聚焦。当后期产品热度下降时，只需要采用新的单品热点再操纵一番，让消费者的注意力再次集中，就能重新引爆一轮热度。

软文《他在 LV 边上开了家烧饼油条店，火遍上海滩》一经推出，便火速在网络上卷走百万+流量。"桃园眷村"是一家售卖传统早点的台式餐饮店，经营者巧妙借助地理位置上的相近性，将一家早餐点心小铺提升至与奢侈品牌齐肩的高度。引爆网络的单品烧饼是烟火生活里再寻常不过的平民食物，但店铺又巧心慧思地在这个朴素的商品上做了改良，你不仅可以

第七章 设计、制造与互联网"三业"融合创新与转型升级路径

自由选择甜咸两种口味,还可以在其中添加火腿、煎蛋、金枪鱼等有别于传统套路的食材,并可根据个人口味要求厨房师傅将烧饼烘烤至不同焦熟程度。

前期集中火力的营销运作是"桃园眷村"为中期实体营运制造的浩大声势,基于线上文字图片的诱导性和新媒体强大的扩张影响力,迅速形成羊群效应,使店铺体量在短期内激增。

模式二:服务设计视角——以人为本地迎合消费者期望

顾客对单品爆款的着迷不仅来源于产品本身高度的差异化,还有其"以人为本"的服务核心理念。这实则暗合北美著名心理学家维克托·弗鲁姆(Victor H.Vroom)提出的期望理论:如果用户对产品的期望小于实际作用效果,他们就会获得惊喜感,而这种难得的服务体验会增进用户对产品和品牌的情感,品牌形象也会在公众心中得到提升。当"桃园眷村"以高出同类商品几倍或者十几倍的价格售卖大饼和油条时,它贩卖的已经不再止于一份果腹的食物,还有其背后服务所产生的溢价,这体现的是人们对饮食氛围、情怀和文化的追求。同时,消费者也会心甘情愿地为服务提供者的时间、联结等方方面面要素提供者的专业特长买单。事实上,一旦当你走进这家店铺,你就已经踏入为设计付费的范畴了。"桃园眷村"极力通过装潢打造出台式乡愁般的朴素气质——贴砖的墙面、透明的落地玻璃、成排的木桌木椅、手写的挂式餐牌等物件都让人觉得耳目一新;店内黄色暖光的运用使整体氛围更像是一家温馨的咖啡店;青春的男女服务员身着统一的素雅制服,使人觉得和善友好。这显然和消费者惯有思维里油腻喧闹的早点小铺存在着巨大差异,而这种高品质的服务体验便充分展现出了新时代下消费者超前的审美取向和生活方式(见图7-3)。

模式三:内容设计视角——高层次的品牌构建

消费从来不只是一种简单的商业行为,它向来都是融合了这个社会最复杂、最隐匿、最深刻的人性。一家想要长期维系运营的餐饮店必须思考其品牌的意义,只有成功打造出独特的消费符号,才有可能在竞争中突围。在"桃园眷村"这个案例里,吃本身已经不再是最为重要的诉求了。我们发现都市里讲究生活品质的人群更愿意走进有情调的店面空间,心甘

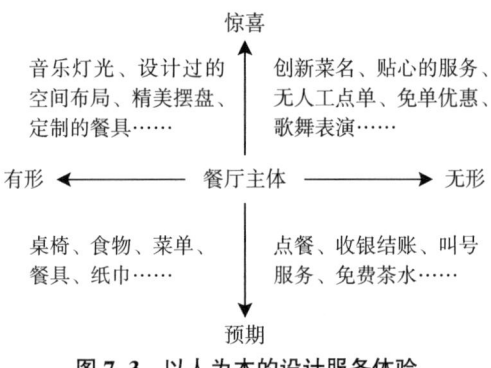

图 7-3 以人为本的设计服务体验

情愿地为豆浆和油条付出好几倍的溢价。"桃园眷村"的消费者多为 80 后、90 后，这一代是品质化生活的引领者，他们愿意花更高的价格去购买一杯豆浆、一根油条，不是因为豆浆和油条本身有什么特殊，而是因为"桃园眷村"这个品牌本身缔造的"台式乡愁感"创造了一种全新的早餐内涵，给大家提供了一种新的生活选择，让人在忙碌中也能坐下来，获得片刻享受。

网红餐饮店不断在昙花一现的旋涡里前仆后继。在竞争激烈的餐饮行业，品牌迭代得很快，年轻人会即刻对千篇一律的流水线产品产生审美疲劳。网红餐饮店转型升级不仅关乎销售模式，更关系到要重新整合打通产业链上下游，将企业理念、产品设计、服务水平多个方面塑造成一体。设计视角下餐饮的消费升级强调对产业链上下游的关注，和对整个业务流程的优化重组。通过上文对网红餐饮店发展背景、设计创新驱动作用的分析，结合目前存在的问题，提出其转型升级的改进方案。

改进策略一：丰富品牌内涵，增强消费者黏性的持久性

消费者忠诚度较低是网红餐饮店面临的巨大潜在风险，其中"重形式轻内涵"是最重要的原因，其实质是营销和产品的脱节。商家容易在网络狂欢中迷失，忽视餐饮本质，"有趣好看"不过是食物的附加值，无法成为核心。

随着越来越多以创新经营模式、装修风格和营销手法迅速"走红"的"爆款"纷纷在"食品安全"问题中倒下，网红餐饮店不再是大众一味追

第七章 设计、制造与互联网"三业"融合创新与转型升级路径

捧的对象，寿命明显缩短。如何增强消费者黏性的持久性成为维持长期发展的核心问题。事实上，任何一个被时代筛选留存下来的驰名品牌都紧密和两个字挂钩——优质。从"越来越多"到"精练考究"的过程是深挖品牌内涵的过程，也是树立品牌形象的绝佳时机。终端狂热不过是一时之兴，品牌若想风骨永存，提升整体内涵是必经之路。

改进策略二：大数据用户研究，个性化消费者需求

新消费理念迭代对商家的经营模式产生了巨大的冲击，原先一成不变、僵化的传统运营模式已然无路可走。企业要充分意识到它们面对的是一群对独特性、设计感、文化内涵等有着挑剔眼光的人群。长期盈利的愿景必须建立在及时捕捉消费者需求的变化上，并不断迎合市场变化提供满足消费者需求的服务。

在这个数据为王的时代，餐饮店需要继续以设计思维为顶层引领，辅以数据技术及时捕捉商圈数据、竞争者数据、消费者数据等多维度的数据信息，以更加全面、客观、及时的数据分析提供从上游到下游多个经营环节的科学支持，不断进行高效的优化升级。

改进策略三：设计引领下网红餐饮的可持续发展

如果说前网红时代的红利即将消失殆尽，那么后网红时代就是一场管理精细化的战役，要想获得长期可持续的发展，就需要更加合理地优化资源配置，避免盲目投入资源的浪费。运营阶段的网红餐饮希望源源不断地吸引客流，于是会在产品上不断推陈出新，需要对随之而来投入的巨大的研发费用做出更加精细化的预算。事实上，不单单是产品，从店面装修到客流线工作线设计都需要进行科学规划，要事先设定合理的预算，严格进行资金把控，防止后期营运成本不足面临倒闭风险。总之，当商业蓝海逐渐成为红海，就意味着一轮一轮残酷的优胜劣汰。面对激烈的竞争，想要赢得战役最后的胜利，离不开设计创新下品牌可持续的营运管理。国人的消费意识已从物质层面进阶到精神层面，人们迫切需要的不再是随处可见的大众商品，所以餐饮店要更加细致入微地去洞察消费者，极力跳脱模式化、共性化的设计。

二、"三业"融合创新与转型升级路径 2.0 阶段：IP 阶段

1. IP 概念的引入

过去几年来，从"黄太吉煎饼""雕爷牛腩"到小米手机，互联网时代不断出现"爆款"产品，持续引领互联网时代下的流行风向。与传统制造业相比，互联网时代下的制造业不再追求在数量上取胜，而是强调内容、品牌，以及知识产权，再结合互联网社交媒体的病毒式营销和传播，包括变现模式和生态链上的突破。传统制造业也正在创造更巨大的服务价值，尤其是在提升高端垂直内容方面的优势资源，打造领先互联网的高质营销体验。

以这两年很火的一个词"IP"为例，IP 概念一开始是在动漫领域出现的，然后在二级市场疯狂后，资本市场介入收购和交易 IP 类产品。有人说 IP 是故事，也有人说 IP 是品牌调性。真正深入探究会发现，有世界观，有品牌内容的都可以成为 IP，即从外在硬件产品开始关注软件的品牌和内容。这也与当下传统制造业转型升级相符合，只是更强调设计的参与，强调互联网的作用。

很多企业或者学者也对 IP 进行了深入思考和尝试，尤其是驱动用户购买产品的核心动力到底是什么？比如，为什么大家买到有"星巴克"字样的咖啡，或者有"SWATCH"字样的手表，就会有一种认同感或者满意感？可以看出，IP 就是被某一类有特殊形态、内容调性的内容维持住的人群。这类人群对内容和品牌有高认同感，在后续的行为转化、消费转化上表现出转化率高的特性。

优秀的 IP 应该具备的特点就是相同价值理念的人，并不断能够创造新的内容生产模式，这类内容能不断填充整个体系，使品牌故事和世界观更为丰满，从而使社群连接得更为紧密。包括如何传播，以及如何抓住新的受众等。因此，传统制造产品通过融合 IP，能激发消费者对品牌内涵的深刻感受。当然，这个过程不能离开设计和互联网带来的新媒体传播效

应。比如风靡海外的星球大战文化衍生品代表的不单是电影中的文化元素,还有消费者超级英雄的崇拜和象征,此类产品在传播流程中被赋予灵魂,逐步建立品牌效应。以中国为例,各大电影将 IP 授权商业联盟,进行电影元素的二次开发,也将电影中的特色文化融入到那些定制产品中,达到相对成本优化和较大价值链的提升,以此拉动内需增长和产业链创意升级(见图 7-4)。

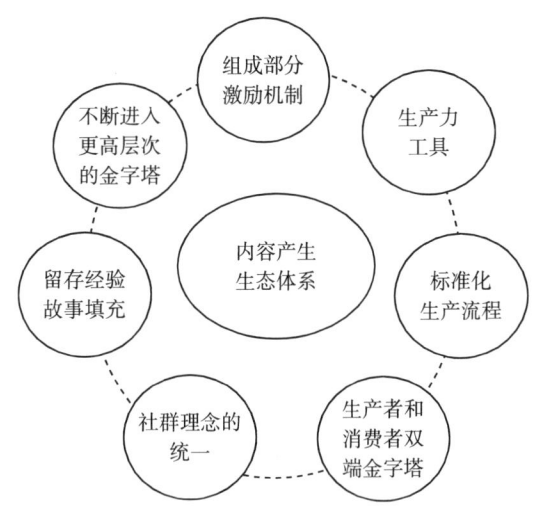

图 7-4 "三业"融合创新与转型升级路径 2.0 阶段:IP 阶段

2. 天猫与梵高博物馆以及"功夫熊猫系列"电影等 IP 的合作

2015 年,天猫与梵高博物馆开启文化衍生品合作,进行传统产品文化元素的再创造,传递出梵高作品表达出的情感,带给消费者精神慰藉和共鸣,从而打开消费者的情感诉求,提升品牌价值。2016 年 1 月 29 日《功夫熊猫 3》上映之后,阿里顺势就推出了相关 IP 衍生品设计与众筹平台(可以看作"设计+互联网+制造"的"三业"融合创新平台),既能满足消费者在观影后延续欢乐的情感,也为资金不足的参与 IP 衍生品合作的企业提供支持。《功夫熊猫 3》的衍生品开发触及的领域非常广,包括快消、汽车、金融、零售、主题乐园等,整个产业链的价值被《功夫熊猫 3》带动起来。据称《功夫熊猫 3》与合作伙伴的联合推广媒介价值近 15 亿元。如此丰盛的市场蛋糕，引诱着那些处于观望状态的产品生产商，无论是电商平台，还是线下商场零售渠道等展开全方位立体联动，数亿消费人群被触动。

无论是天猫（阿里）还是京东，几大行业领军品牌几乎都可算作第一个"吃螃蟹"的，都在充分调研的基础上引入IP版权，借助"设计+"进行IP授权的模式，全力打造文化衍生品的市场开发，并以此为支点拉动整个传统产品的创新生态链。通过文化为载体的星星之火，首先在文创产品领域带动传统制造产业燎原兴旺。可以看出，IP的文化衍生品赋予使中国的传统产业看到了黎明的曙光，相较于国外的成熟和高品质的衍生品市场还有巨大的差距，但是互联网时代是一切皆有可能的时代，中国的创意元素和丰富的文化特色将会提供丰富的IP素材，设计师纷纷跟随创意设计的浪潮，设计的底蕴和文化内涵日渐丰富，并在产品中传递出不可胜数的精神慰藉和共鸣，满足消费者日益增长的社群化差异化需求，彰显了制造业与设计结合的创意风度。同时，基于"设计+"背景下的产业和商务活动方式将形成良性循环，资金上也有众筹模式的支持，传播上有各大互联网平台，品牌特色文化会形成消费者需求圈。IP衍生品行业由点触发，借由虚拟空间传播，使得观望企业也纷纷加入IP开发热潮。IP衍生品再创作的过程中不乏融入时尚气息，遍布生活的方方面面，IP衍生品一经发布，多会成为微博、微信爆炸式转发的热点。其购买方式从传统支付到如今的微信、支付宝等网络支付，不仅带给受众丰富的体验式营销的概念，也通过创意设计和文化的融合视角，给产品带来不一样的情怀感。受众将对生活中方方面面的各种传统产品产生美好的记忆。

当然，IP中的设计是一种"再设计"，需要重新审视、理解文化背景、设计表达，也蕴含设计背后的工匠精神及促进时代的创新和进步。设计师将文化元素原本的思想与情感通过自己的设计传达给大众，让其精神和情怀以贴近生活呈现。在设计之前，需要深入了解文化背景，比如梵高、星球大战文化，确保传达出原本文化所拥有的内涵，并对此进行思考与重构。对文化概念的合理演绎、升华，是设计IP衍生品的核心。在产品设计基本流程中，对文化元素的调研应该放在首位。

第七章　设计、制造与互联网"三业"融合创新与转型升级路径

3. "互联网+"背景下腾讯动漫和 IP 合作模式

传统模式下，人们通常不会将 IP 开发作为一个综合化系统化的工程来看待，不同的工作单元缺乏必要的关联。从生产者角度来看，他们对动漫链条的掌握也不够全面，而在日本，动漫产业发展呈现出网状分布，比较之下，国内动漫产业不具备竞争优势和规模经济效应。但如今这一状态正在发生变化，国家的政策导向与支持使得动漫制作创新能力明显增强，国内动漫产业呈现出强劲的发展势头。IP 运营模式的产生和发展，离不开互联网环境的培育和支持，腾讯动漫引领的新的 IP 运营模式，使得二次元经济成为国漫的一种新趋势。

过去很长一段时间内，国产动漫都没有自己的版权，想要实现盈利，非常困难，这是由于：①侵权事件时有发生，导致原创力量枯竭，动漫作品原创能力不强。②国产动漫领域缺乏产业的商业运作模式的支撑，没有形成完整的产业链，导致客户多为低龄观众，层次不高，动漫内容枯燥单一。目前，版权意识的加强，激发了原创动力，使得国漫产业向互联网延伸，动画的受众也扩展至更广范围的其他观众群，题材变得新颖多元化也成为一种必然趋势。在商业化模式的引导下，影视和游戏产业的发展也从动漫产业寻求到了 IP 源头支撑，动漫产业盈利方式也随之发生了相应转变。

2012 年，腾讯动漫正式成立，原名腾讯动漫原创发行平台，2013 年更名为腾讯动漫。其运营宗旨是引进大量正版的日本动漫，同时推动国内动漫产业发展，提供更多优质的动漫资源。尽管腾讯动漫在国内起步较晚，然而作品内容丰富，资本实力雄厚，且 IP 运作模式非常先进，这为其快速崛起和行业优势地位的确定提供了重要支撑，对国内动漫产业的整体发展也起到了重要的推动作用。从产业布局上来看，腾讯动漫的链条体系已经非常完善，其链条板块主要有内容链、媒体链、产品链、制作合作链、品牌活动链、融合链和周边链。腾讯动漫与很多知名企业品牌、网络平台（腾讯相关产品平台）、媒体平台（优酷、爱奇艺等）和电视传媒等达成了广泛性的深度合作（见图 7-5）。

上游内容 IP 的衍生属于孵化层，是整条产业链的核心，也是同其他平台竞争的优势资源。截至 2015 年，腾讯动漫已拥有总量超过 2 万部的

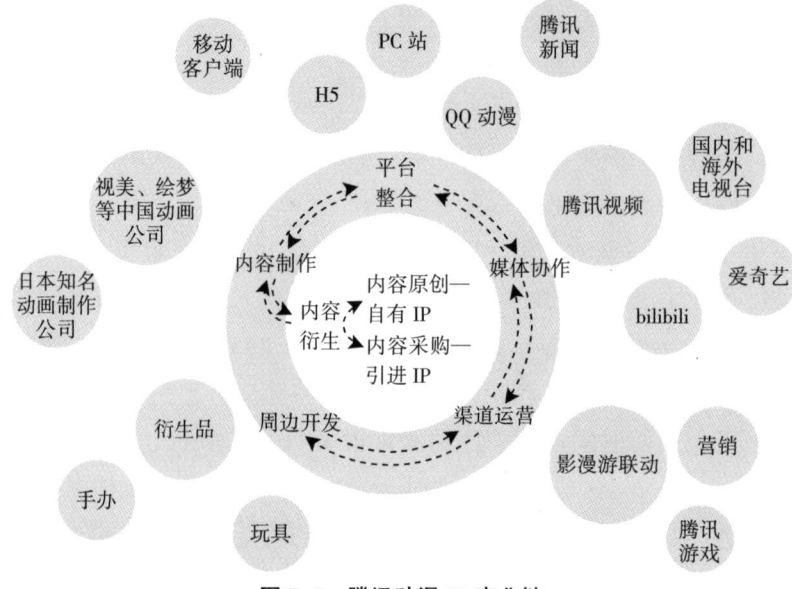

图 7-5 腾讯动漫 IP 产业链

作品,其中超过 300 部为独家版权作品,将这些优势资源通过内容制作、平台整合、媒体协作再加上"影漫游联动",在产业链中游的运营层赢得粉丝群体。最后,下游的变现层启动周边衍生品的开发,整条产业链体现了商业价值孵化的过程。在腾讯动漫的产业链下,伴随着媒体、大数据、移动互联网技术的辅助,产业之间相互联动形成专业分工构成网络。

从上游 IP 的源泉——网络文学、漫画创作,到中游的动画、电影、真人电视剧以及音乐的制作,再到下游的游戏、演出以及周边衍生品,腾讯动漫打通各领域,实现价值多元开发。IP 的开发过程不再因管理和生产形态而割裂,而是从个体集聚成群体,由无序到有序,由低级向高级逐步演化的过程。在一次次的进化中,产品的附加值也不断向上攀升。IP 作为核心将每个点的业务连接起来,设计创意的融入驱动着整条产业链,使每个点都成为这条产业链不可或缺的组成部分,逐渐以"IP+产品+设计+服务"的方式呈现,与其他产业加速融合,动漫创意、制作、传播、消费、服务和应用已构成一个完整的循环体系,使得腾讯动漫的市场规模越来越大。

三、"三业"融合创新与转型升级路径 3.0 阶段：生态系统阶段

哈佛商学院教授 Marco Iansiti 和 Roy Levien 分析认为，现实中任何一家企业都不可能绝对的"自力更生"，必须依赖于多种组织所构成的超越传统价值链的大系统——商业生态系统，并且要找准各自在系统中的位置，有机进行协同合作，才能持续获取成长空间。

"三业"融合创新平台的核心之一，是打造一个互联网背景下的设计生态系统，与自然界的生态系统相仿。在这个系统中，人文、商业、政策等因素构成了创意经济环境，设计师、艺术家作为生产者，制造企业作为消费者，而用户市场则是分解者。创意经过产生、转化为产品、被消费，再到激发新一代的创意，形成循环而相互作用的统一整体。在这个以设计作为驱动的模型中，不仅设计师的个人价值能够得到体现，设计的商业价值和社会创新也将得到实现（见图 7-6）。由制造业主导的"三业融合"所构成的生态系统具有显著优势，不仅有利于促进上下游企业间的协作，更能够在整个价值链上，打通以"互联网+"为基础的数字化，并结合工业设计的整个生态系统，使未来工业 4.0 带来的效益最大化。

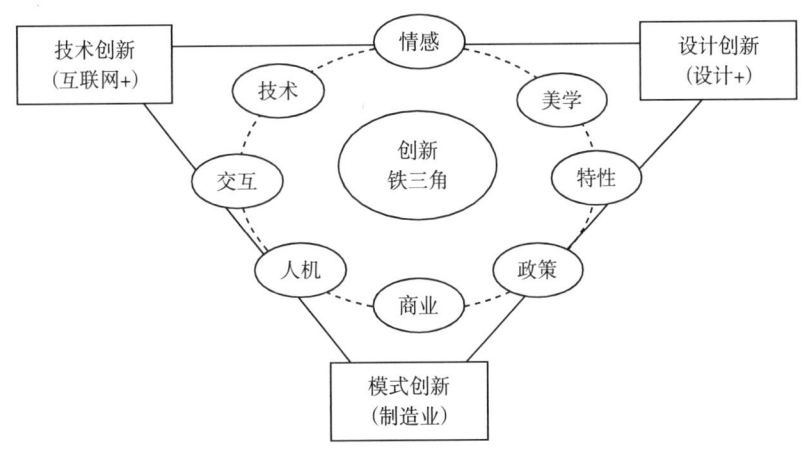

图 7-6　"三业"融合生态系统创新阶段示意图

可以看出，产业结构转型升级不再是孤立制造企业单一面对的，而是不同分工、不同环节、注重系统合作的创新生态（见图7-7）。在工业4.0和消费升级时代背景下，设计环节作为实现产品高附加值和消费者体验的重要一环，价值会越发凸显，并对制造业转型升级有承载重要的推动作用和设计使命。因此，工业设计更多的应该是思考整个产品的生命体系，并通过跨界合作，带来价值共创的引领能力，持续激发各个利益相关方来共同创造价值，从而引领产业创新未来。当然，产业创新系统的打造不是一朝一夕，也不是几家企业就能完成的，最终还是需要整合各类资源，依靠业务和数据平台合力在新型的产业链各个主体之间形成一个循环共生的"生态圈"。

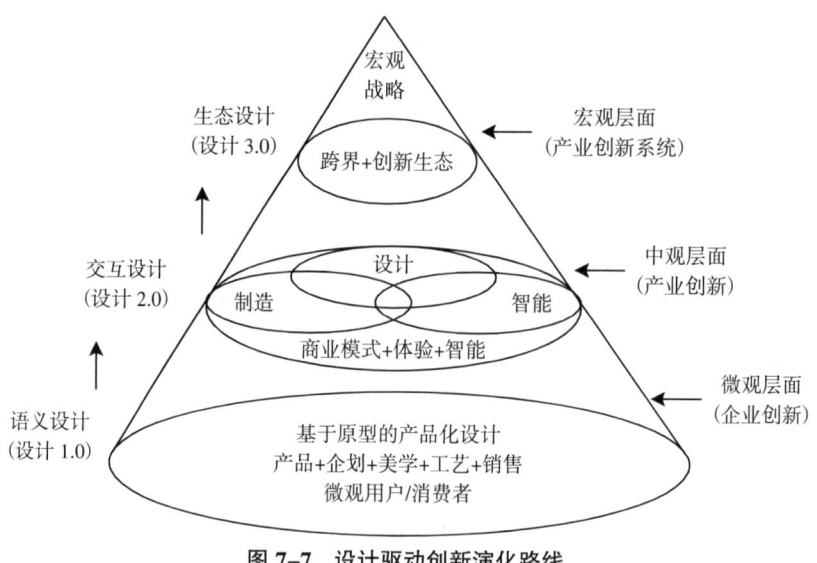

图7-7 设计驱动创新演化路线

目前，各个行业都在致力于价值链和生态链的构建。以汽车行业为例，价值链上下游企业间的深度整合正在进行。在上海汽车的"朋友圈"里，互联网企业阿里巴巴有着特殊的作用。目前，两家企业已经在YunOS操作系统、大数据、阿里通信、物流等层面展开战略合作，并进一步打通汽车全生命周期用车需求和深度挖掘互联网生活圈的价值链。同时，传统

第七章 设计、制造与互联网"三业"融合创新与转型升级路径

工业产业链上各个企业通过将各自数字系统连接起来后,将数据和系统进行进一步整合。现有的移动互联网手段,让生产更高效,提升企业服务水平。从微观企业层面来说,本土制造企业可以采取一系列的行动,如借助设计思维充分发挥制造的潜力,加速中国制造业的数字化转型;同时,通过先进技术的采用,缩短产品上市时间,使成本优势得以提升。以日本汽车制造商"丰田"为例,长期以来,丰田公司持续创新的能力是其维持竞争优势、不断发展壮大的重要因素。在产品方面,丰田不断推陈出新,引领整个日本汽车产业的生产和创新,并在世界范围内独占鳌头。根据2014年福布斯全球公司2000强的统计,日本汽车制造与零部件生产企业的总销售规模和利润水平高居世界第一,遥遥领先于德国、美国等传统汽车制造强国。丰田成功的核心基础就是其产业创新体系(简称丰田联盟),也是由丰田主导的服务于制造活动的交流平台。在这个平台上,所有的丰田一级供应商和分销商通过信息系统相互联系,平台的主要作用是分享各种研发和设计信息,也包括丰田的生产计划、采购信息、采购政策、市场趋势等基本信息。丰田也正是利用这一平台,为企业和生态系统的创新服务。

设计、制造和互联网"三业"融合创新,不是单纯的将设计、制造和互联网"三业"简单堆砌,而是通过创新生态的建立,为不同产业和不同的异质资源的创新企业提供一个对接的平台和窗口。一起围绕用户和用户体验展开合作,推动我国传统制造业的颠覆创新和转型升级。近年来,Google、奥迪、通用汽车、本田、现代和Nvidia联合成立的"开放汽车联盟"(Open Automotive Alliance,OAA),以及IBM、思科、GE和AT&T联手组建的"工业互联网联盟"(The Industrial Internet Consortium,IIC),目标是打破技术及行业壁垒,更好地推动物联网和大数据在现实物理世界和数字世界间的整合。

第三节 "三业"融合创新案例以及与德国"工业4.0"对比分析

一、"三业"融合创新阶段演化过程

在"设计+制造""互联网+制造"等融合创新的基础上,本书进一步提出工业设计、互联网与制造业"三业"融合创新概念。面对新一轮产业革命,转型升级的方向应该是以传统制造业为基础,与现代生产服务业互相融合的创新产业体系,如围绕工业设计和"互联网+"为主的创意和大数据等相关产业,协同演化和创新助推传统制造业"高端高效"。通过"三业"融合创新,抓住新一轮制造业发展机遇,在提升制造业核心竞争力上求得突破。"三业"融合路径发展与演化阶段具体如图7-8所示。

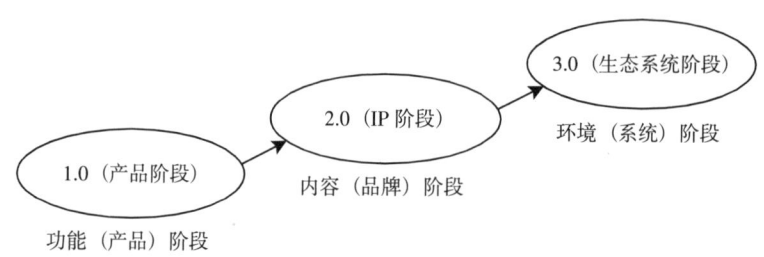

图7-8 "三业"融合路径发展阶段示意图

从产品阶段(1.0阶段),到IP阶段(2.0阶段),一步步演化发展到生态系统阶段(3.0阶段)。进入生态系统阶段,各个合作成员分工明确,围绕核心企业(核心产业)协同作战,为用户创造价值。同时,生态圈的各个成员之间存在一种依赖关系,每个成员的利益都与其他成员相联系,一荣俱荣、一损俱损。同时,生态圈的核心提供的不仅是平台,更是"土壤"和"养分",使各个成员都能通过这个平台获益,从而吸引更多成员

第七章　设计、制造与互联网"三业"融合创新与转型升级路径

加入，形成生态良性循环。最后，生态圈对各个成员形成了一种黏性，让各个成员难以离开，难以找到替代品。通过"三业"融合创新发展演化，可以看出本土制造企业未来转型升级之路依然很艰辛，企业之间的竞争，不仅仅是单一企业的产品竞争和品牌竞争，而是整个背后的生态系统的竞争，更是"土壤"和氛围的竞争。

二、"三业"融合创新案例分析：以"小米"和"海尔"为例

2010年4月，小米科技诞生，2011年8月发布第一款手机，2015年的手机出货量超过了7000万台。与专注于产品战略的传统制造企业不同，小米公司在创业伊始就将自身定位为互联网公司和设计公司，建立各种如MIUI系统、米聊、小米社区等移动互联平台，也是连接小米与"发烧友"客户的平台。同时，将消费目标锁定为年轻群体，这是因为年轻群体对产品设计、研发、性能、使用等有极强的"参与感"，甚至产品购买也追求极致的性价比。与传统的开发模式相比，这种创新被称为"用户创新"，并带来设计模式的改变。如小米手机操作系统每周升级一次，并且让用户广泛参与其中。可以说，小米公司不仅是互联网公司，也是设计公司，和苹果、三星一样，依靠设计驱动创新来改变传统制造业面临的困局。

从2010年至今，小米几年来生产了一系列眼花缭乱的产品，如MIUI系统、米聊、电视盒子、耳机、智能电视、路由器、平板、手环、运动相机、空气净化器、净水机等。同时，与美的和李宁等联合推出各种系列智能产品，也与微软进行战略合作等。小米近年投资及参与组建的战略联盟包括教育、企业服务、SNS社交、移动互联网、文化娱乐等众多领域。小米到底要干什么？其实，小米正在构建基于移动互联网、智能硬件、电商平台协同合作生态圈，并将实现服务能够分发、硬件能够互通、所有增值能够有卖点的封闭的生态链。小米的各种产品，单一看与其他传统制造业品牌相比好像并无特别的创新之处，但当这些智能小家电收集了你的数据，并通过小米设计系统串联后，再接入小米的各类生活平台，这些小家

电就会智能化地服务于你的大部分生活场景,或许你的未来就是"小米智能家居"。

可以看出,小米的目标是构建品牌和数据共享的生态,前瞻性地搭建未来基于"互联网+设计+制造业"的新生态,这也是小米快速成长的秘密。小米在 MIUI 系统、米聊、小米社区中首创了用互联网模式开发手机操作系统的模式,发烧友可以互动参与开发改进,从而在手机设计生产阶段就吸引了大量的"米粉",并依靠互联网平台而不是传统的店面渠道销售手机。甚至小米网已成为阿里、京东之后中国的第三大电商平台。小米这一新的战略思维方式,已成为小米高速增长的利器,并通过构建互联网平台实现了传统制造业的超越。

再以国内传统家电制造企业"海尔"为例。近几年来,海尔一方面借助海尔官网、微信、微博等网络工具,建立开放式创新平台,实现用户在线体验、互动设计,并与企业研发、营销、供应链系统实现无缝对接,从众多的个性化需求中提取出共性需求;另一方面通过搭建生态创新系统(Haier Open Partnership Ecosystem)平台,与全世界的研发机构与个人进行互动,形成用户需求与全球一流创新资源的高效对接,经过筛选的多种设计方案可进入与用户的互动阶段,最后诞生出集中式定制的家电,再通过互联网预定的形式进行生产和销售。如海尔天樽空调的研发就参考了线上、线下超过 67 万用户对空调外观、控制方式、模式设置、节能效果等多个方面的意见及建议。借助开放平台,海尔的用户从创意研发到制造销售全面参与到其生产运营中,实现了全流程的交互式按需制造。

海尔通过搜集用户的产品需求,利用网络资源平台对接全球各领域专家和一流研发资源。这些研发资源除来自家电行业外,还来自保时捷、宝马等顶级的汽车研发和设计团队,甚至包括施华洛世奇等知名的时尚设计师,他们在海尔 HOPE 平台上共同组成了一个互利共享的"专利池"。海尔帝樽空调就是众包研发的典范,其圆柱形的外形来自电子行业,出风口酒杯型设计和拉菲红的应用来自时尚界的流行元素启发,而隐藏式显示窗的设计思路则来自汽车行业。

第七章 设计、制造与互联网"三业"融合创新与转型升级路径

三、与德国"工业 4.0"对比分析

近年来"工业 4.0"无疑成为热门话题。"工业 4.0"又称为第四次工业革命,这个概念最早出现在德国,其目标是建立一个高度灵活个性化和数字化的产品与服务生产模式,把个人客户和产品的独特性融入设计、配置、订购、计划、生产、运营和回收的各个阶段,在新一轮工业革命中抢占先机,提高德国工业的竞争力。2013 年,德国成立了"工业 4.0"工作组,并于同年 4 月在汉诺威工业博览会上发布了最终报告《保障德国制造业的未来:关于实施"工业 4.0"战略的建议》。这份报告认为"工业 4.0"的核心就是下一代工业革命是信息物联网和服务互联网与制造业的融合创新。

与德国"工业 4.0"类似,2013 年我国工信部制定的《信息化和工业化深度融合专项行动计划(2013~2018 年)》(以下简称"两化"融合),是在中国第三次工业革命中的网络化与工业化深度融合阶段。使互联网与工业应用在采购、设计、生产、销售、客服等多环节融合,大力发展互联网,将互联网与传统产业融合,进一步提高生产效率,推动产业升级,提高我国服务水平及竞争力。与此同时,工业设计在我国转变经济发展方式的大背景下被寄予厚望,中国的设计产业迎来了新的发展契机。2014 年,国务院发布的《关于推进文化创意和设计服务与相关产业融合发展的若干意见》指出,"设计服务与相关产业的融合发展"是"支撑和引领经济结构优化升级"的重要抓手,实现由"中国制造"向"中国创造"转变,建设创新型国家的重大举措。德国"工业 4.0"与我国制造业、设计服务与互联网国家层面政策对比如表 7-1 所示。

可以看出,德国的工业 4.0 和本书提出的设计、制造与互联网"三业"融合,其目的、目标和要素,尽管表述有所不同,但本质上都是强调制造业的产业升级。由于不同国家情况不一样,美国、德国处于工业革命前沿,而中国工业化水平相对落后,因此,我们更应强调自身的产业升级和国际竞争力的提升。与西方发达国家衔接有序发展模式不同,我们不能

表 7-1 德国"工业 4.0"与我国制造业、设计服务与互联网产业政策对比

产业	德国"工业 4.0"	我国产业政策
制造业	德国称之为第四次工业革命，建立一个高度灵活个性化和数字化的产品与服务生产模式，把个人客户和产品的独特性融入设计、配置、订购、计划、生产、运营和回收阶段；在新一轮工业革命中抢占先机，提高德国制造竞争力	2013 年工信部《信息化和工业化深度融合专项行动计划（2013~2018 年)》
互联网		2015 年 6 月，国务院《"互联网+"行动指导意见》
设计服务		2014 年国务院《关于推进文化创意和设计服务与相关产业融合发展的若干意见》

按照正常顺序走转型升级道路，不能等到工业化和转型升级完成之后，再发展互联网和工业设计产业，毕竟我们的工业设计、互联网等在起点、进程和水平上都落后于西方发达国家一大步。这就要求我们在转型升级和融合发展上采取与发达国家不完全相同的发展衔接模式，"三业"融合创新，就是根据国内和国外、历史和现实的背景、环境、条件做出的选择，并以此实现"弯道超车"与突破。

同时，德国"工业 4.0"的实质是针对消费者个性化消费需求的新一代智能制造生产方式，这一新的生产方式代表了未来工业或者制造业发展的未来。德国与美国已经就此工业新技术变化、新生产模式开始了积极的准备，而且各自利用自己原来在工业装备、信息技术、互联网、物联网方面的强大基础与实力，希望在新一代制造业信息、数字、智能融合方面全球领先，成为未来制造业的领导者，进而控制全球制造业发展。当前，工业互联网背景下，日本也在推进工业制造强国过程中强调工业设计发挥的重要作用，韩国、中国台湾的效仿同样十分成功。伴随"中国制造 2025"战略的推进，未来我国工业设计、互联网或将作为战略全面参与我国制造业的转型升级。因此，必须对"工业 4.0"背景下设计服务与制造业融合发展有更清醒的认识，我们要有自己的战略与对策，并开始我们的行动。

第七章　设计、制造与互联网"三业"融合创新与转型升级路径

第四节　本章小结

综上所述，设计、制造与互联网"三业"融合创新主要表现为制造企业、设计企业和互联网企业（包括互联网服务企业等）三大主体的互动，融合创新也主要体现在设计企业、互联网企业和制造企业相互之间的战略合作与相互进入。当然，互联网企业、设计公司与制造企业的边界越来越趋向模糊，比如苹果、小米等企业，显然都可以认为既是互联网企业，也是设计企业，以及制造企业。同时，完整的设计、制造和互联网"三业"融合创新，就是要组建跨职能的工作小组，以此来实现"平台+内容+终端+应用"的垂直整合能力，打破产品边界、UI边界、内容边界、应用边界，以及整个产业链中的创新边界，打通产业内部的组织边界，让整个创新生态产生强大的化学聚变反应。

当前，我国互联网、设计服务和制造业融合发展水平仍待提高，不同行业不同区域的制造业发展水平差距较大，应建立设计服务和制造业融合发展资源共享体系，建立有利于开展"三业"融合创新的服务体系，为互联网、设计服务业发展与制造业转型升级提供支撑和保障。具体来看，要推动互联网、设计服务和制造业融合发展，需要从产业发展、技术创新、创新平台、信息交流等多方面入手，通过建立跨区域跨产业的产业联盟、公共服务平台及创新机制、技术创新联盟等，促进不同区域的合作，实现跨区域的协同发展。

同时，"三业"融合，实质也是跨学科的融合创新，转型升级有不同路径，不再局限在单一制造业，也是更多学科更多不同业态的合力，从而让未来转型升级充满创新和诸多不可预测的新机遇。"三业"融合的平台非常重要，以平台为主导的创新企业，在产业组织体系当中也会形成很大的变化，并带来生产方式、生产组织、制造模式、流通模式、生活方式等不同程度的变化。如生产方式的变革，我们未来的生产方式，可能是以互联网

为支撑，智能化、大规模定制化的生产方式。同时，现在要定制很困难，通常是手工、小批量的、成本比较高，所以它只适合少数人群，但是将来能不能把少数人群的专利，通过技术进步变成所有人能享受到的福利？现在看来是可能的，这就是智能化、大规模定制的时代。如以 3D 打印为代表的"设计+互联网+制造"，相比传统的实体经济的生产方式，有很多优势。当然，"三业"融合创新，引领本土制造业转型升级还处在发展的雏形时期，未来之路也是荆棘丛生，并且有很多基础工作要去做。同时，这一过程也会经历不同的阶段，如产品阶段、品牌阶段和生态阶段。其中，生态是最高级的"三业"融合阶段，也是最稳固的系统，不仅能提供养分给系统中的所有平台和独立的产品、内容、服务，且每个部件都有自己独特的位置和功能，养分从生态的一部分向其他部分流动，最终可能供给到更高阶的生态或者当前生态体系本身，从而可以保证整个系统生生不息。

1996 年，美国经济学家穆尔在《哈佛商业评论》上首次提出了"商业生态系统"概念。与自然生态系统中的物种一样，商业生态系统中的每一个环节都是整个商业生态系统的一部分，每一家企业最终都要与整个商业生态系统共命运。与生态系统类似的概念是价值链。这是管理大师迈克尔·波特于 1985 年第一次提出来的。他认为，每一个企业都是在设计、生产、销售、发送和辅助其产品的过程中进行种种活动的集合体。所有这些活动可以用一个价值链来表明。从定义来看，商业生态圈与迈克尔·波特提出的价值链理论的主要区别在于，价值链针对的主要是企业在生产经营中的各种活动，或者是上下游企业之间的价值联系，企业与企业之间的竞争实际上是整个价值链的竞争；而生态圈则是强调企业以自己为核心建设的平台，通过整合行业内相关企业，形成一个共生共赢的系统，给其他企业带来利益的根本目的是服务自身用户，扩大自身收益，并且形成良性循环。

"三业"融合全新模式——无论是制造企业，还是设计公司、互联网企业等，最终都必须在主题化、内容化、移动化时代深入发展的时代趋势下，优化品牌价值链，找到拥有共同目标和价值观的产业领袖，并与其共同构建开放性产业生态系统，其核心参与方包括内容方、平台方，目标在

第七章 设计、制造与互联网"三业"融合创新与转型升级路径

于持续打造品牌升级,共同引领创新进程,并影响更多行业优秀公司加入进来,从而共同开创全新的商业模式,围绕优质(升级)、商业(价值实现)和社交(分享)展开,最终助推制造企业的转型升级。

总之,"三业"融合是一个系统工程,从目前看,推进"三业"融合创新行动面临着几方面突出问题:一是认识不足的问题。二是一些传统制造企业受经营方式、经营理念、思维惯性等因素的影响,对工业设计认识有偏颇,或对互联网仍然持怀疑心态,主观上还不能够积极主动地去拥抱设计服务产业和互联网等。三是互联网企业或设计企业对传统行业传统制造企业的认知、了解还不够深,与传统制造企业融合的主观意愿也不够。此外,跨界服务型人才匮乏、用户数据资源开放不足等问题都是推动"三业"融合创新的制约因素。

第八章 结论与展望

传统制造业必须贯彻落实科学发展观和"四个率先"要求,转变经济发展方式,抓住新一轮转型升级的机遇,以现有制造能力为基础,以调整、优化和提高为方向,以高新技术研发、创新和产业化为重点,不断提高制造业的核心竞争力和产业附加值。本书以设计、制造和互联网"三业"融合创新为视角,来进一步探究制造业在转型升级过程中产业政策制定的借鉴意义并进行相关思考。

21世纪的市场竞争,既是互联网的竞争,也是设计的竞争。互联网经济下,我国是全球制造业大国,却又是制造业利润"小国",在耗费了大量的资源、能源和人力后,一些代工企业却只能拿到总体利润中很少的部分。如何落实国家实施创新驱动发展战略,进一步促进我国制造业高端国际化发展,努力提升品牌和打造质量,广泛吸纳国际先进互联网、设计理念和同行业资源,加快推动互联网、设计转型升级,积极落实互联网、设计与制造协同创新,成为我国应该思考和面对的重大问题。正如中共十八大报告提出实施"创新驱动发展战略",我国要提高原始创新、集成创新和引进消化吸收再创新能力,更加注重协同创新。

设计、制造与互联网"三业"融合创新与制造业转型升级研究

第一节 机遇与挑战

一、机遇

移动互联网越来越成为影响我们生活和生产的重要领域,比如软件帮助做数据分析,还有物联网、机器人、云计算与服务等。另外,近年来我国在加快"互联网+"建设的同时也越来越重视工业设计的发展。当前国内有许多城市将发展设计产业作为"立市之本",如北京提出"创意设计产业塑造活力北京",深圳提出"建设中国设计之都",无锡提出"创立亚洲设计中心"。此外,天津、上海、成都、宁波等地也在积极推动工业设计产业的发展,着手建立一批具有开创意义的工业设计产业园区并取得了明显成效。随着国家的积极扶持与倡导,我国的工业设计创意产业的发展正逐步驶入快车道。目前,我国无论是互联网还是设计的活动都空前活跃,投资环境与商业模式日趋成熟,产业链条逐渐形成,品牌效应也初步显现。一个充满创意活力的互联网产业和设计创意产业,越来越受到全世界的瞩目。

与此同时,随着转型升级的压力增大,我国沿海各地市(县)级政府都在加快制定出台针对互联网和设计创意产业发展的具体扶植政策(如江苏宝应、大丰、浙江杭州、义乌、长兴、安徽铜陵、马鞍山、芜湖等),建立起相关的平台机构,制定相关的行业规范,为相关企业寻找合作伙伴,提供相关机构的业务范围和成功案例等。

二、挑战

无论是互联网还是工业设计,在我国还仅作为一种新行业形态存在,

还在中国工业或经济的"体外"循环，尚未在经济领域构建起一条完整的产业链。其实，我国的设计业与制造业一直相互融合，没有分开，但由于设计演化的步骤加大加快，传统对设计的认识还停留在初级阶段，如认为设计就是产品外观的美化等，以及被传统设计教育局限了我们的视野，很长一段时间我们的设计教育都认为设计归属"工艺美术"的学科范畴，严重制约了设计的发展，也束缚了设计与制造业的融合创新。如今，整个世界的变化，尤其是以苹果、三星为代表的世界级企业让我们重新认识了设计，移动互联网时代来临，带来了颠覆性创新，这也就是本书提出的设计、制造和互联网"三业"融合创新的初衷，这个融合是新融合，是与最新发展的设计思维融合，也是我们互联网背景下设计业发展历史进程中与本土制造企业转型升级的必然选择。

同时，我国加工型的制造工业体系还未将互联网和工业设计融入到经济运营的系统结构内。虽然我国的互联网和工业设计近几年都有较大发展，但与发达国家比较，整体水平仍然相对落后，尚处于起步阶段。政府层面"政出多门"，缺乏有效的协调与共享机制，资源不能合理利用，一些举措具有盲目性，不利于设计产业的健康发展，面临诸多挑战，具体如下：

（1）转型升级的主战场——"制造型企业"对互联网和工业设计的作用和价值的认识存在误区。政策和投融资环境有待进一步改善，行业之间、地区之间发展不平衡，产业化程度不高、结构不合理，缺乏素质合格的信息化和设计人才，都严重制约了我国互联网、设计的健康发展。互联网、设计服务与制造业融合发展是一个长期的过程，涉及经济转型和具体产业升级的政策体系。

（2）融合发展不是一个企业、一个行业能单独完成的。融合发展的核心是培育创新的土壤和创新的机制，这也是融合发展的最大挑战。这个过程中，无论是设计还是互联网都只是起到催化剂的作用。而从单一的设计或互联网"润滑剂"到融合发展的"催化剂"，还有很长的路要走。当前我们简单层面的融合很丰富，但真正的"造血"机制和创新土壤还没有形成，必须要有前瞻的思维和全局的战略。同时，我们前期各种政策启动和助推的很多的融合发展工作，就像整个改革一样，都是先易后难，后续将更多地进入融合发展的"深水区"。

（3）要重视平台建设，尤其是数据库平台，整合线上、线下的智库平台。从产业园和3D等硬件建设过渡到软件建设，为后续"三业"融合等进行铺垫。当前，在互联网大数据背景下，有三个趋势值得关注：其一，设计市场从软硬分离到软硬结合；其二，从单一产品设计到服务系统（和用户体验）设计相结合；其三，从封闭式到开放创新（协同创新）。因此，在大数据背景下，工业设计结合互联网引导转型升级对传统的设计服务与制造业融合发展的模式不断提出新的挑战。

三、未来提升

中国已是制造大国，但还不是制造强国，我们的制造在相当程度上是在"拿来主义"基础上的加工。比如，设计与制造从来就是孪生兄弟，发达国家是制造强国，同时也是设计强国。我们把设备"拿来了"，设计却还在人家手里，这个局面必须改变。虽然现在我们在进步，但总体上还是差距很大。

一方面，我国自主创新能力薄弱，对工业强国战略的支撑能力仍有待加强。尤其是教育改革滞后，缺乏综合型设计人才，专业人才和高端人才不足，一定程度上制约了行业的发展。比如，中国与美国、德国等老牌工业设计强国相比尚有较大差距。2012年美国工业设计师超过四万人，2011年全美近2000家工业设计公司总产出超过50亿美元且竞争格局趋向集中。2013年全欧洲直接雇用工业设计相关劳动力1500万人，就业贡献率达5%~10%；相关行业总产值1.6万亿欧元，产业GVA贡献率达13%。我国的工业设计产业处于"规模化高速增长"阶段，但产业总体规模较小，集中度低。我国工业设计专利申请量长期处于世界前列，2011年设计师达50万人，但行业产值仅46亿元，全行业70%以上为小企业。此外，我国工业设计仅分布于环渤海、长三角、珠三角三大设计产业带，拓展腹地广阔。

第八章 结论与展望

另一方面,我国整体综合创新能力还不强,还未从引进、抄袭、模仿的思维中解脱出来,尤其对知识产权的保护还不到位,品牌价值还比较低;专业品牌机构总体上小、弱、散。具有国际竞争力的大型龙头企业仍有待培育。当然,原因也是多方面的,如全社会创新氛围不够浓,创新文化建设还较差,产业整体上尚处于从外观设计到提供产品设计的过渡阶段,缺乏提供品类战略规划、品牌运营等领域的系统解决方案能力,价值链层级有待进一步提升,等等。

第二节 "三业"融合创新与"弯道超车"

一、转型升级是系统问题

目前,中国企业仍处在从工业 2.0 向工业 3.0 过渡的时期,还停留在以企业资源计划(Enterprise Resource Planning,ERP)和生产执行系统(Manufacturing Execution System,MES)为代表的 IT 系统层面。传统制造业距离基本的数字化、自动化还有很长一段路要走,必须先填补这一缺口,才能打造企业品牌与精益运营的基础。当然,这个过程困难重重,中国制造业转型升级必然面临着阵痛与挣扎。缺规模、缺人才、缺系统等共性问题的背后,是技术、体制与管理的失衡,而实现平衡的关键则在于国家、行业等宏观层面和企业微观层面的多重发力。

转型升级是一个系统的问题,包括技术、制度和战略等方面的问题,这一问题的战略规划事关中国制造业升级和中华民族的伟大复兴大局。因此,我们必须排除各种干扰,把政策导入服务中国制造和转型升级的轨道当中。当前,我国正处在工业化的中后期,无法从"中国制造"直接跨越到"中国创造"。因此,推进工业设计、互联网与传统制造业"三业"融合协同演化创新,三者协调互动,为工业设计、互联网产业提供良好的发展基础，并进而提升制造业升级，对我国经济增长和助推先进制造业发展都有重要意义。

同时，传统制造业转型升级已经成为我国经济发展中的痛点和纠结点。目前，我国北上广都提出要建设在全球有影响力的科创中心，如果离开制造业，科创中心将没有根基，因为科技创新的支撑来自制造业。因此，需要对制造业进行反思。从供给创造需求这个概念来说，现在是产业结构大转型或者大变革时期。一个新的平台出来，就完全创造了新的需求。政府的产业政策到底要支持哪些产业？我们的制造业转型升级和未来发展到底是政府和企业的问题，还是企业和市场的问题？如果从供给侧角度来讨论，我们的产业政策到底是需求导向还是供给创新的问题？如何兼顾制造业和服务业？如何兼顾信息化和工业化？本书提出"三业"融合的观点，较好地把制造业和服务业、信息化和工业化融合在一起，找到切实可行的落地点，通过设计、制造与互联网"三业"融合创新平台，来推进传统制造业转型升级。

二、"三业"融合创新与"弯道超车"

在全球经济一体化的当下，实现设计强国之梦，我们有许多比较优势和有利条件。我国已有前期物质、技术基础积累，也具有文化优势和制度优势。再加上适逢经济全球化、信息化时代，我们的国际视野更广阔了，合作伙伴遍及全球，外汇储备持续保持第一。此外，我们在第三次工业革命的孕育、启动上，在使用3D打印技术、激光切割和云计算、大数据上，与发达国家差距不大。即使各国都在"与时俱进"，如果我们的"马力"比他们大，大众的创造热情调动起来了，在同一起跑线上的机遇还是宝贵的。正如工信部部长苗圩所说："因为历史的原因，中国没有能够抓住前两次工业革命的机遇，这一次，我们必须迎头赶上，有所作为。"

《中国制造2025》从国家层面明确了未来十年中国制造业的重要发展方向。我国传统制造业创新发展面临着机遇与挑战。尤其是当前，面对信息技术的高速发展，制造业再次成为各国竞争焦点，如美国提出"再工业化"、德国力推"工业4.0",全球竞争格局也在悄然改变。一方面,我国劳动力成本不断攀升,国际、国内消费需求不旺,中国制造业的价格和成本优势在丧失,一些国外公司将制造业基地转移到东南亚、印度等成本更低的国家和地区。另一方面,我国制造业普遍存在产业创新能力仍旧薄弱、质量基础不牢、品牌美誉度欠缺等问题,中国制造业面临着大而不强的严峻现实。可以说,我国制造业转型升级已经进入了关键期,必须化危为机,抓住时机实现"弯道超车"。设计、制造与互联网"三业"融合创新,实质是不盲目追求生产高、精、尖的产品,而是重点将产品的品质和品牌做到极致,解决消费者"痛点",如此,便能找到机遇,实现新常态下的"弯道超车"。

当然,我们应采取一些措施,在"弯道超车"时又稳又快地行进。比如围绕制造业结合工业设计和互联网的领域集中力量攻关,实现一些突破,取得一些经验,找到一些方法,以此引领和带动更大范围的发展。例如,工信部、中国工业设计协会与上海市政府共同建立了中国工业设计研究院,整合国内外各方面的资源,开展有关的设计创新研究,在诸多制造领域的"三个一代"(生产一代、研制一代、预研一代)中发挥作用。当然,新兴产业的形成与发展是一个动态过程,包括产品创新、工艺创新在时间上动态发展,从而影响产业的发展演化。我们知道,一个新产业的产生,由新产品的初始创新开始,新产品的创新和发展是一个动态过程,包含产品创新、工艺创新和产业组织等方面,并总是由产品创新主导开始、工艺创新紧随其后的动态创新过程。产业化创新主要由产品创新、工艺创新两个主要部分组成,显然这两个部分是产业化创新十分重要的部分。但我们认为产业化创新成功还有赖于另外两个重要环节——组织创新与市场创新。

"三业融合"创新,在未来显示出市场需求潜力时,就会吸引大量其他传统制造企业进入尚处在幼稚阶段的跨界新兴产业,其结果是竞争加速了新兴产业的成长,扩大了产品市场,进而推动下一轮产品的创新与工艺的创新,这也是实现"弯道超车"的创新基础。而当消费需求发生巨大变化,或者新的创新导致替代性产品产生,原来的单一制造产业就可能走向衰退。

三、"三业"融合创新与产业结构改革

为什么发达国家不需要调整结构,而我们需要呢?这是一个有待研究的问题。在市场经济条件下,如果有机制能够使一个国家的产业结构自动转型升级,按照这个机制去制定相应的政策和措施,也许我们产业结构调整的效果会大大增强。因此,要破解制造业转型升级的难题,首先需要寻找治本之策,由此推动产业结构的改革。

改革开放至今,我们一直把制造业的产品竞争交给了产业链的竞争,其结果是加剧了产业链的重构。因此,必须推动产业结构调整。过去很长时间,我们的产业政策都是孤立或简单的政府补贴,只能引起产业结构的短期变动,且需要得到受补贴企业及其相关企业的积极响应,才能取得显著效果。同时,现有产业政策研究大多聚焦在"两业"融合,直观且比较容易操作,如互联网与制造业、设计与制造业、互联网与服务业融合等。本书提出的设计业、制造业和互联网"三业"融合和互动,本质就是为创新驱动做"乘法"。中国创新系统至今仍像一个拥有众多"创新岛屿"的群岛,内部的协调与整合并不完善,限制了"岛屿"之间的知识溢出。"三业"融合,实质就是推动设计企业、互联网企业、制造企业,以及大学科研机构与地方政府之间的合作,使各"岛屿"之间的知识彼此交汇和融合。

设计业和互联网业与一般服务业不同,其对制造业有正外部性,尤其有社会的公共特性。因此,"三业"融合创新能驱动相关产业链和价值链主导企业(不仅仅是制造企业),在市场竞争压力和需求的引导下,为了自己的生存发展追求创新,这种自发行为客观上带动了整个产业结构的调整。同时,在未来价值链和产业链中获得一些治理权,应该有更多类似华为的公司成为产业链的主导者,通过他们的创新带动相关的合作企业、产业转型升级。"三业"融合创新,也能通过区域和产业的一体化构建新型产业体系和结构的市场基础,把区域的市场和区域一体化的产业建立起来。在这个过程中,也会培养一批优秀的企业。

面对新一轮产业革命，我国未来的产业体系应该是以先进制造业为扎实基础的，与文创、互联网、金融、贸易、物流等现代生产服务业互相融合的产业体系。因此，我国应该针对性实施"率先加快转变经济发展方式、建设新型产业体系、进一步提升国际竞争力"的战略，以"高端高效"目标特征作为产业发展导向，在提升产业核心竞争力上求突破，而这首先需要客观、科学、前瞻地对产业进行评价，了解产业的特征。产业化创新是一个过程性、连续性的创新，对创新主体的企业有更高的要求，对创新的公共服务也有比较高的要求。未来，政府需要建立良好的产业公共创新服务体系，从而提高产业创新、技术创新、商业模式创新的速度与效率。

设计和互联网都可以被视为服务业，通过"三业"融合创新推进服务业和制造业跨界合作，进而推进供给侧改革，进一步把增强高端供给优势放在突出位置，构建符合全球产业趋势、占据价值链高端的新型产业体系，提升产品服务供给质量和品质，使供给结构更好地适应需求变化。当然，"三业"融合创新引领制造业转型升级，不仅需要从业者付出艰辛努力，在这个过程中，也需要政府出台相应的政策措施加以推动。

第三节　产业发展策略与政策建议

一、政府助推转型升级

产业的转型离不开政府的推动和支持。为什么很多地方的政府有很强的产业转型意识，但却找不到真正的突破口？在产业转型上，往往政府很热情，企业却很冷。原因在于企业在向先进制造业转化过程当中，创新的成本以及创新成本带来的经济效益无法得到保证，如果政府在这个方面没有市场化的手段来给予企业支持，那么产业转型就会显得缓慢。政府可以

设计、制造与互联网"三业"融合创新与制造业转型升级研究

发挥更大的引导作用,如政府可以帮助企业进行研发、创新,通过与企业合作推动品牌发展;还可以购买知识成果,以保护创新者的积极性。建议政府设立比较应用型开发研究的研究机构进行技术转换和产业化的转换。传统制造业转到先进制造业主要是基于自主创新和技术成果转换,有了创新的能力和技术的创新成果,才有可能在全球制造业价值链上获得一定的控制力,有了这样的控制力,我们的附加价值就可以增加,然后不断实现良性的循环。

当前,产业革命把世界推进到一个崭新的设计时代,从某种意义上说,设计时代意味着高附加值的时代。在今天的市场上,在商品价值中除了材料成本、人工费用、设备折旧和运输费用等有形的"硬"价值外,还包括技术的新颖性、实用性、产品整体的优良设计、售后服务及产品文化之类无形的"软"价值,并把这种"软"价值作为"高附加值",通过价格表现在商品的价值中,如果这种软价值所占的比例很高,就可认为该产品为高附加值产品。它能以物态形式刺激起人们改变生活方式的潜在欲望,树立人们为改变生活方向而努力的目标,而这种激发与努力恰恰是由工业设计塑造的特有形式给予和推动的。随着消费观念的更新,市场的不断发展,"软"价值在商品价值中所占的比重将越来越大。同样的产品、同样的功能、同样的制造成本,由于设计的差异售价能够相差几倍甚至几十倍。只有优秀的设计才能创造高附加值。

因此,政府应积极搭建工业设计的供需平台机构。不少国家和地区工业设计的发展都由政府主持、推广,并在各方面政策上加以扶持引导,形成一个工业设计良性循环的竞争氛围,而我们目前仅停在启蒙发动的阶段,还未能掀起热潮。我国设计创意企业之间抄袭、模仿的现象十分严重,真正的原创设计和创意劳动往往得不到有效保护。在转型升级与市场失灵之间,政府应当采取积极有效的措施,加大对设计知识产权的保护力度,只有这样,中国才能逐步形成具有国际竞争力的自主品牌,将设计与技术并举,引领企业走上"自主创新"的发展道路。

政府应该积极推动互联网背景下的"产学研"合作,"产学研"一体有利于知识创新、传递、向现实生产力转化以及上下游链群的紧密结合。

同时,有利于促进工业设计研究成果市场化价值的实现,促进工业设计教育的发展,从而为工业设计产业的发展培养更多优秀的人才和提供智力支持。其主要的策略如下:①利用工业设计的供需平台机构下达相关的工业设计基础性研究课题,进行基础性的研究,并对企业进行推广。例如,如何依靠传统文化提升产品的竞争力,以及产品界面设计的一般原则规范等。②为企业和高校牵线搭桥,将企业的实际设计项目引入高校的教学和科研中,既能解决企业在生产中的实际问题,又能使高校的教学和研究有的放矢,为社会经济文化建设服务。政府可每年牵头组织企业代表团对国内外企业进行访问交流,学习先进企业经验;也可针对企业设立"创新基金",对勇于创新的企业予以奖励等。

同时,为了尽快形成互联网背景下国内工业设计产业链,政府应当加快制定出台针对设计业、互联网业自身发展需求的具体扶植政策,还应当建立起相关的平台机构,制定相关的行业规范。比如,设计服务应该达到的品质、设计项目的收费标准、工业设计资讯机构的评级等,以避免工业设计行业的无序竞争。为相关企业寻找设计合作伙伴,提供相关设计机构的业务范围、设计实力以及成功设计案例等。为相关的设计机构提供设计需求信息,将企业的设计问题在平台上发布,由设计机构采用竞争的方式获得设计业务。另外,政府还应该在政策上予以支持,如设计企业税收返还、人才培养、高新技术企业认证、国家创新资金扶植等。同时,政府还要有意识地加强对知识产权的有效保护。

二、政策建议

目前,我国设计、制造与互联网"三业"融合发展水平仍待提高,尤其不同行业不同区域的制造业发展水平差距较大,应建立设计、制造与互联网"三业"融合发展资源共享体系,建立有利于开展"三业"融合的服务体系,为互联网背景下我国设计服务业发展与传统制造业转型升级提供支撑和保障。具体来看,推动设计、制造与互联网"三业"融合发展需要从产业发展、技术创新、创新平台、信息交流等多方面入手,通过建立跨区域跨产业的产业联盟、公共服务平台及创新机制、技术创新联盟等，促进不同区域的合作，实现跨区域的协同发展。

1. 重视设计、互联网和制造业融合发展的顶层设计

要实行设计、互联网和制造业融合发展的一体化统筹规划，避免各个城市重复建设，浪费资源，必须统一规划思路，制定设计、互联网和制造业融合发展统一规划，形成统一的协同发展战略。在统一规划的同时，也可以选择一些发展条件较好，发展潜力较大，能够支持和带动地区经济发展的核心企业、核心行业、核心地区（或园区）作为重点，培育成为带动地区经济发展的增长极和增长带。要做到这一点，需要从沿海经济带内有前期基础并已经形成的融合协作关系的实际出发，通过制定合理的地区（行业）梯度政策推进，用区域（行业）联合来推动跨区域跨行业设计服务与制造业融合一体化，为融合发展提供有力的保障。如对区域（行业、产业）的设计服务、互联网与制造业融合发展创新指数进行研究，并定期发布。如设计全国性设计奖项等，建设设计、互联网与制造业融合发展的全国统一的线上平台和全国总智库。

2. 建设设计、互联网和制造业融合发展机制

融合发展是我国区域经济发展的必要阶段，虽然不同发展时间段及发展阶段的跨区域协作表现出的特征有所差异，但其是经济发展的普遍现象。相似经济水平的区域，由于地理邻近、地缘关系等因素的影响，会出现区域间行业间的设计、互联网与制造业融合发展的相关合作；处于不同发展阶段及发展层级的区域和行业，设计、互联网与制造业融合方向、方式和路径等也各不相同。因此，设计、互联网与制造业融合发展的建设需要突破固有思维框架，实现跨区域和跨行业的协调发展。

具体来看，首先通过培育经济发达地区的工业设计产业联盟以及"互联网+联盟"等，加强设计、互联网与制造业融合发展的资源共享。如以上海为工业设计研发院（中心）来进行地域上或空间上的融合发展的扩散。通过核心城市主导融合服务机制的形成，通过样本效应向周边地区扩散与渗透，促进核心重点区域、行业的制造业发展与转型升级，最终实现整体融合发展创新力和综合经济效益的提升。同时，鼓励企业与设计公

司、大学工业设计院所之间建立"产学研"联盟，采取市场化的联合或共同合作等方式建立设计、互联网与制造业融合发展平台，加快工业设计高校的科研院所与制造企业之间的联动，促进设计、互联网的共性技术的发展和共享，提升设计、互联网与制造业技术水平。在重点区域和相关行业率先创建设计、互联网的服务中心和创新联盟，带动跨区域、跨行业的设计、互联网与制造业的融合发展。

3. 构建设计、互联网和制造业融合发展的公共服务平台

对各地区各产业等设计服务、互联网产业乃至制造业的规模、结构及科技创新等情况进行全面反映和监测，对行业和产业长远生命周期发展中存在的问题和不足，有针对性地采取措施，实施设计服务与制造业融合发展的动态政策。同时，建设跨区域，跨行业的设计服务与制造业融合发展的公共技术服务平台，加大共性技术研究开发与应用示范。采取开放式、专业化共性技术服务平台建设，鼓励在平台内的自主创新和产品研发，由当地政府部门或平台给予专项资金资助。建立符合规定条件的融合发展创新实验室或研究中心和企业设计中心，当地政府部门给予专项资金资助。除此之外，由企业、高等院校和工业设计科研机构等承担设计服务与制造业融合发展的项目建设，地方政府给予配套项目和资金支持。

同时，对区域和行业资源进行优化升级及合理配置。促进区域和行业优势资源等要素的充分流动、互通有无，提高区域和行业等资源设计服务的整合能力及配置效率。逐渐消除行政区划的障碍，通过设计服务的基础平台、专业服务平台、知识产权交易平台等多方建设实现跨区域和跨行业资源的最优配置，加强区域和行业间的设计服务与制造业融合发展的交流及合作，积极开放区域协同公共服务平台。

4. 发挥互联网背景下设计服务和制造业融合发展核心示范区的辐射带动作用

从空间角度来看，不同区域和不同产业的设计服务与制造业融合发展呈现多融合子平台并存的特点。因此，需要充分利用上海等沿海经济发达地区的独特优势，积极搭建起区域和行业合作的多机制、多层次合作平台，从根本上获得设计服务与制造业融合发展的内在和外在驱动力，以提

设计、制造与互联网"三业"融合创新与制造业转型升级研究

升区域和行业发展的整体能力和影响力。除了北京、上海、广州以外,深圳、杭州、南京等城市的设计服务和制造业融合发展的水平都很高。

未来在设计、互联网与制造业融合发展中要充分发挥沿海经济发达地区的独特协同能力并对其他地区进行辐射带动,如充分发挥上海在区域经济转型升级中的引擎作用,通过设计、互联网等服务与制造业融合发展加强其对长三角北部及南部城市群的辐射,发挥上海的国际经济中心优势,并通过对长三角其他区域的辐射来加强与长江中游、上游城市群的设计、互联网服务联系,加强长三角一体化建设,建立沟通无碍、协同合作的网络式融合发展的区域体系。

5. 发挥政策的引导作用,并积极落实执行

设计、制造与互联网"三业"融合发展离不开国家发展战略以及地方政府的产业政策的引导,即政府引导下的跨区域跨行业的合作。政府政策的合理引导及支持主要表现在其对地方经济发展的需要及特定价值取向引导,具体表现为对跨区域跨行业融合发展提供的设计、互联网服务与制造业融合发展的产业政策支持及规划、对跨区域基础设施的建设及公共服务平台的支撑。

三、小结

中国产业体系与结构的转型实为供给体系与结构的转型,顺利推进我国产业体系与结构的转型离不开政府的有效引导和政策的大力支持,建立一套合理有效的政策体系对于产业结构的成功转型至关重要。同时,地方政府既是公共利益的代表,又有其自身的利益需求,地方政府对设计服务与制造业融合发展的重要作用主要表现在:第一,通过引导建立推动跨区域跨行业的融合机制,通过区域间大学、科研机构及设计公司的入驻,推动设计、互联网服务与制造业融合发展的跨区域跨行业的协同合作。第二,建设能为跨区域跨行业人才集中提供设计、互联网服务与制造业融合发展的平台及相应的资金支撑、配套设施的支持以及基础设置完善的机制。通过相应的政策、融资、知识产权的咨询,提供市场推广等服务,实

现融合发展创新成果转化和创业企业的孵化。总的来说，设计、互联网服务与制造业融合发展在区域和行业间形成了一定的区域和行业协同发展网络联盟，这种跨区域跨行业设计、互联网服务联盟的形成并不仅仅局限于简单的项目合作，而是在地方政府政策的引导下，通过共同服务平台及机制体制的建立，建立创新利益共同体，从而最终提升整个大区域的协同发展能力，实现我国经济的转型升级。

第四节　未来思考

当前，消费升级和产业革命把世界推进到一个崭新的设计时代，从某种意义上说，设计时代意味着高附加值的时代。先进制造业是我国优先发展的重点，因此工业设计的服务重点就是为先进制造业服务，而且要为传统制造业的转型升级服务。鼓励工业设计企业、高等学校、科研机构建立合作机制，促进形成以传统制造企业为主体、以市场为导向、政产学研相结合的工业设计创新体系。当前，各种工业设计园区和园区联盟的协同创新作用形成一定规模，比如上海和长三角区域现在有工业设计园区20多个，中国工业设计研究院2014年在上海正式挂牌成立等，未来将进一步发挥集聚效应，发挥协同创新的作用，向外扩展、辐射。

另外，互联网经济与大数据时代的工业设计发展是提升企业竞争力的必要途径。就目前的情况来看，我国大多数企业的资本实力还不够雄厚，研发投入不足，技术创新乏力，要在短时间内大规模地展开"互联网+""设计+"制造企业转型升级并不现实。与先进国家相比，国内企业在应用创新上有一定优势，我们的机会就在于基于大数据基础下的设计应用创新，可以先易后难，从日用品、消费品、传统制造企业开始切入，不断积累经验，逐步实现转型升级和高端突破。

可以看出，互联网经济与时代下工业设计的发展是传统制造走向智慧制造和转型升级的必然要求。随着信息技术在全球的应用普及，市场的广度、深度、精准度也随之发展，使我国互联网大数据时代下所撬动的工业设计和智慧经济的发展拥有了更为丰富的市场机会。我国发展设计、制造与互联网"三业"融合创新是顺应经济全球化的必然选择，可使我国传统制造业通过与工业设计和传统制造业的深度融合，促进新兴产业技术与传统制造业跨界融合和广泛应用，催化制造业变革，创新制造业格局。

当然，无论是对设计驱动创新还是对设计思维等的认知，我们都还停留在时髦的概念上，或停留在简单的商业模式层面，甚至粗浅地认为是融合创新。后续关键是要沉下心来和接地气，真正实现我国制造业转型升级是长期而艰苦的，需要有设计行业所倡导的"工匠"精神。无论是产品制造，还是设计和大数据，都是如此，都需要"工匠"精神，回归匠心才是大数据、工业设计与传统制造业融合创新和推进转型升级的内在使命。

在工业4.0时代，当智能制造和智能服务融为一体的时候，制造业和服务更是互相融合。未来的新型实体经济可能跟现在的表达不一样，未来产业与产业的边界是互相融合的，线上和线下的渠道是融合的，互联网将从服务业嵌入制造业，制造和服务将会互相融合。新型实体经济的表达，最初是基础性的"三业"平台产业（如传统制造、设计和创意、互联网），向上延伸出一些设施和设备制造产业，再往上是消费者需要的公共产品生产和服务产业，以及私人产品生产和服务的产业。

同时，我们不可能一步迈入新时代或一步迈入工业4.0，这个过程要经历2.0、2.5，甚至3.0。我们首先强调工业自动化，工业自动化以后，才可能走进信息化；只有信息化后，才能智能化。我们制造业现在还没有走完自动化路程，还有很多工业连半自动化都做不到，很难要求我们传统制造业很快就能适应产业互联网。正是基于此，本书在"互联网+制造业""设计+制造业"等"两业"融合创新基础上，进一步提出设计、互联网与传统制造业"三业"融合创新的概念，探究和思考的是从产品到服务、从重视硬件到重视软件、从封闭式创新到开放创新的颠覆性改变。"三业"融合创新是"设计+制造""互联网+制造"等产业融合的具体推进和发展，是我国传统制造业转型升级走新型工业化和加速制造业服务化转型道路的重要途径和必然选择。"三业"融合为我国传统制造业转型升级提供了迎接

第八章 结论与展望

新工业革命阶段的重要平台,可使我国传统制造业在工业4.0背景下的关键发展阶段不至于在起点和起步上就落后于发达国家。通过工业设计、互联网和传统制造业的深度融合,促进新兴产业技术与传统制造业跨界融合和广泛应用,催化制造业变革,创新制造业格局。

目前,中国具备从"汲取创新"(吸收并改良国际先进技术和知识)转变为"领导创新"的潜力。中国企业在某些类型的创新上表现出色,它们善于改良产品和服务以满足客户需求,或是利用中国制造业生态系统的优势改进工艺流程。

"十三五"时期,要把加快发展以设计业为代表的现代服务业作为落实"创新驱动发展、经济转型升级"总体要求的重要举措,着力深化服务业供给侧结构性改革,坚持提升传统服务业和培育新兴服务业并举,坚持满足需求和引导消费并重,推动设计业、互联网等服务业向专业化和高端化拓展,努力构建结构优化、服务优质、布局合理、融合共享的现代服务业和制造业融合创新体系。

参考文献

陈冬亮:《"科技+设计"融合下工业设计的版权保护》,《中国知识产权报》2015年3月8日第10版。

陈剑平、盛亚:《创新政策激励机理的多案例研究——以利益相关者权利需求为中介》,《科学学研究》2013年第7期。

陈劲、阳银娟:《协同创新的理论基础与内涵》,《科学学研究》2012年第2期。

陈劲、俞湘珍:《基于设计的创新——理论初探》,《技术经济》2010年第6期。

陈圻等:《中国设计产业钻石模型的双结构方程检验》,《科研管理》2017年第6期。

陈圻:《中国式蓝海战略——产品功能创新战略及其竞争力评价》,科学出版社2007年版。

陈雪颂、陈劲:《设计驱动型创新理论评介——创新中的意义创造》,《外国经济与管理》2010年第1期。

崔永华、王冬杰:《区域民生科技创新系统的构建——基于协同创新网络的视角》,《科学学与科学技术管理》2011年第7期。

邓智团:《非对称网络能力与产业网络的空间组织——以我国台湾地区流行音乐产业网络为例》,《中国工业经济》2010年第3期。

董保宝:《创业网络演进阶段整合模型构建与研究启示探析》,《外国经济与管理》2013年第9期。

董必荣:《基于价值网络的企业价值计量模式研究》,《中国工业经济》2012年第1期。

樊霞等:《产学研合作与企业独立研发关系的进一步检验——基于企业

R&D 投入门槛效应的分析》，《科学学研究》2013 年第 1 期。

范柏乃、余钧：《三重螺旋模型的理论构建、实证检验及修正路径》，《科学学研究》2014 年第 10 期。

范秀成、罗海成：《基于顾客感知价值的服务企业竞争力探析》，《南开管理评论》2003 年第 6 期。

高日光：《心理契约破裂感对员工忠诚表现的作用机制》，《现代管理科学》2010 年第 9 期。

郭姵君：《奢侈品品牌资产研究》，复旦大学博士学位论文，2008 年。

何佳讯：《中外企业的品牌资产差异及管理建议——基于 CBRQ 量表的实证研究》，《中国工业经济》2006 年第 8 期。

胡晶：《工业互联网、工业 4.0 和"两化"深度融合的比较研究》，《学术交流》2015 年第 1 期。

黄永春等：《中国"去工业化"与美国"再工业化"冲突之谜解析——来自服务业与制造业交互外部性的分析》，《中国工业经济》2013 年第 3 期。

吉敏、胡汉辉、陈金丹：《内生型产业集群升级的网络演化形态研究——基于启东天汾电动工具产业集群的分析》，《科学学研究》2011 年第 6 期。

解学梅、徐茂元：《协同创新机制、协同创新氛围与创新绩效——以协同网络为中介变量》，《科研管理》2014 年第 12 期。

解学梅、左蕾蕾、刘丝雨：《中小企业协同创新模式对协同创新效应的影响——协同机制和协同环境的双调节效应模型》，《科学学与科学技术管理》2014 年第 5 期。

解学梅：《中小企业协同创新网络与创新绩效的实证研究》，《管理科学学报》2010 年第 8 期。

康健、胡祖光：《基于区域产业互动的三螺旋协同创新能力评价研究》，《科研管理》2014 年第 5 期。

赖红波、王建玲：《基于社会网和价值网互动视角的本土企业高端突破研究——以集群网络内企业为例》，《软科学》2012 年第 5 期。

赖红波、吴泗宗、王建玲：《产业集群的自我否定与跨网络学习——以浙江温州低压电器产业集群为例》，《华东经济管理》2011 年第 2 期。

赖红波、丁伟:《大数据背景下用户研究与设计开发模式创新——以上海—长三角"设计立县"为例》,《设计》2015年第2期。

赖红波、芮明杰、梁磊:《设计驱动的产品创新与转型升级对顾客感知和购买意向影响实证研究》,《研究与发展管理》2016年第6期。

李飞、刘茜:《市场定位战略的综合模型研究》,《南开管理评论》2004年第5期。

李刚:《服务业能成为中国经济的动力产业吗》,《中国工业经济》2013年第4期。

李晓华、刘峰:《产业生态系统与战略性新兴产业发展》,《中国工业经济》2013年第3期。

李嫣、陈简:《2014年中国设计热点现象述评》,《民族艺术研究》2015年第28卷第1期。

李增华、李学林、李元之:《产品语义学在工业设计中的应用》,《沈阳工业大学学报》2006年第1期。

梁磊、赖红波:《新媒体传播对本土新奢侈品品牌培育与顾客购买意向影响研究》,《科研管理》2016年第6期。

梁强、罗英光、谢舜龙:《基于资源拼凑理论的创业资源价值实现研究与未来展望》,《外国经济与管理》2013年第5期。

林毅夫:《新结构经济学》,北京大学出版社2012年版。

刘丹、闫长乐:《协同创新网络结构与机理研究》,《管理世界》2013年第12期。

刘明宇、芮明杰:《价值网络重构、分工演进与产业结构优化》,《中国工业经济》2012年第5期。

刘维林:《产品架构与功能架构的双重嵌入——本土制造业突破GVC低端锁定的攀升路径》,《中国工业经济》2012年第1期。

刘璇等:《科研创新网络中知识扩散演化机制研究》,《科研管理》2015年第7期。

刘颖、陈继祥:《生产性服务业与制造业协同创新的自组织机理分析》,《科技进步与对策》2009年第15期。

刘志彪：《为实现现代化打下坚实产业基础》，《人民日报》2016年8月25日第7版。

柳冠中：《设计是人类未来不被毁灭的"第三种智慧"》，《包装学报》2010年第3期。

柳冠中：《中国工业设计产业结构机制思考》，《设计》2013年第10期。

罗昊、何人可：《大数据思维驱动下的设计创新思变》，《包装工程》2017年第38卷第12期。

吕铁、李扬帆：《德国"工业4.0"的战略意义与主要启示》，《中国党政干部论坛》2015年第3期。

吕铁：《第三次工业革命对我国制造业提出巨大挑战》，《求是》2013年第6期。

[美]凯文·莱恩·凯勒：《战略品牌管理》，李乃和等译，中国人民大学出版社2008年版。

[美]库帕：《交互设计之路——让高科技产品回归人性（第二版）》，Chris Ding译，电子工业出版社2006年版。

[美]迈克尔·波特：《国家竞争优势》，李明轩、邱如美译，中信出版社2007年版。

[美]加里·皮萨诺、威利·史：《制造繁荣：美国为什么需要制造业复兴》，机械工业信息研究院战略与规划研究所译，机械工业出版社2014年版。

[美]C.M. Vogel, J. Cagan, and P. Boatwright：《细节创新设计》，上海科学技术文献出版社2005年版。

[美]亨利·埃茨科威兹：《创业型大学与创新的三螺旋模型》，《科学学研究》2009年第4期。

[美]克里斯托弗·贝里：《奢侈的概念——概念及历史的探究》，江红译，上海人民出版社2005年版。

孟小峰、慈祥：《大数据管理：概念、技术与挑战》，《计算机管理与研究》2013年第1期。

[英]乔·蒂德、约翰·贝赞特：《创新管理：技术变革、市场变革和组织变革的整合》，陈劲译，中国人民大学出版社2012年版。

秦敏、乔晗、陈良煌：《基于CAS理论的企业开放式创新社区在线用户贡献行为研究——以国内知名企业社区为例》,《管理评论》2015年第1期。

芮明杰:《第三次工业革命与中国选择》,上海辞书出版社2013年版。

宋凌云、王贤彬:《政府补贴与产业结构变动》,《中国工业经济》2013年第4期。

眭纪刚:《技术与制度的协同演化理论与案例研究》,《科学学研究》2013年第7期。

孙冰、袭希、余浩:《网络关系视角下技术生态位态势研究——基于东北三省新能源汽车产业的实证分析》,《科学学研究》2013年第4期。

孙晓华、翟钰、秦川:《生产性服务业带动了制造业发展吗？——基于动态两部门模型的再检验》,《产业经济研究》2014年第1期。

谭洪波、郑江淮:《中国经济高速增长与服务业滞后并存之谜——基于部门全要素生产率的研究》,《中国工业经济》2012年第9期。

谭清美、房银海、王斌:《智能生产与服务网络条件下产业创新平台存在形式研究》,《科技进步与对策》2015年第23期。

王进富、张颖颖、苏世彬、刘江南:《产学研协同创新机制研究——一个理论分析框架》,《科技进步与对策》2013年第16期。

王磊、谭清美、王斌:《传统产业高端化机制研究——基于智能生产与服务网络体系》,《软科学》2016年第11期。

王泽垚、赖红波、丁伟:《"设计+"与博物馆及电影IP文化衍生品创新开发》,《设计》2016年第9期。

文嫮、曾刚:《全球价值链治理与地方产业网络升级研究——以上海浦东集成电路产业网络为例》,《中国工业经济》2005年第7期。

吴丰华、刘瑞明:《产业升级与自主创新能力构建——基于中国省际面板数据的实证研究》,《中国工业经济》2013年第5期。

吴义爽:《平台企业主导的生产性服务业集聚发展研究》,《科研管理》2014年第7期。

谢雄标、严良:《产业演化研究述评》,《中国地质大学学报》(社会科学版)2009年第6期。

熊建明、汤文仙:《企业并购与技术跨越》,《中国软科学》2008年第5期。

熊勇清、李世才:《战略性新兴产业与传统产业耦合发展的过程及作用机制探讨》,《科学学与科学技术管理》2010年第11期。

徐蕾、魏江:《集群企业跨边界网络整合与二元创新能力共演——1989~2011年的纵向案例研究》,《科学学研究》2013年第7期。

徐力行、高伟凯:《生产性服务业与制造业的协同创新》,《现代经济探讨》2008年第12期。

徐玲:《基于价值星系的我国产业集群升级路径研究》,《科学学与科学技术管理》2011年第9期。

薛捷:《顾客感知视角下设计驱动力对创新的影响研究》,《科学学研究》2016年第7期。

严北战:《基于"三链"高级化的集群式产业链升级机理》,《科研管理》2011年第10期。

杨震宁等:《身陷"盘丝洞":社会网络关系嵌入过度影响了创业过程吗?》,《管理世界》2013年第12期。

叶伟巍、王翠霞、王皓白:《设计驱动型创新机理的实证研究》,《科学学研究》2013年第8期。

俞湘珍:《基于设计的创新过程机制研究——组织学习视角》,杭州浙江大学博士学位论文,2011年。

俞湘珍、陈劲:《企业设计创新能力的构成及培养研究——产品语义学视角》,《科研管理》2017年第1期。

张峰:《基于顾客的品牌资产构成研究述评与模型重构》,《管理学报》2011年第4期。

张俊峰:《品牌资产消费者模式与产品市场模式的结构关系研究》,重庆工商大学硕士学位论文,2008年。

张雷勇、冯锋、肖相泽、马雷、付苗:《产学研共生网络:概念、体系与方法论指向》,《研究与发展管理》2013年第2期。

张亚军、干春晖、郑若谷:《生产性服务业与制造业的内生与关联——基于投入产出结构分解技术的实证研究》,《产业经济研究》2014年第6期。

张有绪:《基于消费者的品牌资产模型构建与实证研究》,《改革与战略》

2011年第10期。

赵武、王珂、秦鸿鑫:《开放式服务创新动态演进及协同机制研究》,《科学学研究》2016年第8期。

郑文清、肖平:《基于顾客的品牌资产创建模型研究》,《商业研究》2011年第6期。

中国社会科学院工业经济研究所课题组:《第三次工业革命与中国制造业的应对战略》,《学习与探索》2012年第9期。

周劲波、黄胜:《关系网络视角下的国际创业研究述评》,《外国经济与管理》2013年第2期。

周密:《后发转型大国价值链的空间重组与提升路径研究》,《中国工业经济》2013年第8期。

朱海燕:《产业集群升级:内涵、关键要素与机理分析》,《科学学研究》2009年第S2期。

庄涛、吴洪:《基于专利数据的我国官产学研三螺旋测度研究——兼论政府在产学研合作中的作用》,《管理世界》2013年第8期。

宗文:《全球价值网络与中国企业成长》,《中国工业经济》2011年第12期。

Aker D., *Managing brand equity: Capitalizing the value of a brand name*, New York: Free Press, 1991.

Awang A., Yusof A. A., and Kassim K. M., "Entrepreneurial orientation and performance relations of Malaysian Bumiputera SEMs: The impact of some perceived environmental factors", *International Journal of Business and Management*, Vol.4, No.9, 2009, pp.84-96.

B. Uzzi., "Social structure and competition in interfirm networks: The paradox of embeddedness", *Administrative Science Quarterly*, Vol.42, No.1, 1997, pp.35-67.

Bayson J. R., "Business service firms, service space and the management of change", *Entrepreneurship and Regional Development*, Vol.9, No.2, 1997, pp.93-112.

BBDO Company. *Brand equity drivers model*, Germany: BBDO Company, 2004.

Ben S., *Designing the user interface: strategies for effective human-computer interaction*, Boston: Addison-Wesley Longman Publishing Co., 1992.

Borgianni Yuri and Rotini Federico, "Innovation trajectories within the support of decisions: Insights about S-Curve and dominant design models", *International Journal of Innovation Science*. Vol.4, No.4, 2012, pp.259-268.

Bottazzi L. and Peri G, "Innovation and spillovers in regions: Evidence from European patent data", *European Economic Review*, Vol.47, No.4, 2003, pp.687-710.

Bruce M., Daly L. and Kahn K. B., "Delineating design factors that influence the global product launch process", *Journal of Product Innovation Management*, Vol.24, No.5, 2007, pp.456-470.

Bruce M. and Daly L., "Design and marketing connections: Creating added value", *Journal of Marketing Management*, Vol.23, No.9/10, 2007, pp.929-953.

Brunel F. and Swain, S., "A moderated perceptual model of product aesthetic evaluations", *European Advances in Consumer Research*, Vol.8, 2008, p.444.

Carayannis E. G. and Campbell D. F. J. "Triple helix, quadruple helix and quintuple helix and how do Knowledge, innovation, and environment relate to each other?", *International Journal of Social Ecology and Sustainable Development*, Vol.1, No.1, 2010, pp.41-69.

Chang W. and Hsu Y. E. N., "Strategic grougs, performance, and issues related to product design strategy", *Inter-national Journal of Innovation Management*, Vol.9, No.2, 2005, pp.133-154.

Chen Z. and Qu L., *The status of agriculture biotechnology in China*, Beijing: Peking University Press, 2003.

Chesbrough H. W. and Garman A. R., "How open innovation can help you cope in lean tiems", *Harvard Business Review*, Vol.87, No.12, 2009, pp.68-76.

Chesbrough H., "The logic of open innovation: Managing intellectual property", *California Management Review*, Vol.45, No.3, 2003, pp.33-58.

Chiva R. and Alegre J., "Linking design management skills and design function organization: An empirical study of Spanish and Italian ceramic tile producers", *Technovation*, Vol.20, No.3, 2007, pp.297-315.

Chiva R. and Alegre J., "Linking design management skills and design function organization: An empirical study of Spanish and Italian ceramictile producers", *Technovation*, Vol.27, No.10, 2007, pp.616-627.

Christensen C. M. and Bower J. L., "Customer power, strategic investment, and the failure of leading Firms", *Strategic Management Journal*, Vol.17, No.3, 1996, pp.197-218.

Christensen J. F., "Asset profiles for technological innovation", *Research Policy*, Vol.24, No.5, 1995, pp.727-745.

Cooper R. G. and Kleinschmidt E. J., "Success factors in product innovation", *Industrial Marketing Management*, Vol.16, No.3, 1987, pp.215-235.

Creusen M. and Schoormans J., "The different roles of product appearance in consumer choice", *Journal of Product Innovation Management*, Vol.22, No.1, 2005, pp.63-81.

Creusen. M. E. H., "Research opportunities related to consumer response to product design", *Journal of Product Innovation Management*, Vol.28, No.3, 2011, pp. 405-408.

Dahlander L. and Gann D., "How open is Innovation?", *Research Policy*, Vol.39, No.6, 2010, pp.699-709.

Daniels P. W., "Some perspectives on the geography of services", *Progress in Human Geography*, No.3, 2013, pp.427-437.

David A. Aaker and Kevin Lane Keller, "Consumer evaluations of brand extension", *Journal of Marketing*, Vol.54, No.1, 1990, pp. 27-41.

Dell'Era C., Marchesti A. and Verganti R., "Mastering technologies in design-driven innovation", *Research Technology Management*, Vol.53, No.2, 2010, p.12.

Diaz F. D., "On the limits of post-industrial society: Structural chang and service employment in Spain", *International Review of Applied Economics*, Vol.13, No.1, 2013, pp.111-123.

Dodds W. B., Monroe K. B. and Grewal D., "The effects of price, brand and store information on buyers' product evaluation", *Journal of Marketing Research*, Vol.28, No.3, 1991, pp.307-319.

Doloreux D., "Regional networks of small and medium sized enterprises: Evidence from the metropolitan area of Ottawa in Canada", *European Planning Studies*, Vol.12, No.2, 2004, pp.173-189.

Dosi G., "Technological paradigms and technological trajectories: A suggested interpretation of the determinants and directions of technical change", *Research Policy*, Vol.11, No.3, 1982, pp.147-162.

Erganti R., *Design-driven innovation: Changing the rules of competition by radically innovating what things mean*, Boston: Harvard Business Press, 2009.

Etzkowitz H. and Leydesdorff L., "The triple Helix of university-industry-government relations: A laboratory for knowledge based economic development", *Glycoconjugate Journal*, Vol.14, No.1, 1995, pp.14-19.

Freeman C., "The national system of innovation in historical perspective", *Cambridge Journal of Economics*, Vol.19, No.1, 1993, pp.5-24.

Freeman C., "Networks of innovators: A synthesis of research issue", *Research Policy*, Vol.20, 1991, pp.499-514.

Gary Gereffi, "International Trade and Industrial Upgrading in the Apparel Commodity Chains", *Journal of International Economics*, Vol.48, No.1, 1999, pp.37-70.

Gemser G. and Leenders M. A. A. M., "How integrating industrial design in the Product development process impacts on company performance",

Journal of Product Innovation Management, Vol.18, No.1, 2001, pp.28-38.

Gero J. S. and Kannengiesser U., "The situated function-behaviour-structure framework", *Design Studies*, Vol.25, No.4, 2004, pp.373-391.

Gorb P. and Dumas A., "Silent design", *Design Studies*, Vol.8, No.3, 1987, pp.150-156.

Gramer G., "Can Afria Industrialize by Processing Primary Commodities? The Case of Mozambican Cashew Nuts", *World Development*, Vol.27, No.7, 1999, pp.1247-1266.

Granovetter M., "Economic action and social structure: The problem of the embeddedness", *American Journal of Sociology*, Vol.91, No.3, 1985, pp.481-510.

Guan Chen., "Measuring the innovation production process: A cross-region empirical study of china's high-tech innovations", *Technovation*, Vol.30, No.5-6, 2010, pp.348-358.

Guerrieri P.and Valentina M., "Technology and international competitivences: The interdependence between manufacturing and product service", *Structural Change and Economic Dynamics*, Vol.16, No.4, 2005, pp.489-502.

Hadjimanolis A., "Barriers to innovation for SMEs in a small less developed contry (Cyprus)", *Technovation*, Vol.19, No.9, 1999, pp.561-570.

Han Woo Park and Loet Leydesdorff, "Longitudinal trends in networks of university-industry-government relations in south Korea: The role of programmatic incentives", *Research Policy*, Vol.39, No.5, 2010, pp.640-649.

Han Y. J. and Park Y., "Patent network analysis of inter-industrial knowledge flows: The case of Korea between traditional and emerging industries", *World Patent Information*, Vol.28, No.9, 2006, pp.235-247.

Harbison J. R. and Pekar P., *Cross-border alliances in the age of collabora-*

tion, Los Angeles, 1997.

Hargadon, A. B. and Douglas Y., "When innovation meet institutions: Edition and the design of the electric light", *Adminstrative Sceince Quarterly*, Vol.46, No.3, 2001, pp.476-501.

Hastbacka M., "Open innovation: Whats mine is mine...What if yours could be mine, too", *Technology Management Journal*, Vol.12, 2004, pp.1-3.

Heehyoung Jang, Lorne Olfman, and Ilsang Ko, "The influence of on-line brand community characteristics on community commitment and brand Loyalty", *International Journal of Electronic Commerce*, Vol.167, No.3, 2007, pp.1474-1482.

Herbst K. C., Finkel E. J., and Allan D., "On the dangers of pulling a fast one: Advertisement disclaimer speed, brand trust, and purchase intention", *Journal of Consumer Research*, Vol.38, No.5, 2012, pp.909-919.

Hertenstein J. H., Platt M. B. Veryzer R. W., "The impact of industrial design effectiveness on corporate financial performance", *Journal of Product Innovation Management*, Vol.22, 2005, pp.3-21.

Hiroyuki Okamuro, "Determinants of successful R&D co-operation in Japanese small businesses: The impact of organizational and contractual characteristics", *Research Policy*, Vol.36, No.10, 2007, pp.1529-1544.

Hoang H. and Rothaermel F. T., "The effect of general and partner-specific alliance experience on joint R&D project performance", *Academy of Management Journal*, Vol.48, No.2, 2005, pp.332-345.

Holbrook M. B., "Customer value: A framework for analysis and research", *Advances in Consumer Research*, Vol.23, No.1, 1996, pp.138-142.

Homburg C., Schwemmle M. and Kuehnl C., "New product design: Concept, measurement, and consequences", *Journal of Marketing*, Vol.79, No.3, 2015, pp.41-56.

Hongbumm K. and Woo G. K., "The relationship between brand equity and firms' performance in luxury hotels and chain restaurants", *Tourism Management*, Vol.26, No.4, 2001, pp.549-560.

Humphrey J. and Schmitz H., "How does insertion in global value chains affect upgrading industrial cluster?", *Regional Studies*, Vol.136, No. 9, 2002, pp.1017-1027.

Hylving L., Henfridsson O., and Selander L., "The role of dominant design in a product developing firm's digital innovation", *Journal of Information Technology Theory & Application*, Vol.13, No.2, 2012, pp.5-21.

Janell D. T., Montoya M. M., and Calantone R.J., "Form and function: A matter of perspective", *Journal of Product Innovation Management*, Vol. 28, No.3, 2011, pp.374-377.

Kallinikos J., Aaltonen A., and Marton A., "A theory of digital objects", *First Monday*, Vol.15, No.6-7, 2010.

Kambatla K., Kollias G., and Kumar V., "Trends in bigdata analytics", *Journal of Parallel Distributed Computing*, Vol.74, 2014, pp.2561-2573.

Kaplinsky R. and M. Morris, *A handbook for value chain research*, Brighton: IDS, 2001.

Karaomerlioglu D. and Carlsson B., "Manufacturing in decline? A matter of definition", *Economics Innovation of New Technology*, Vol.8, No.3, 2013, pp.175-196.

Kastoris A. C., Rafailidis P. I., and Vouloumanou E. K., "Synergy of fosfomycin with other antibiotics for Gram-positive and Gram-negative bacteria", *European Journal of Clinical Pharmacology*, Vol.66, No.4, 2010, pp.359-368.

Klitkou A. and Godoe H., "The Norwegian PV manufacturing in a triple helix perpective", *Ennergy Policy*, Vol.61, No.7, 2013, pp.1586-1594.

Koschatzky K., "Innovation networks of industry and business-related services-relations between innovation intensity of firms and regional inter-firm cooperation", *European Planning Studies*, Vol.7, No.6, 1999, pp.737-

757.

Kreuzbauer R. and Malter A. J., "Embodied cognition and new product design: Changing product form to influence brand categorization", *Journal of Product Innovation Management*, Vol.22, No.2, 2005, pp.165-176.

Krippendorff K., "On the essential contexts of artifacts or on the proposition that design is making sense (of things)", *Design Issues*, Vol.5, No.2, 1989, pp.142-144.

Lall S. Neiss and J. J. K. Zhang, "Regional and country sophistication performance", *Asian Development Bank Institution Discussion Paper*, 2005.

Lau A. K. W., Lo W., "Regional innovation system, absorptive capacity and innovation performance: An empirical study", *Technological Forecasting and Social Change*, Vol.92, 2015, pp.99-114.

Lee S. Park, G. Yoon and B. Park J., "Open innovation in SMEs -an intermediated network model", *Research Poliey*, Vol.39, No.2, 2010, pp.290-300.

Lengyel B. and Leydesdorff L., "Regional innovation systems in Hungary: The failing synergy at the national level", *Regional Studies*, Vol.45, No.5, 2011, pp.677-693.

Leydesdorff L., "The triple helix, quadruple helix, and an n-tuple of helices: Axplanatory models for analyzing the knowledge-based economy?", *Journal of the Knowledge-Based Economy*, Vol.3, No.1, 2012, pp.25-35.

Lichtenthaler U., "Open innovation: Past research, current debates, and future directions", *Academy of Management Perspectives*, Vol.25, No.1, 2011, pp.75-93.

Louis-Michel L., Laframboise M., and Lariviere V. eds., "The effect of university-industry collaboration on the scientific impact of publications: The Canadian case (1980-2005)", *Research Evaluation*, Vol.17, No.3, 2008, pp.227-232.

Lumpkin G. T., Cogliser C. C., and Schneider D. R., "Understanding and measuring autonomy: An entrepreneurial orientation perspective", *Entrepreneurship Theory and Practice*, Vol.33, No.1, 2009, pp.47-69.

Maroto-Sanchez A., "Productivity in the services sector: Conventional and current explanations", *The Service Industries Journal*, Vol.32, No.5, 2012, pp.719-746.

Miehael E. Porter., *Competitive Strategy*, New York: Free Press, 2006.

Mutanen U. M., "Developing organisational design capability in a finland-based engineering corporation: The case of Metso", *Design Studies*, Vol.29, No.5, 2008, pp.500-520.

Netemeyer R. G., Krishnan B. and Pullig C. eds. "Developing and validating measures of facets of customer-based brand equity", *Journal of Business Research*, Vol.57, No.2, 2004, pp.209-224.

Nieto M. J. and Santamana L., "The importance of diverse collaborative networks for the novelty of product innovation", *Technovation*, Vol.27, No.6-7, 2007, pp.367-377.

Nolan P., *China and the global business revolution*, London: Palgrave, 2001.

Oliver Richard L., "Whence consumer loyalty", *Journal of Marketing (Special Issue)*, Vol.63, No.4, 1999, pp.33-44.

Osborn R. N. and Hagedoorn J., "The institutionalization and evolutionary dynamic of interorganizational alliances and networks", *The Academy of Management Journal*, Vol.40, No.2, 1997, pp.261-278.

Park H. W. and Leydesdorff L., "Longitudinal trends in networks of university-industry-government relations in South Korea: The role of programmatic incentives", *Research Policy*, Vol.39, No.5, 2010, pp.640-649.

Pekkarinen S. and Hamaakorpi V., "Building regional innovation networks: The definition of an age business core process in a regional innovation system", *Regional Studies*, Vol.40, No.4, 2006, pp.401-413.

Raphael Kaplinsky and Mike Morris., "A handbook for value chain research",

Prepared for the IDRC, 2001.

Ravasi D. and Lojacono G., "Managing design and designers for strategic renewal", *Long Range Planning*, Vol.4, No.1, 2005, pp.121-122.

Rindova V. P. and Petkova A. P., "When is a new thing a good thing? Technological change, product form design, and perceptions of value for product innovation", *Organization Science*, Vol.18, No.2, 2007, pp. 217-232.

Rosenberg N., *Inside the black box: Technology and economics*, Cambridge: Cambridge University Press, 1982.

Rowthorn R. and Ramaswamy R., "Growth, trade and deindustrialization", *IMF Staff Pagers*, Vol.46, No.1, pp.1-28.

Roy R. and Riedel Johann C. K. H., "Design and innovation in successful product competition", *Technovation*, Vol.17, No.10, 1997, pp.537-548.

Schiuma G. and Lerro A., "Knowledge-based capital in building regional innovation capacity", *Journal of Knowledge Management*, Vol.12, No. 5, 2008, pp.121-136.

Schreier Martin, Fuchs. Christoph and Dahl Darren W., "The innovation effect of user design: Exploring consumers' innovation perceptions of firms selling products designed by users", *Journal of Marketing*, Vol.76, No. 5, 2012, pp.18-32.

Sheth J. N. and Newman B. I. *Consumption values and market choice*, Ohio: South Western Publishing, 1991.

Siu W. and Bao Q., "Network strategies of small Chinese high-technology firms: A qualitative study", *Journal of Product Innovation Management*, Vol.25, No.1, 2008, pp.79-102.

Srivastava M. K. and Gnyawali D. R., "When do relation resources matter? Leveraging portfolio technological resources for breakthrough innovation", *Academy of Management Journal*, Vol.54, No.4, 2011, pp.797-810.

Suarez F. and Utterback J. M., "Domiant designs and the survival of firms",

Strategic Management Journal, Vol.16, No.3, 1995, pp.415-430.

Tidd J. and Bessant J., *Managing innovation: Integrating technological, market and organizational change*, London: John Wiley & Sons, Ltd, 2013.

Tilson D., Lyytinen K., and Rensen C., "Research commentary: Digital infrastructures: The missing is research agenda", *Information Systems Research*, Vol.21, No.4, 2010, pp.748-759.

Utterback J. M. and Abernathy W. J., "A dynamic model of product and process innovation", *Omega*, Vol.3, No.6, 1975, pp.639-656.

Utterback J., eds., *Design inspired innovation*, New York: World Scientific, 2006.

Valeria Arza and Ardres Lopez, "Firms linkages with public research organizations in Argentina: Drivers, Perceptions and Behaviours", *Technovation*, Vol.31, No.80, 2011, pp: 384-400.

Verganti R., *Design-driven innovation: Changing the rules of competition by radically innovating what things mean*, Boston: Harvard Business Press, 2009.

Verganti R., "Design as brokering of languages: Innovation strategies in Italian firms", *Design Management Journal*, Vol.13, No. 3, 2003, pp. 34-42.

Verganti R., "Design, meanings, and radical innovation: A metamodel and a research agenda", *Journal of Product Innovation Management*, Vol.25, No.5, 2008, pp.436-456.

Von Tunzelmann N., "Historical coevolution of governance and technology in the industrial revolutions", *Structural Change and Economic Dynamics*, No.14, 2003, pp.365-384.

West J. and Gallagher S., "Challenges of open innovation: The paradox of firm investment in open-source software", *R&D Management*, Vol.36, No. 3, 2006, pp.319-331.

Whitley R., "Developing innovative competences: The role of institutional frameworks", *Industrial and Corporate Change*, Vol.11, No.3, 2002, pp.

497-528.

Winder N., McIntosh B. S., and Jeffrey P., "The origin, diagnostic attributes and practical application of co-evolutionary theory", *Ecological Economics*, No.4, 2005, pp.347-361.

Xie, X. M., Zeng, S. X. and Tam C. M., "How does cooperative innovation affect innovation performance? Evidence from Chinese firms", *Technology Analysis & Strategic Management*, Vol.25, No.8, 2013, pp.939-956.

Yamada K. and Eshima Y., "Impact of entrepreneurial orientation: Longitudinal analysis of small technology firms in Japan", *Academy of Management Proceedings*, No.1, 2009, pp.1-6.

Yoo Y., Henfridsson O., and Lyytinen K., "Research commentary: The new organizing logic of digital innovation: An agenda for information systems research", *Information Systems Research*, Vol.21, No.4, 2010, pp.724-735.

Yoo B., Donthu N., "Developing and validating a multi-dimensional consumer based brand equity scale", *Journal of Business Research*, 2001, Vol.52, No.1, pp.1-14.

You Zhao Liang, Ding Han Huang and Wen Ko Chiou. "User Oriented design to the Chinese industries scenario and experience innovation design technology Era", *Compute Inform Science*, No.2, 2007, pp.156-163.

Zeithaml Valarie A., Berry Leonard L. and A. Parasuraman. "The behavioral consequences of service quality", *Journal of Retailing*, Vol.60, No.4, 1996, p.34.

Zheng, J. H., L. I. Zhang, and Y. Wang, "The underdevelopment of service industry in china: An empirical study of cities in Yangtze River Delta", *Frontiers of Economics in China*, No.6, 2011, pp.413-446.

Ziamou P. L. and S. Ratneshwar, "Innovations in product functionality: When & why are explicit comparisons effective", *The Journal of Marketing*, Vol.67, No.2, 2003, pp.49-61.

索 引

A

AI 157

B

包豪斯 27，28，34，54

C

创新思维 145，173
创新体系 5，51，114，185，209，211
产业创新 4，5，47，53，113，114，126，127，137，138，141，142，157，160，162，184，185，201，203，217
产业融合 2，3，4，6，10，12，25，44，48，51，92，105，114，127，130，132，143，145，146，189，190，210
产品语义 19，20，56，59，60，61，63，64，66，69，70，71，72，73，74，75，76，102，145，215，218
产业政策 3，8，13，34，90，91，92，154，190，195，200，202，203，208
长三角制造业
CPS 系统 125

D

大数据 3，4，11，12，35，36，103，110，112，116，120，124，126，131，133，135，137，140，142，143，144，145，146，147，148，149，150，151，154，155，156，158，160，161，162，163，164，166，167，168，172，177，182，184，185，186，198，200，209，210，215，216

F

服务业 2，3，5，7，8，9，21，22，24，26，46，47，48，49，50，51，82，90，91，97，104，112，140，144，154，155，156，163，165，166，186，191，200，202，203，205，210，211，214，215，217，218

G

感知 45, 56, 57, 58, 59, 60, 61, 62, 63, 64, 66, 67, 69, 70, 71, 72, 73, 74, 75, 76, 103, 134, 135, 149, 150, 156, 157, 161, 214, 215, 218

高端突破 5, 46, 51, 209, 214

供给侧改革 40, 45, 47, 51, 154, 203

个性化 2, 6, 36, 39, 40, 45, 97, 108, 109, 123, 130, 131, 133, 135, 138, 143, 145, 148, 152, 154, 157, 173, 177, 188, 189, 190

工业 1, 2, 3, 4, 5, 6, 7, 8, 9, 10, 11, 19, 21, 25, 26, 27, 28, 29, 30, 31, 32, 33, 34, 35, 36, 37, 38, 40, 41, 42, 43, 44, 45, 47, 48, 49, 50, 51, 56, 77, 83, 84, 85, 86, 87, 88, 93, 94, 95, 96, 97, 98, 99, 101, 102, 103, 107, 108, 112, 113, 114, 116, 121, 122, 124, 125, 127, 129, 131, 132, 133, 134, 135, 138, 139, 140, 141, 143, 144, 145, 146, 147, 150, 152, 153, 154, 155, 156, 159, 160, 163, 165, 166, 167, 168, 183, 184, 185, 186, 189, 190, 193, 196, 197, 198, 199, 200, 201, 204, 205, 206, 207, 209, 210, 211, 213, 214, 215, 216, 217, 219

H

互联网 2, 3, 4, 5, 6, 7, 8, 9, 10, 11, 12, 13, 25, 26, 62, 96, 103, 104, 105, 107, 108, 109, 110, 111, 112, 113, 114, 115, 116, 117, 118, 119, 120, 121, 122, 123, 124, 125, 126, 127, 128, 129, 130, 131, 132, 133, 134, 135, 137, 139, 140, 141, 142, 143, 144, 145, 146, 147, 148, 150, 151, 152, 153, 154, 155, 157, 158, 159, 160, 161, 162, 163, 164, 165, 167, 168, 169, 170, 171, 172, 173, 175, 177, 178, 179, 180, 181, 182, 183, 184, 185, 186, 187, 188, 189, 190, 191, 192, 193, 195, 196, 197, 198, 199, 200, 201, 202, 203, 204, 205, 206

回归系数 71, 72, 73

I

IP 47, 170, 178, 179, 180, 181, 181, 182, 186, 217

J

技术创新 23, 29, 51, 96, 108, 111, 113, 126, 127, 139, 162, 163, 167, 191, 203, 205, 206, 209

机器人 126，131，138，196

K

开放式创新 24，78，122，141，142，159，188，216

L

联盟 9，24，27，28，34，47，54，179，185，187，191，206，207，209

P

品牌 4，17，18，21，28，29，30，32，35，41，43，47，48，49，53，55，56，57，58，59，60，61，62，63，64，66，67，69，70，71，72，73，74，75，76，77，78，83，85，87，91，94，97，98，102，103，104，105，113，117，119，120，121，128，129，130，138，149，150，151，152，153，158，167，169，170，171，174，175，176，177，178，179，180，181，186，187，188，192，193，195，196，199，201，204，214，215，216，218，219

R

人工智能 115，126，133，140，143，145，146，155，156，157

S

设计思维 27，35，38，39，47，48，49，83，88，92，101，105，148，163，172，173，177，185，197，210

设计驱动 4，9，10，11，12，13，19，20，21，35，37，53，54，56，59，62，63，64，69，74，75，76，93，102，103，104，105，142，145，174，184，187，210，213，215，218

"三业"融合 3，4，5，6，7，11，12，13，137，139，140，141，143，144，145，146，149，150，151，153，154，155，156，157，158，159，160，161，162，163，165，166，167，169，170，171，172，178，179，183，185，186，187，189，190，191，192，193，195，197，198，199，200，201，202，203，205，208，210

商业智能 126

四次工业革命 102，103，189，190

柔性化生产 133，135

生态系统 4，5，7，10，12，23，39，113，118，183，185，186，187，192，211，215

生态体系 9，112，179，192

生态圈 184，186，187，192

T

同理心 39,48
痛点 130,147,150,158,200,201

U

UI 191

W

弯道超车 130,190,199,200,201
微笑曲线 121,158,163
网红 172,173,174,176,177

X

系统创新 4,38,39,40,148,183
新兴产业 5,7,8,9,15,96,108,127,134,146,154,155,201,210,211,215,218
消费者感知 56,60
消费升级 19,45,57,76,92,152,166,169,173,174,176,184,209

Y

因变量 66,69,70,71,72,73

Z

转型升级 1,2,3,4,5,6,7,8,9,10,11,13,15,16,17,18,23,24,25,26,27,34,40,47,49,50,51,53,56,59,61,63,64,76,86,87,93,96,97,99,101,104,105,114,116,117,126,127,134,137,139,140,142,143,144,145,146,147,149,150,151,152,154,156,158,159,160,161,163,165,166,169,170,171,176,178,179,183,184,185,186,187,190,191,192,193,195,196,197,198,199,200,201,202,203,204,205,206,208,209,210,211,215
智慧制造 138,209
智能制造 107,108,112,126,130,131,132,133,134,135,137,138,146,156,157,161,190,210
组织创新 108,112,201
知识网络 16,35,36,155,162
智能工厂 135,158
智能互联网 157
中国制造2025 6,112,126,131,134,135,138,146,190,200

后　记

2011年3月，笔者从同济大学博士毕业后，进入华东理工大学做师资博士后（一站）。那个时候，各个高校都刚刚兴起师资博士后制度，没有太多经验，都是在摸索中前进。甚至，由于华东理工大学商学院还没有博士后流动站，只能划到华东理工大学社会学院博士后流动站。在此期间，笔者试图努力寻求突破，并不断申报博士后基金（从第49批到第52批），但一次次冲击，一次次失败……那个时候，笔者的信心几乎全无。

经过两年的磕磕碰碰，笔者从华东理工大学博士后出站，出站后目标逐渐清晰，研究方向也大致明确。同时幸运地获得机会，于2013年夏季进入复旦大学应用经济学博士后流动站，开始二站博士后生涯。入站之后的三年，笔者心无旁骛、执着坚守，几乎每周大部分时间，都在复旦理科图书馆度过。没有周末和节假日，砥砺前行。一分耕耘一分收获，从2014年中国博士后科学面上基金（第55批），到2015年中国博士后科学第八批特别基金资助，再到2016年上海市哲学与社会科学一般项目基金等，都给笔者些许安慰和鼓励，在一点点找到方向的同时，也逐渐重拾自信。

感谢复旦大学，感谢笔者的博士后导师——复旦大学管理学院芮明杰教授，从2009年国际学术会议的相遇到2013年成为其门下弟子，芮老师深邃的思想，严谨治学和持之以恒的态度，让笔者如沐春风，并终身受益。尤其在笔者最困难的时候，芮老师一次次伸出援手，令笔者感动。

饮水思源，感谢同济大学，感谢笔者的博士生导师吴泗宗教授。吴老师渊博的学识给笔者学术思想的启迪，并通过言传身教，让笔者领悟做人、做事、做学问的道理。吴老师大段朗诵"星星之火可以燎原"的磅礴气势和激情,一直激励笔者前行。

感谢在华东理工大学的六年学习和任教,让笔者得以跨越传媒、设计和社会学等多学科知识来思考制造企业的转型升级,这段经历极大地开拓了笔者的研究视野和研究领域。尤其是有机会参与到学院"设计立县"的理论及共同探索,对本书贡献很多。感谢2017年至今在上海理工大学管理学院的任教和学习,学院和系里严谨宽松的学术氛围,同事之间友好互助的工作氛围,都给予了笔者前行的动力。

感谢第七批《中国社会科学博士后文库》的编辑和评阅专家,本书能幸运入选,让笔者五年来的成果得以付梓,不胜感慨。笔者有幸参与了工信部、中国工业设计协会和中国工业设计研究院2015年联合课题,以及2018年上海市文创重点课题,得到了诸多学习机会。感谢上海市浦东区委研究室2018年市决策咨询专项课题、上海市发展研究中心2019年市决策咨询重点课题、上海市教委2019年智库内涵建设课题等,让笔者的研究领域逐步从"互联网+"拓展到人工智能领域,得到了新的锻炼机会。

本书的出版,很大程度上也凝聚了集体的智慧和帮助。要感谢笔者的老师、同学、同事、课题组成员,以及笔者的研究生和全国大学生创新创业大赛参赛学生等对本书的贡献和帮助,在此无法一一列举,谢谢你们。同时,需要说明的是,本书的观点和内容仅系笔者近些年来对此问题的观察和思考,以及参与相关课题的部分成果,但由于笔者学识和阅历均十分有限,书中的错误疏漏在所难免,一些观点值得商榷,一些内容有待完善,敬请读者批评指正。

最后,感谢笔者的家人。从2008年读博至今,一路走来,陪伴家人的时间太少,笔者对此心存愧疚。时间真快,一晃笔者的儿子赖家言都10岁了。记得写博士论文时,他从刚出生到牙牙学语;写一站博士后报告时,他已是活泼好动的幼儿园小孩;写二站博士后报告时,他成为戴红领巾的小学生……这也是辛苦之余最大的快乐。

从博士期间的跨网络学习研究,到博士后期间网络关系升级研究,以及目前的设计、制造和互联网"三业"融合创新,本质上思考的都还是本土制造企业转型与升级。改革开放40年来我国传统制造企业的发展以及

后 记

如何转型升级,是一个宏大命题,需要长期思考和关注。未来,笔者依然会对这个命题继续深入研究。学术道路是孤独和坎坷的,没有任何捷径,需要时刻提醒和鞭策自己坚持"日行20里"。

赖红波
2018 年 7 月 31 日于复旦大学理科图书馆

专家推荐表

第七批《中国社会科学博士后文库》专家推荐表1

推荐专家姓名	芮明杰	行政职务	产业经济系主任
研究专长	产业经济、企业管理	电话	
工作单位	复旦大学管理学院	邮编	
推荐成果名称	设计、制造与互联网"三业"融合创新与制造业转型升级研究		
成果作者姓名	赖红波		

（对书稿的学术创新、理论价值、现实意义、政治理论倾向及是否达到出版水平等方面做出全面评价，并指出其缺点或不足）

本书以赖红波博士在复旦大学应用经济学博士后流动站在站期间的成果为基础进行撰写和完善。本书以设计驱动创新为视角，以工业设计发展推动制造业转型升级为主线，把设计、制造业和互联网为代表的新兴技术放在一个平台上构建"三业"融合的概念和理论模型，并通过设计、制造和互联网"三业"融合协同创新来推动中国制造业转型升级。

本书提出的设计、制造业和互联网"三业"融合及协同创新观点较为新颖，对当下现代产业体系构建有一定思考。"三业"融合创新，实质是借由三者互动演化构筑协同创新生态网络，超越传统"产学研"边界，实现各个主体之间的资源共享，知识和技术扩散及创新产生。最终促进设计、制造和互联网"三业"深度融合发展，为推动工业转型升级注入新的动力，并以此寻找到传统制造业转型升级突破口，为发展中国家后发企业如何赶超及实现高端突破提供指导，具有很好的理论和实际应用价值。

赖红波博士后期间研究聚焦在设计驱动产业创新方面，并先后获得中国博士后科学面上基金（第54批）和中国博士后特别资助基金（第八批）等研究资助，2016年被评为复旦大学优秀博士后。

特此推荐！

签字：（签名）

2018年7月27日

说明：该推荐表由具有正高职称的同行专家填写。一旦推荐书稿入选《博士后文库》，推荐专家姓名及推荐意见将印入著作。

设计、制造与互联网"三业"融合创新与制造业转型升级研究

第七批《中国社会科学博士后文库》专家推荐表 2

推荐专家姓名	吴泗宗	行政职务	原同济大学经济与管理学院党委书记
研究专长	市场营销、战略管理	电 话	
工作单位	同济大学经济与管理学院	邮 编	
推荐成果名称	设计、制造与互联网"三业"融合创新与制造业转型升级研究		
成果作者姓名	赖红波		

(对书稿的学术创新、理论价值、现实意义、政治理论倾向及是否达到出版水平等方面做出全面评价,并指出其缺点或不足)

赖红波博士在同济大学博士毕业后,进一步去复旦大学应用经济学博士后流动站深造。本书延续和拓展赖红波博士在同济博士期间的研究领域,从产业集群跨网络学习,到"三业"融合创新,本质都是寻找我国制造业转型升级突破口。正如中共十九大报告指出,建设现代化经济体系,必须把发展经济的着力点放在实体经济上,把提高供给体系质量作为主攻方向,显著增强我国经济质量优势,加快建设制造强国,加快发展先进制造业,推动互联网等新兴技术和实体经济深度融合,在中高端消费、创新引领等领域培育新增长点、形成新动能。

当下,伴随设计思维兴起和设计服务业的快速发展,设计业对制造企业提高自主创新能力,提高产品和品牌附加值及转型升级具有重要意义。越来越多学者提出在传统技术推动和市场拉动促进转型升级之外,还存在设计驱动的第三种创新模式。为此,本书基于设计驱动创新和推动制造业转型升级视角,把设计、制造和互联网"三业"放在一个平台上构建理论模型,提出设计、制造和互联网"三业"融合概念,并对"三业"融合创新的机理、必要性和可行性进行了概念阐述以及相应的实证研究。

同时,本书对"三业"融合创新与制造业转型升级路径的三个不同阶段(产品阶段、IP 阶段、生态系统阶段)进行了分析和典型案例对比,对"三业"融合创新的路径和模式进行总结提炼。在此基础上,对传统制造转型新兴制造(智能制造)等也进行分析探索,并以此寻找制造业转型升级突破口,为我国制造业实现"弯道超车"和高端突破提供指导和政策建议,具有很好的理论和实际应用价值。

近年来,赖红波博士一直聚焦在"设计驱动创新"与制造业转型升级的研究领域,以此为突破口,找到自己的研究领域和研究特色。并先后主持省部级基金 4 项,其博士论文获得上海市软科学基金资助,博士后研究报告获得中国博士后科学面上基金(第 54 批)和中国博士后特别资助基金(第八批)资助,并荣获 2016 年复旦大学优秀博士后。

特此推荐!

签字:

2018 年 7 月 30 日

说明:该推荐表由具有正高职称的同行专家填写。一旦推荐书稿入选《博士后文库》,推荐专家姓名及推荐意见将印入著作。

经济管理出版社《中国社会科学博士后文库》成果目录

第一批《中国社会科学博士后文库》（2012年出版）

序号	书名	作者
1	《"中国式"分权的一个理论探索》	汤玉刚
2	《独立审计信用监管机制研究》	王慧
3	《对冲基金监管制度研究》	王刚
4	《公开与透明：国有大企业信息披露制度研究》	郭媛媛
5	《公司转型：中国公司制度改革的新视角》	安青松
6	《基于社会资本视角的创业研究》	刘兴国
7	《金融效率与中国产业发展问题研究》	余剑
8	《进入方式、内部贸易与外资企业绩效研究》	王进猛
9	《旅游生态位理论、方法与应用研究》	向延平
10	《农村经济管理研究的新视角》	孟涛
11	《生产性服务业与中国产业结构演变关系的量化研究》	沈家文
12	《提升企业创新能力及其组织绩效研究》	王涛
13	《体制转轨视角下的企业家精神及其对经济增长的影响》	董昀
14	《刑事经济性处分研究》	向燕
15	《中国行业收入差距问题研究》	武鹏
16	《中国土地法体系构建与制度创新研究》	吴春岐
17	《转型经济条件下中国自然垄断产业的有效竞争研究》	胡德宝

第二批《中国社会科学博士后文库》（2013 年出版）		
序号	书 名	作 者
1	《国有大型企业制度改造的理论与实践》	董仕军
2	《后福特制生产方式下的流通组织理论研究》	宋宪萍
3	《基于场景理论的我国城市择居行为及房价空间差异问题研究》	吴 迪
4	《基于能力方法的福利经济学》	汪毅霖
5	《金融发展与企业家创业》	张龙耀
6	《金融危机、影子银行与中国银行业发展研究》	郭春松
7	《经济周期、经济转型与商业银行系统性风险管理》	李关政
8	《境内企业境外上市监管若干问题研究》	刘 轶
9	《生态维度下土地规划管理及其法制考量》	胡耘通
10	《市场预期、利率期限结构与间接货币政策转型》	李宏瑾
11	《直线幕僚体系、异常管理决策与企业动态能力》	杜长征
12	《中国产业转移的区域福利效应研究》	孙浩进
13	《中国低碳经济发展与低碳金融机制研究》	乔海曙
14	《中国地方政府绩效评估系统研究》	朱衍强
15	《中国工业经济运行效益分析与评价》	张航燕
16	《中国经济增长：一个"被破坏性创造"的内生增长模型》	韩忠亮
17	《中国老年收入保障体系研究》	梅 哲
18	《中国农民工的住房问题研究》	董 昕
19	《中美高管薪酬制度比较研究》	胡 玲
20	《转型与整合：跨国物流集团业务升级战略研究》	杜培枫

第三批《中国社会科学博士后文库》（2014年出版）

序号	书　名	作者
1	《程序正义与人的存在》	朱　丹
2	《高技术服务业外商直接投资对东道国制造业效率影响的研究》	华广敏
3	《国际货币体系多元化与人民币汇率动态研究》	林　楠
4	《基于经常项目失衡的金融危机研究》	匡可可
5	《金融创新及其宏观效应研究》	薛昊旸
6	《金融服务县域经济发展研究》	郭兴平
7	《军事供应链集成》	曾　勇
8	《科技型中小企业金融服务研究》	刘　飞
9	《农村基层医疗卫生机构运行机制研究》	张奎力
10	《农村信贷风险研究》	高雄伟
11	《评级与监管》	武　钰
12	《企业吸收能力与技术创新关系实证研究》	孙　婧
13	《统筹城乡发展背景下的农民工返乡创业研究》	唐　杰
14	《我国购买美国国债策略研究》	王　立
15	《我国行业反垄断和公共行政改革研究》	谢国旺
16	《我国农村剩余劳动力向城镇转移的制度约束研究》	王海全
17	《我国吸引和有效发挥高端人才作用的对策研究》	张　瑾
18	《系统重要性金融机构的识别与监管研究》	钟　震
19	《中国地区经济发展差距与地区生产率差距研究》	李晓萍
20	《中国国有企业对外直接投资的微观效应研究》	常玉春
21	《中国可再生资源决策支持系统中的数据、方法与模型研究》	代春艳
22	《中国劳动力素质提升对产业升级的促进作用分析》	梁泳梅
23	《中国少数民族犯罪及其对策研究》	吴大华
24	《中国西部地区优势产业发展与促进政策》	赵果庆
25	《主权财富基金监管研究》	李　虹
26	《专家对第三人责任论》	周友军

设计、制造与互联网"三业"融合创新与制造业转型升级研究

第四批《中国社会科学博士后文库》（2015年出版）

序号	书　名	作　者
1	《地方政府行为与中国经济波动研究》	李　猛
2	《东亚区域生产网络与全球经济失衡》	刘德伟
3	《互联网金融竞争力研究》	李继尊
4	《开放经济视角下中国环境污染的影响因素分析研究》	谢　锐
5	《矿业权政策性整合法律问题研究》	郗伟明
6	《老年长期照护：制度选择与国际比较》	张盈华
7	《农地征用冲突：形成机理与调适化解机制研究》	孟宏斌
8	《品牌原产地虚假对消费者购买意愿的影响研究》	南剑飞
9	《清朝旗民法律关系研究》	高中华
10	《人口结构与经济增长》	巩勋洲
11	《食用农产品战略供应关系治理研究》	陈　梅
12	《我国低碳发展的激励问题研究》	宋　蕾
13	《我国战略性海洋新兴产业发展政策研究》	仲雯雯
14	《银行集团并表管理与监管问题研究》	毛竹青
15	《中国村镇银行可持续发展研究》	常　戈
16	《中国地方政府规模与结构优化：理论、模型与实证研究》	罗　植
17	《中国服务外包发展战略及政策选择》	霍景东
18	《转变中的美联储》	黄胤英

第五批《中国社会科学博士后文库》（2016年出版）

序号	书　名	作　者
1	《财务灵活性对上市公司财务政策的影响机制研究》	张玮婷
2	《财政分权、地方政府行为与经济发展》	杨志宏
3	《城市化进程中的劳动力流动与犯罪：实证研究与公共政策》	陈春良
4	《公司债券融资需求、工具选择和机制设计》	李　湛
5	《互补营销研究》	周　沛
6	《基于拍卖与金融契约的地方政府自行发债机制设计研究》	王治国
7	《经济学能够成为硬科学吗？》	汪毅霖
8	《科学知识网络理论与实践》	吕鹏辉
9	《欧盟社会养老保险开放性协调机制研究》	王美桃
10	《司法体制改革进程中的控权机制研究》	武晓慧
11	《我国商业银行资产管理业务的发展趋势与生态环境研究》	姚　良
12	《异质性企业国际化路径选择研究》	李春顶
13	《中国大学技术转移与知识产权制度关系演进的案例研究》	张　寒
14	《中国垄断性行业的政府管制体系研究》	陈　林

第六批《中国社会科学博士后文库》(2017 年出版)

序号	书　名	作　者
1	《城市化进程中土地资源配置的效率与平等》	戴媛媛
2	《高技术服务业进口技术溢出效应对制造业效率影响研究》	华广敏
3	《环境监管中的"数字减排"困局及其成因机理研究》	董　阳
4	《基于竞争情报的战略联盟关系风险管理研究》	张　超
5	《基于劳动力迁移的城市规模增长研究》	王　宁
6	《金融支持战略性新兴产业发展研究》	余　剑
7	《清乾隆时期长江中游米谷流通与市场整合》	赵伟洪
8	《文物保护经费绩效管理研究》	满　莉
9	《我国开放式基金绩效研究》	苏　辛
10	《医疗市场、医疗组织与激励动机研究》	方　燕
11	《中国的影子银行与股票市场：内在关联与作用机理》	李锦成
12	《中国应急预算管理与改革》	陈建华
13	《资本账户开放的金融风险及管理研究》	陈创练
14	《组织超越——企业如何克服组织惰性与实现持续成长》	白景坤

经济管理出版社《中国社会科学博士后文库》成果目录

第七批《中国社会科学博士后文库》(2018年出版)

序号	书　名	作　者
1	《行为金融视角下的人民币汇率形成机理及最优波动区间研究》	陈　华
2	《设计、制造与互联网"三业"融合创新与制造业转型升级研究》	赖红波
3	《复杂投资行为与资本市场异象——计算实验金融研究》	隆云滔
4	《长期经济增长的趋势与动力研究：国际比较与中国实证》	楠　玉
5	《流动性过剩与宏观资产负债表研究：基于流量存量一致性框架》	邵　宇
6	《绩效视角下我国政府执行力提升研究》	王福波
7	《互联网消费信贷：模式、风险与证券化》	王晋之
8	《农业低碳生产综合评价与技术采用研究——以施肥和保护性耕作为例》	王珊珊
9	《数字金融产业创新发展、传导效应与风险监管研究》	姚　博
10	《"互联网+"时代互联网产业相关市场界定研究》	占　佳
11	《我国面向西南开放的图书馆联盟战略研究》	赵益民
12	《全球价值链背景下中国服务外包产业竞争力测算及溢出效应研究》	朱福林
13	《债务、风险与监管——实体经济债务变化与金融系统性风险监管研究》	朱太辉

《中国社会科学博士后文库》
征稿通知

为繁荣发展我国哲学社会科学领域博士后事业，打造集中展示哲学社会科学领域博士后优秀研究成果的学术平台，全国博士后管理委员会和中国社会科学院共同设立了《中国社会科学博士后文库》（以下简称《文库》），计划每年在全国范围内择优出版博士后成果。凡入选成果，将由《文库》设立单位予以资助出版，入选者同时将获得全国博士后管理委员会（省部级）颁发的"优秀博士后学术成果"证书。

《文库》现面向全国哲学社会科学领域的博士后科研流动站、工作站及广大博士后，征集代表博士后人员最高学术研究水平的相关学术著作。征稿长期有效，随时投稿，每年集中评选。征稿范围及具体要求参见《文库》征稿函。

联系人：宋 娜 主任
联系电话：01063320176；13911627532
电子邮箱：epostdoctoral@126.com
通讯地址：北京市海淀区北蜂窝 8 号中雅大厦 A 座 11 层经济管理出版社《中国社会科学博士后文库》编辑部
邮编：100038

经济管理出版社